Manfred Stöhr
Der Mensch ist mehr als sein Gehirn

Verlag Via Nova

MANFRED STÖHR

Der Mensch ist mehr als sein Gehirn

Hirnforschung und Geistesfreiheit

Verlag Via Nova

1. Auflage 2012
Verlag Via Nova, Alte Landstr. 12, 36100 Petersberg
Telefon: (06 61) 6 29 73
Fax: (06 61) 96 79 560
E-Mail: info@verlag-vianova.de
Internet: www.verlag-vianova.de / www.transpersonale.de
Umschlaggestaltung: Guter Punkt, München
Satz: Sebastian Carl
Druck und Verarbeitung: Appel und Klinger, 96277 Schneckenlohe

© Alle Rechte vorbehalten

ISBN 978-3-86616-238-9

Danksagung

Mein Dank gilt meiner Frau Christa und meinem Freund Klaus Schön für inspirierende Gespräche während der Abfassung des Buches sowie Herrn Pfarrer Wunderer vom Freundeskreis der Evangelischen Akademie Tutzing, der mich ermunterte, meine kritischen Ansichten zur zeitgenössischen Hirnforschung einer breiteren Öffentlichkeit zu präsentieren. Frau Vera Wonneberger und Frau Martina Garron bin ich für das Schreiben des Manuskripts verpflichtet.

Herrn Werner Vogel, dem Verleger des Via Nova Verlags, danke ich herzlich für sein Interesse an dem vorliegenden Werk und für die ausgesprochen angenehme Zusammenarbeit.

Augsburg, Juni 2012
Manfred Stöhr

Inhalt

Vorwort 9

Weltanschauliche Grundlagen der Hirnforschung 13
    Einleitung 13
    Zur Entstehung des materialistischen Welt- und Menschenbildes 14
    Zur Entstehung des Kosmos 20
    Die Entstehung des Lebens und dessen Evolution 24

Der Mensch – Roboter oder Seinseinheit aus Seele und Körper? 43
    Das materialistische Konzept des Menschen 43
    Der Mensch als beseeltes Wesen 49
    Der Sitz der Seele 58
    Der Leib als Außenaspekt der Seele-Körper-Einheit 63

Aktuelle Hirnforschung 77
    Strukturen und Funktionen des Gehirns 77
    Untersuchungsmethoden der Hirnforschung 90
    Kritik des mechanistischen Menschenbildes in der Hirnforschung 94

Der Mensch zwischen Abhängigkeit und Freiheit 116
    Freiheitserfahrungen 116
    Zwang und Freiheit im Raum der Politik 128
    Die Gesellschaft als Ort der Abhängigkeiten und Befreiungen 132
    Zur Bedeutung biologischer Abhängigkeiten 145
    Zur Lust-Unlust-Steuerung des Verhaltens 150
    Freiheitsberaubung durch Determination und Kismet? 176
    Gibt es eine Willensfreiheit? 183
    Die Bedeutung von Freiheit in Ethik und Recht 202
    Das menschliche Leben als Befreiungsbewegung 219

Weiterführende Literatur 250

Vorwort

*Wir verschaffen unseren Dummheiten Ansehen und Würde,
indem wir sie drucken lassen.*

MONTAIGNE

Den Anstoß zur Abfassung des vorliegenden Buches gab die unerwartet starke Resonanz auf einen Vortrag vor dem Freundeskreis der Evangelischen Akademie Tutzing, bei dem mir bewusst wurde, wie viele Menschen in ihrem Selbstverständnis durch die Thesen der modernen Hirnforschung verunsichert sind. Diese krisenhafte Erschütterung des Menschenbildes in den Köpfen vieler Zeitgenossen erklärt sich aus deren Wissenschaftsgläubigkeit, die bewirkt, dass die in dogmatischer Weise vorgetragenen Forschungsergebnisse als unumstößliche Wahrheiten angesehen werden, die daher akzeptiert werden müssen. Den Wahrheitsgehalt dieser Aussagen kritisch zu hinterfragen, die Verhaftung vieler Hirnforscher in einer die Sicht einengenden materialistischen Weltanschauung aufzudecken und die zahlreichen spekulativen (also unbewiesenen) Elemente in ihrem Bild vom Menschen zu benennen, ist das Hauptanliegen des Buches, das eine kritische Analyse der Hirnforschung vollzieht, darüber hinaus aber einen dem Wesen des Menschen gemäßeren Gegenentwurf vorlegt.

Das Buch ist in vier Kapitel gegliedert, die folgende Thematik umfassen:

Die zeitgenössische Hirnforschung versteht sich als Leitwissenschaft des 21. Jahrhunderts und vertritt ihre Thesen über das Wesen des Menschen lautstark und öffentlichkeitswirksam. Darüber hinaus erhebt sie den Anspruch, in anderen Humanwissenschaften wie Pädagogik, Ethik und Recht wichtige Ergänzungen beitragen und ihr reduktionistisches Menschenbild auch dort etablieren zu können.Die Mehrzahl der Hirnforscher ist einem materialistischen Welt- und Menschenbild verhaftet, das die geistige Dimension des Menschseins von vorneherein ausschließt und als angebliche Illusion entlarvt. Dieses Dogma von der Alleinexistenz der Materie führt zu metaphysischer Blindheit und einem Verlust der Tiefendimension der Wirklichkeit. Dessen Auswirkungen auf das Menschenbild sind katastrophal: Der Mensch wird auf einen durch die neuronalen Netzwerke des Gehirns gesteuerten Automaten – einen seelenlosen Roboter – reduziert. Dessen Steuerungszentrale ist das rein stoffliche und daher ausschließlich physikalischen und chemischen Gesetzen gehorchende Gehirn. Demgemäß fehlt in diesem Konzept alles spezifisch Menschliche: Der Besitz einer Seele mit geistigen Strebungen und ethischen Normen, mit personalem Selbststand und freiheitlicher Selbstbestimmung wird dem Individuum abgesprochen, so dass es zum Sklaven seines Hirns erniedrigt und seiner Würde beraubt wird. „Ohne Selbstachtung ist wahres Glück undenkbar" (B. Russell), so dass es damit auch noch sein Lebensglück einbüßt.

Im Grunde wiederholen die Hirnforscher mit ihren Thesen nur die bereits etwas antiquiert anmutende Programmatik der Aufklärer des 18. Jahrhunderts, die den Menschen bereits als Maschinenwesen (l'homme machine) deklarierten. Zwischenzeitlich ist längst erwiesen, dass es sich hierbei nicht um eine wissenschaftlich begründete, sondern eine rein spekulative Aussage handelt, die auf dem Dogma von der Alleinexistenz der Materie basiert, das bereits von Nietzsche als „Idiotismus" gebrandmarkt wurde.

Die materialistische Doktrin wurde erfreulicherweise von der Spitze der Naturwissenschaftler – führenden theoretischen Physikern – längst verlassen. Ihre negativen Auswirkungen auf das Lebensgefühl der Menschheit sind bedrückend genug, so dass es Zeit wird, intensiver an deren Überwindung zu arbeiten. Würde sich das mechanistische Menschenbild der aktuellen Hirnforschung durchsetzen, wären die Folgen unabsehbar: Die Vorstellung vom Menschen als seelenlosem Roboter ohne Freiheit und damit ohne Verantwortung würde die Bereiche Ethik und Recht – die ohne Selbstbestimmung sinnlos würden – zur Auflösung bringen, mit der Folge einer ins Chaos führenden gesellschaftlichen Destabilisierung oder aber einer „Brave New World" (Aldous Huxley) von manipulierten Herdenmenschen.

Die zeitgenössische Anthropologie (Menschenkunde) verwirft das kurz skizzierte mechanistische Menschenbild der Hirnforschung und betrachtet den

Menschen als Seinseinheit aus Seele und Körper – als psychosomatische Ganzheit –, wie dies nicht nur dem Selbstverständnis der meisten Menschen entspricht, sondern sich auch als schlüssige Konsequenz aus den Erfahrungen der psychosomatischen Medizin empirisch belegen lässt.

Das methodische Arsenal der Hirnforscher erlaubt nur eine Untersuchung des stofflichen Anteils des Menschen mit den dort gültigen physikalischen und chemischen Abläufen. Begründete Feststellungen können somit auch nur über diesen Bereich getroffen werden und alles, was darüber hinausgeht – also alles Immaterielle –, entzieht sich grundsätzlich der Nachweisbarkeit durch naturwissenschaftliche Experimente. Zudem besitzen alle erhobenen Befunde nicht die Beweiskraft eines physikalischen oder chemischen Experiments, sondern sind interpretationsbedürftig, insofern sie sich auf die – subjektiven – Angaben der Probanden stützen und bezüglich der Folgerungen vom – meist materialistischen – Menschenbild der Experimentatoren sowie von deren Wunschvorstellungen geprägt sind.

Den Hirnforschern ist beizupflichten, wenn sie den Menschen als Wesen begreifen, das zahlreichen Zwängen unterliegt, wie dies exemplarisch in der totalen Abhängigkeit des Säuglings sichtbar wird. Unzulässig ist dagegen deren Verabsolutierung sowie deren unlösbare Verankerung in den neuronalen Netzwerken des Gehirns. Der Mensch vermag sich nämlich von den zahlreichen Bedingungen der menschlichen Existenz zu befreien, wozu als Erstes eine Einsicht in Eigenart und Ursache sämtlicher Abhängigkeiten erforderlich ist, deren Spektrum von existentiellen Nötigungen (Nahrungsaufnahme, Sexualität, Selbsterhaltung) über gesellschaftliche Zwänge, ideologische Verhaftungen und schicksalhafte Fügungen bis hin zur Lust-Unlust-Steuerung des Verhaltens reichen. Das Erkennen derartiger Zwänge und Konditionierungen ermöglicht Distanzierung und Loslösung, so dass sich der Freiheitsspielraum im Laufe eines zunehmend selbstbestimmten Lebens erweitern lässt und das in der Hirnforschung verkündete Zerrbild des Menschen als hirngesteuerte Marionette in seiner Absurdität offenbar wird.

Ein freiheitlicher Lebensvollzug bedarf eines Richtbildes, nach W. Schmid am besten als Vision von sich selbst in der erstrebten endgültigen Gestalt, die einen „Möglichkeitshorizont" eröffnet, Orientierung bietet und den in jedem

Individuum vorhandenen wesensgemäßen Anlagen zum Durchbruch zu verhelfen vermag.

Als Alternative zu der reduktionistischen Sicht des Menschen samt zugehöriger Steuerung durch die Neuronennetze seines Gehirns wird auf die Chance eines selbstbestimmten und sinnerfüllten Daseinsvollzugs hingewiesen. Dazu muss die gegenwärtig dominierende, auf materielle Werte fixierte, auf Nützlichkeit und Zweckmäßigkeit eingeschränkte Geisteshaltung aufgegeben und ein Raum der Muße zurückgewonnen werden, innerhalb dessen zweckfreie, in sich selbst sinnvolle und glückverheißende Aktivitäten ermöglicht werden, die „wesentliche Elemente der Freiheit sind" (H. Marcuse).

Lebensziele des seiner Wesensdynamik folgenden Menschen sind „Befreiung" als Loslösung von allen Abhängigkeiten hin zu einem in spielerischer Leichtigkeit – und zugleich Ernsthaftigkeit – vollzogenen Dasein sowie „Erleuchtung" als umfassende Schau und liebende Teilhabe an der natürlichen und kulturellen Wirklichkeit, die zugleich Sinn und Glück stiften, denn „der Besitz dessen, was wir lieben, macht glücklich" (La Rochefoucauld).

Im Hinblick auf den Titel des Buches muss betont werden, dass die Sonderstellung des Menschen im Reich des Lebens in seinem Gehirn repräsentiert ist, das der US-amerikanische Autor Philip Roth zu Recht als „ein kaum weniger als göttliches Mysterium" glorifizierte. Insofern der Mensch im Buchtitel als „mehr als sein Gehirn" erscheint, bezieht sich diese Aussage auf das rein stofflich verstandene und ausschließlich physikochemischen Gesetzen unterliegende Gehirn der Hirnforscher, da deren Konzept die spezifisch humane spirituelle Dimension des Menschen ausblendet und daher dessen Wirklichkeit nur in materieller Hinsicht gerecht wird.

Weltanschauliche Grundlagen der Hirnforschung

Einleitung

Es gibt keine Materie, sondern nur ein Gewebe von Energien, dem durch intelligenten Geist Form gegeben wird.

HEISENBERG

Hirnforscher aus aller Welt starten derzeit den recht erfolgreichen Versuch, die Menschen ihrer geistigen Freiheit zu berauben, wobei sie sich sogar noch genüsslich damit brüsten, ihnen – nach Darwin und Freud – eine weitere Kränkung ihrer Menschenwürde zu bereiten. Im Zusammenhang damit ergeben sich drei Fragen:

- Sind die Argumente der Hirnforscher im Hinblick auf die geistige Freiheit stichhaltig, so dass es gilt, sich mit dieser neuerlichen Kränkung abzufinden?
- Könnte es sein, dass die Interpretation der experimentellen Daten durch unausgesprochene weltanschauliche Vorentscheidungen – im Sinne eines materialistischen Welt- und Menschenbildes – massiv beeinflusst wird, so dass die daraus gezogenen Schlussfolgerungen an Aussagekraft und Glaubwürdigkeit verlieren?
- Wäre es in diesem Fall nicht an der Zeit, ein durch materialistische Dogmen verzerrtes Menschenbild zu korrigieren und verunsicherte Zeitgenossen ihrer geistigen Autonomie zu versichern?

Die mit diesen Fragen angeschnittene Thematik, die viele Zeitgenossen umtreibt, wird in den vier Kapiteln dieses Buches in allgemeinverständlicher Weise diskutiert und dabei der Versuch unternommen, sie einer für möglichst viele Leser befriedigenden – und buchstäblich befreienden – Lösung zuzuführen.

Da die Hirnforschung einen Teil der Naturwissenschaft darstellt, gründet ihr Welt- und Menschenbild auf dieser Basis, so dass zu dessen Verständnis ein kurzer Abriss der Geschichte der modernen Naturforschung unerlässlich ist.Die Entstehung und Evolution des Lebens bieten zudem ein vorzügliches Anschauungsmaterial für die Denkweise vieler Biologen und ihre Verirrung in wilde Spekulationen, sobald es an seriösen wissenschaftlichen Begründungen mangelt.

Zur Entstehung des materialistischen Welt- und Menschenbildes

Wir sind Überlebensmaschinen – Roboter – blind programmiert.

DAWKINS

„Die Forschung ist frei" ist eine seit der Antike gültige Forderung eines jeden über die Welt nachsinnenden Denkers, die sich in den „artes liberales" (den freien Künsten) des spätmittelalterlichen Universitätsbetriebs fortsetzte und bis in die Gegenwart ihre Gültigkeit behielt. Während somit Forscher ohne äußere Einschränkungen ihre wissenschaftliche Tätigkeit ausüben können, erhebt sich die nur allzu berechtigte Frage, ob diese auch im Hinblick auf ihre geistigen Voraussetzungen frei oder aber in ihrer Sichtweise durch weltanschauliche Dogmen und Tabus eingeschränkt sind.

Seit Mitte des 18. Jahrhunderts ist die weit überwiegende Mehrzahl der Naturwissenschaftler einer materialistischen Weltanschauung verhaftet, wie sie programmatisch von dem pfälzischen Baron Holbach – der zum Kreis der Enzyklopädisten um Diderot zählte – formuliert wurde, und zwar in seinem als Katechismus dieser Sichtweise geltenden Werk „Système de la Nature". Demnach gibt es nichts als die durch sich selbst existierende Materie, die sich aus eigener Kraft zu immer komplexeren Strukturen entwickelt. Auf einer höheren Entwicklungsstufe angelangt gewinnt sie Leben und Bewusstsein, so dass der Mensch nichts anderes ist als zum Empfinden und Denken organisierte Materie. Auguste Comte – der Begründer des Positivismus – betrachtete den Menschen folgerichtig als Marionette, de Lamettrie als „l'homme machine", als eine „sich selbst aufziehende Maschine", und Simon Laplace forderte ihn auf, sich endlich als „den Automaten zu sehen, der er ist." Das Materielle, als das einzig Beweisbare, wird zur ausschließlichen Wirklichkeit.

Diese Denkweise setzt sich bis in die Gegenwart fort, so dass Richard Dawkins in seinem Buch „Der Gotteswahn" formuliert: „Wir sind Überlebensmaschinen – Roboter – blind programmiert, zur Erhaltung der selbstsüchtigen Moleküle, die Gene genannt werden". Auf welche Weise die Programmierung erfolgt, bleibt dabei ebenso unerörtert wie das Problem, ob bloßer Materie ein Interesse und damit eine Zielsetzung zukommen kann. Das Ziel aller, auch menschlicher Lebewesen, im Reproduktionserfolg zu erblicken, offenbart zudem eine völlige Blindheit für die Lebenswirklichkeit zeitgenössischer Menschen, denen es vorrangig um ein erfülltes eigenes Dasein geht, zu dem eigene Kinder gehören können, aber keineswegs müssen. Zudem würde die in vielen höheren Kulturen gepflogene zölibatäre Lebensform nach Ansicht Dawkins das menschliche Lebensziel völlig verfehlen, während in Wirklichkeit die kulturelle Entwicklung Europas im Mittelalter ohne Mönchtum stagniert wäre und zahllose Krankenhäuser, Ambulatorien und Pflegeeinrichtungen ohne Diakonissinnen oder Nonnen ihre Pforten schließen müssten. Im Übrigen erinnert die Verabsolutierung der Gene an die im 19. und 20. Jahrhundert in allen westlichen Ländern grassierende Rassen-Ideologie, nach der das Individuum vorrangig als Träger des Erbguts seiner Rasse bewertet wurde.

Die Annahme einer aus sich selbst existierenden und sich selbst organisierenden Materie ist keine wissenschaftliche Erkenntnis, sondern ein Dogma, dem der Physiker und Nobelpreisträger Werner Heisenberg energisch widersprach: „Es gibt keine Materie, sondern nur ein Gewebe von Energien, dem durch intelligenten Geist Form gegeben wird."

Bekanntlich bildete sich der Materiebestand des Universums mit dem Urknall, dessen ungefährer Zeitpunkt bekannt, dessen Ursache jedoch völlig unklar ist. Kein Mensch weiß, was sich vor dem Urknall abspielte, und nachdem nichts

– auch keine Materie – aus sich selbst entstehen kann, ist es nicht möglich, diese – als etwas Entstandenes – zur alleinigen Grundlage der Welt zu machen. Und wenn der Physiker Stephan Hawkins äußert: „Weil es ein Gesetz wie die Schwerkraft gibt, kann und wird sich ein Universum aus dem Nichts erschaffen", muss man ihm entgegenhalten, dass sich erstens nichts selbst gebären kann und dass zweitens ein physikalisches Gesetz wie die Schwerkraft die Existenz des Kosmos voraussetzt, aber keineswegs begründet. Im Übrigen gibt es auch auf naturwissenschaftlicher Seite Gegenpositionen zu einem derartigen platten Materialismus, wie z.B. das Postulat von Max Planck „Der Geist ist der Urgrund aller Materie", was selbstverständlich ebenso einen unbeweisbaren Glaubenssatz darstellt.

Die aufklärerische Position – so vernünftig sie sich auch gebärden mag – beruht letztlich auf einem Glaubenssatz und dieser lautet: Es gibt keinen Schöpfer, so dass sich das Universum aus sich selbst heraus geschaffen haben muss. Beweisbar ist diese Grundüberzeugung „aufgeklärter" Rationalisten ebensowenig wie ihr Gegenteil – dessen Ausfluss (Emanation) aus der göttlichen Fülle –, so dass das materialistische Dogma von der Alleinexistenz der Materie die intellektuelle Arroganz ihrer orthodoxen Vertreter in keiner Weise rechtfertigt. Nach wie vor gilt das Postulat von Kant: „Wer da sagt, dass ein Gott sei, sagt mehr, als er weiß, und der das Gegenteil sagt, desgleichen."

Seit Beginn der Aufklärung spielen „die Aufgeklärten" die Rolle der von Aberglauben, Vorurteilen und Unwissen befreiten Intellektuellen und schauen verächtlich auf die in angeblicher geistiger Dunkelheit verharrenden Menschen – womit sie anfangs teilweise Recht hatten. Im Lauf der zwischenzeitlich verstrichenen 2 ½ Jahrhunderte ist das aufgeklärte Bewusstsein zunehmend zu einem rationalistisch verflachten, mechanistischen Denken degeneriert. Die moderne Naturwissenschaft huldigt einem „Panmechanismus", einem materialistischen Modell der Natur, einschließlich einer „mechanistischen Theorie des Organismus" (H.Jonas). Die Überbewertung des analytischen, begrifflichen Denkens und die selbstauferlegte Beschränkung auf den stofflichen Anteil der Wirklichkeit führten zu einer Verengung der Weltsicht mit Ausschluss der Tiefendimension der Wirklichkeit und Aussparung des faszinierenden spirituellen Raums. Eine derartige Verarmung des geistigen Lebensraums, aus dem sich die sinngebenden und glückverheißenden Inhalte zunehmend verflüchtigten, bedeutet einen Niedergang in dürre Zweckhaftigkeit und Banalität und vermag die Menschen auf Dauer nicht zu befriedigen, so dass das einstige Pathos der Aufklärung zunehmend an Glanz verlor und deren orthodoxe Anhänger zu bedauernswerten Opfern ihrer selbstauferlegten Beschränkungen wurden. Parallel zu dieser Entwicklung erwacht weltweit die Sehnsucht nach spirituellen Werten, auch wenn diese nicht immer an der passenden Stelle gesucht werden, so dass mancherorts statt des anstehenden Wandels zu einem integralen Bewusstsein ein Rückfall auf eine magisch-mythische Bewusstseinsstufe droht.

Außer der Beschränkung der Sichtweise auf den stofflichen Anteil der Wirklichkeit wird diesem zusätzlich nur dann Existenz zugesprochen, wenn er mittels exakter naturwissenschaftlicher Methoden nachweisbar ist.Akzeptierte man diese Ansicht, dann müsste man unterstellen, dass es vor der Erfindung leistungsfähiger Mikroskope keine Bakterien, vor der Konstruktion von Teleskopen keine Supernovae und vor der Etablierung der Atomphysik keine Atomkerne und Elektronen gab, von den Quarks und Leptonen als Grundbausteinen der Materie ganz zu schweigen. Die Existenz von Dingen an ihre Nachweisbarkeit zu knüpfen, ist offenbar Ausfluss einer rationalistischen Selbstüberschätzung, die sich nicht eingestehen will, dass die Welt größer ist als das begrenzte menschliche Erkenntnisvermögen: Wie viele real existierende Dinge, von denen wir keine Ahnung haben, mögen unseren Augen noch verborgen sein! Ein so tiefsinniger und scharfer Geist wie Friedrich Nietzsche bezweifelte – vermutlich zu Recht – die völlige „Ergründlichkeit der Natur", Goethe urteilte: „Es ist vieles wahr, was sich nicht berechnen lässt", und E. Bloch äußerte hinsichtlich der Existenz eines Jenseits: „…wir können absolut nicht sagen, dass es die Sphäre nicht gibt, bloß weil wir keine Kenntnis davon haben".

Erfreulicherweise haben sich etliche der größten Naturwissenschaftler wie Planck, Schrödinger, Heisenberg oder Eccles von dem verbreiteten, platten, mechanistischen Weltbild distanziert, und Einstein beseelte „ein tiefer Glaube an die Vernunft des Weltenbaus", vor dem wir „in verzücktem Staunen" verharren, und ordnete das Universum somit einem vernünftigen Baumeister zu, neben dessen überragender Vernunft das menschliche Denken nur „ein gänzlich nüchterner Abglanz" sei. Es sind nicht die großen, eigenständig denkenden Naturwissenschaftler, die der rationalistischen Doktrin anhängen, sondern aufklärerische Thesen des 18. Jahrhunderts nachbetende Epigonen.

Außer den genannten – unreflektierte Grundvoraussetzungen bildenden – Dogmen erlegt sich das rationalistische Denken eine methodische Selbstbeschränkung auf, insofern es sich jede teleologische Fragestellung selbst verbietet und die Forschung auf das „Was" und das „Wie" begrenzt. Fragen nach dem woher „Warum" und „Wozu", nach Ursprung und Ziel, unterliegen einem Denkverbot. Die Ausschließung der Teleologie ist „...ein a-priori-Dekret der modernen Wissenschaft" (H. Jonas), und dagegen zu verstoßen erfüllt den Tatbestand der Ketzerei. Ein derart methodisch durch selbstverpasste Scheuklappen eingeschränkter Intellekt ist offenbar nicht in der Lage, die großartige formale Differenziertheit und Funktionalität der Lebewesen als zielgerichtete Hervorbringung eines kreativen Geistes zu verstehen oder diese Möglichkeit wenigstens ernsthaft zu erwägen. Die materialistische Doktrin geht einher mit metaphysischer Blindheit und prinzipieller Verstocktheit gegenüber alternativen Erklärungsmodellen, auch wenn diese überzeugender klingen. Infolge dieser partiellen Realitätsblindheit bleibt dem Rationalisten die Tiefendimension der Wirklichkeit verschlossen, wodurch dessen Welt- und Menschenbild eine eigentümliche Flachheit und Dürre aufweisen, so dass er im Grund zu bedauern ist. Ein Dasein, in dem nur das Materielle Bedeutung besitzt, ja noch mehr, in dem ausschließlich Materielles existiert, ist so ziemlich die trostloseste aller denkbaren Möglichkeiten. Umso mehr verwundert es, dass es Menschen gibt, die diese Hypothese vehement verteidigen und dies mit einer Inbrunst und einem rhetorischen Aufwand, wie man dies sonst nur noch von religiösen Sekten kennt, so dass die Vermutung naheliegt, dass es sich beim Materialismus weniger um eine nüchterne, rationale Einsicht als um eine Ideologie, also eine Glaubensüberzeugung, handelt.

Ebenso wie die Frage nach dem „Warum" wird die nach dem „Wozu" ausgespart, da sie sich außerhalb der kausalen Betrachtungsweise befindet: Wozu existieren ethische Richtweisungen? Weshalb sollen wir die Natur und unsere Mitmenschen lieben? Wozu philosophieren, musizieren, spielen und gesellschaftliche Spielregeln einhalten? Wozu leben wir überhaupt? Einstein bemerkte hierzu in einem Brief an Max Born lapidar: „Wenn du's nicht spürst, kann dir's niemand erklären."

Die Vorherrschaft des objektivierenden rationalen Denkens ist einerseits die Voraussetzung für die wissenschaftliche Erforschung und technische Beherrschung der Welt, andererseits aber auch die Ursache der Entfremdung zwischen Mensch und Natur. Die natürlichen Dinge werden zu Gegen-ständen, mit denen man nicht verbunden, sondern von denen man getrennt ist aufgrund von distanzierten Beobachtungen und wissenschaftlicher Analyse, besonders auch im Hinblick auf mögliche Nutzanwendungen. Dieses Denken muss daher ergänzt werden durch ein ganzheitliches, intuitives Erkennen, worauf bereits Ricarda Huch hinwies: „Die Romantiker hatten das Verdienst, einzusehen, dass die Erkenntnis, die die Einheit der Natur zerstörte, dennoch ihr Heil und das Mittel zu ihrer Wiedervereinigung auf höherer Stufe ist."

Der in der Liebe zur Natur gründende Schau-Blick belässt die Dinge dagegen in ihrer Eigenständigkeit, kümmert sich nicht um etwaige Zwecke, sondern erfreut sich an ihrem bloßen Dasein und lässt sich davon innerlich bereichern. Aus Ehrfurcht vor allem Seienden als spezifischen Manifestationen des Seins erfolgt eine selbstlose Zuwendung zu den Dingen, gepaart mit einem Gefühl des Einsseins von Schauendem und Angeschautem.

Eine Ich-Position, die alles außerhalb seiner selbst zum Gegen-stand macht – diesen fixierend, analysierend und für eigene Zwecke verwertend –, führt zum Zerrbild des homo faber und muss durch eine die Trennung von Subjekt und Objekt überwindende Haltung ergänzt werden, wenn der Mensch nicht seelisch verarmen soll.

In der modernen Hirnforschung wird die Existenz eines die objektive Realität abbildenden Weltbildes geleugnet und dieses – in Anlehnung an Schopenhauer – als „Vorstellung", als „Konstrukt des Gehirns" aufgefasst. Diesbezüglich gilt es klarzustellen, dass dies einerseits korrekt ist, dass wir aber die Inhalte und Konstruktionsprinzipien der Außenwelt entnehmen. Dass deren Wahrnehmung durch die Begrenztheit unserer sinnlichen und kognitiven Fähigkeiten eingeschränkt ist, verhindert nicht, dass zwischen der objektiven Welt und unserem Weltbild zumindest eine partielle Übereinstimmung besteht. Vorstellungen entwickeln sich nicht aus dem Nichts heraus, sondern auf der Basis von Wahrnehmungen, Experimenten und Erkenntnissen, die zwar kein vollständiges Abbild der Realität liefern, aber doch Entsprechungen aufweisen, so dass unser Weltbild keine Fiktion, kein virtuelles Konstrukt, sondern ein zunehmend vollständigeres und getreueres Abbild der objektiven Realität darstellt.

Zur Entstehung des Kosmos

Es gibt zwei Arten, sein Leben zu leben:
Entweder so, als wäre nichts ein Wunder,
oder so, als wäre alles eins.

EINSTEIN

Das Universum entstand vor 13 – 14 Milliarden Jahren, als sich in einem fluktuierenden Meer virtueller Energien eine explosive Instabilität ereignete, aus der sich ein Feuerball unvorstellbarer Hitze und Dichte entwickelte. Der dafür gewählte Begriff „Urknall" („big bang") lässt an eine chaotische Eruption gigantischen Ausmaßes denken, während es sich in Wirklichkeit um ein mit unvorstellbarer Präzision ablaufendes Geschehen handelte. Der Feuerball von extremster Temperatur und Dichte enthielt nämlich eine Kombination aus Materie (Quarks) und Anti-Materie (Anti-Quarks), die sich gegenseitig weitgehend auslöschten, so dass nur ein kleiner Überschuss an Teilchen verblieb, der in den Weltraum expandierte und den Materiebestand des Universums ausmacht (Laszlo). Wäre diese Ausdehnung der Materie zu schnell erfolgt, hätte es zu keiner Bildung von Sternen und Galaxien kommen können; wäre sie zu langsam geschehen, wäre eine Selbstzerstörung („big crush") ohne Ausbildung eines Universums eingetreten. Dabei war eine geradezu unglaubliche Feinabstimmung im Spiel, da sich die kinetische und gravitative Energie (Flieh- und Anziehungskräfte) nur um weniger als eins zu einer Billiarde ($1:10^{15}$) unterscheiden durften, um die Entstehung des Universums zu ermöglichen (M. Rees). Im Hinblick auf eine derartige Präzision fällt es einem schwer, von einem Zufallsereignis zu sprechen.

Absolut staunenswert ist weiterhin, dass der eben erwähnte kleine Überschuss an Teilchen ausreichend war, um den Stoff- und Energiebestand für 100 Milliarden Galaxien zu bilden, deren Größenordnungen das menschliche Fassungsvermögen unendlich übersteigen. So besitzt allein die Milchstraßen-Galaxie außer unserer Sonne weitere 100 Milliarden Sterne und einen Durchmesser von 100 000 Lichtjahren. Dabei ist bereits eine Distanz von einem Lichtjahr mit 9,46 Billionen Kilometern für das menschliche Bewusstsein nicht mehr vorstellbar, sondern übersteigt unser Fassungsvermögen bei weitem.

Von äußerster Faszination sind darüber hinaus die im Universum herrschenden physikalischen Gesetze: Würde auch nur eine der sechs Grundkonstanten eine geringfügige Abweichung aufweisen, wäre ein Leben auf der Erde unmöglich. So ist beispielsweise nur bei der vorliegenden atomaren Kernkraft von 0,07 die Entstehung einer derart großen Zahl chemischer Elemente möglich geworden, wie dies für die Existenz von Lebewesen erforderlich ist. Läge dieser Wert bei 0,06 gäbe es nur Wasserstoff, bei einem Wert von 0,08 nur schwere Elemente und damit kein Wasser. Man kann diese Feinabstimmungen kosmischer Konstanten – wie Albert Einstein – als Wunder betrachten, vor dem wir in ehrfürchtigem Staunen verharren, oder – wie positivistische Wissenschaftler – als Resultat einer riesigen Zahl von Zufällen. Logisch zwingend ist die Zufallshypothese auf gar keinen Fall, und die von Holbach unterstellte eigenständige Entwicklung und Selbstorganisation der Materie zu immer komplexeren Formen ist rein spekulativ, auch wenn sie in der Folgezeit von vielen Naturwissenschaftlern wiederholt, aber auch von renommierten Forschern bezweifelt wurde. So äußerte Charles Rubia (Nobelpreisträger für Physik) diesbezüglich: „Die Vorstellung, dass dies alles das Ergebnis eines Zufalls oder bloß statistischer Vielfalt sei, ist für mich absolut unannehmbar."

Die Existenz von 92 auf der Erde vorkommenden Elementen ist wiederum absolut erstaunlich, da in unserem eigenen Sonnensystem aus dem Grundelement Wasserstoff nur Helium entstehen konnte. Alle weiteren Elemente bildeten sich in größeren und heißeren Sternen als unserer Sonne durch Kaskaden von Kernfusionsprozessen, wurden bei Explosionen von Supernovae freigesetzt und gelangten als kosmische Staubwolken irgendwann auf unseren Planeten (Rees). Es gibt somit weit vor der Entstehung und Evolution des Lebens eine solche der Elemente als dessen Grundbausteine. Nachdem die Vielzahl der von Lebewesen benötigten Elemente auf die beschriebene Weise auf die Erde gelangten, sollen sich daraus „durch Selbstorganisation der Atome" (K. Strobach) selbst die höchsten Lebensformen entwickelt haben: eine Aussage, die nur als Wunschvorstellung eines materialistischen Wissenschaftlers verständlich ist.

In Wirklichkeit verbinden sich Elemente spontan nur zu einfachen Molekülen, wie z.B. Wasser (H_2O), Ammoniak (NH_3), Blausäure (HCN), Methan (CH_4), oder Methanol (CH_3OH), und selbst unter aufwendigen, experimentellen Bedingungen ließen sich aus der Uratmosphäre lediglich einfache Aminosäuren, Kohlenhydrate und Purine erzeugen. Bereits die einfachsten Lebewesen sind jedoch nicht aus derartigen Bausteinen zusammengesetzt, sondern weisen eine ungleich höhere Komplexität auf, nämlich Molekülketten (Polymere) wie Eiweißkörper, längerkettige Kohlenhydrate sowie die Erbsubstanz Desoxyribonukleinsäure (DNA), ohne die sich eine Zelle nicht vermehren kann. Des Weiteren benötigen Zellen spezielle Proteine, die als Katalysatoren von Stoffwechselprozessen dienen (Enzyme), außerdem eine aus Fetten und Eiweißkörpern gebildete Membran, die sie von der Umgebung abgrenzt und durch die der Stoffaustausch mit dieser erfolgt. Eine spontane oder experimentelle Bildung von längerkettigen Proteinen, Fetten, Kohlenhydraten und DNA aus der „Ursuppe" ist jedoch noch nie gelungen. Hinzu kommt, dass im Spezialfall der den Stoffwechsel steuernden Enzyme ein Ensemble von mehreren aufeinander abgestimmten derartigen Katalysatoren gebraucht wird, um der Zelle von Nutzen zu sein, und dass es sich beim Zusammenspiel der Erbsubstanz DNA mit den die Erbinformationen ablesenden und weiterverarbeitenden Substanzen um ein derart perfektes System handelt, dass dessen spontane Bildung schlichtweg unvorstellbar ist.

Da die angebliche „Selbstorganisation der Atome" zur Bildung komplexer, organischer Substanzen somit nicht nur unbewiesen, sondern absolut unwahrscheinlich ist, werden statistische Tricksereien zu Hilfe genommen, um deren Entstehung wahrscheinlicher zu machen: „…auch wenn die Wahrscheinlichkeit für ein „richtiges" Zusammentreffen der vielen dafür benötigten Bausteine so klein ist, dass unter 10 Milliarden bis 10 000 Billionen Zufallsmolekülen nur ein einziges Molekül zu finden ist, das die richtige Zusammensetzung hat" (K. Strobach). Gegen diese Argumentation könnte man einwenden, dass auch beim 10 000 Billionen-fachen Zusammentreffen von 20 Säcken Zement und 50 000 Bausteinen keine Brücke entsteht, wenn kein planender Baumeister und keine ausführenden Brückenbauer tätig werden, wobei Montaigne bereits im 16. Jahrhundert derartige Hypothesen mit kritischer Ironie hinterfragte: „Wenn die Atome zufälligerweise so viele Figuren gebildet haben, warum hat es sich dann niemals ergeben, dass sie ein Haus oder einen Schuh entstehen ließen?"

Zudem wäre mit der zufälligen Bildung z.B. eines Enzyms nichts gewonnen, da für die Stoffwechselsteuerung verschiedenartige, aufeinander abgestimmte Enzyme benötigt werden. Erschwerend kommt hinzu, dass Enzyme biotisch nicht ohne DNA gebildet und diese nicht ohne Enzyme verdoppelt werden können, also ein gegenseitiges Zusammenwirken benötigt wird, so dass eine noch viel unwahrscheinlichere, simultane Bildung beider Substanzen notwendig wäre, da eine ohne die andere ihre Aufgaben nicht erfüllen könnte. Schließlich würde selbst ein passendes Ensemble von Enzymen nichts nützen, wenn sich nicht gleichzeitig eine schützende Membran um das Zellinnere bilden und damit eine primitive Zelle entstehen würde, die zusätzlich noch die Fähigkeit, sich zu vermehren, erlangen müsste. Ein derartiges, synchrones Zusammentreffen zahlreicher, jeweils äußerst unwahrscheinlicher Ereignisse übersteigt wohl selbst die Rechenkünste des trickreichsten Statistikers.

Zusammenfassend lässt sich beim heutigen Stand des Wissens urteilen, dass bereits die Entstehung der von lebenden Organismen benötigten komplexen Moleküle völlig ungeklärt ist und keinesfalls als zufallsbedingte Eigenproduktion von sich selbst organisierenden Elementen verständlich wird. Wie sich daraus die ersten Einzeller bildeten, wird das Thema des folgenden Abschnitts sein.

Die Entstehung des Lebens und dessen Evolution

Das Geheimnis des Anfangs aller Dinge ist für uns unlösbar.
CHARLES DARWIN

Das Universum besteht nahezu ausschließlich aus Wasserstoff und Helium. Weitere in der irdischen „Ursuppe" enthaltene Elemente waren Kohlenstoff (C), Stickstoff (N), Schwefel (S), Phosphor (Ph) sowie einige Metalle. Zahllose Experimente, in denen die urzeitliche Situation nachgestellt wurde, führten zur Bildung einfacher, organischer Moleküle wie Aminosäuren, Fetten und Nucleosiden, während langkettige, organische Moleküle (Polymere), wie sie sich bereits in einfachen Lebewesen finden, bislang nicht auf diese Weise erzeugt werden konnten. Dies bedeutet, dass bereits die stoffliche Grundlage der ersten Lebewesen – der sogenannten Prokaryonten – unklar ist, so dass hypothetische Vorläufer (Protobionten) konzipiert und deren Entstehung in einem Biologietext kurz und bündig auf den Punkt gebracht wurde: „Irgendwann wurden Proteine und Nukleotide von Lipidmembranen umschlossen; die ersten Zellen bildeten sich." Was hier als wissenschaftlich klingende Aussage formuliert wird, ist nichts anderes als eine Aneinanderreihung von Vermutungen, so dass es korrekterweise heißen müsste: Aufgrund der Beschaffenheit heutiger Einzeller müssen wir unterstellen, dass sich irgendwann Nukleotide, Proteine und Lipide gebildet haben – ohne dass wir wissen, wie deren Synthese erfolgte. Ebenso wenig haben wir eine Vorstellung davon, wie diese Bausteine zu einem zellulären Ganzen zusammengerückt sind, sich durch eine Hülle von der Umgebung abgegrenzt haben und anfingen, sich zu teilen. Eine derartige, dem Vorgang angemessene Aussage, ist allerdings von zu hybrider Selbstüberschätzung neigenden Wissenschaftlern nicht zu erwarten.

Selbst wenn man die hypothetische Entstehung dieser gleichfalls hypothetischen Gebilde akzeptiert, bliebe die entscheidende Frage offen: Wie kommt

Leben in eine derartige Zelle? Die bloße Anhäufung von Proteinen und Nukleinsäure innerhalb einer Membran erklärt in keiner Weise, wie eine derartige Zelle die Fähigkeit zur Selbstorganisation, zur Gewinnung von Energie und von Zellbausteinen durch enzymatisch gesteuerte Stoffwechselprozesse sowie die zur Vermehrung gewinnt. Auch wenn die meisten Biologen der Ansicht sind, „dass biologische Systeme letzten Endes durch ihre materiellen Eigenschaften vollständig determiniert sind und den Gesetzen der Quantenmechanik gehorchen..." (J. Diamond), handelt es sich hierbei lediglich um ein unbewiesenes materialistisches Dogma. Die angebliche Erklärung erklärt somit gar nichts, sondern lässt alles offen, so dass man derartige Urzeugungsphantasien getrost in das Reich der biologischen Mythologien verbannen darf.

Das in der Naturforschung seit 2 ½ Jahrhunderten gültige Dogma einer spontanen Entstehung des Lebens ab einem zureichenden Organisationsgrad passender molekularer Verbindungen ist weder einsichtig noch gar bewiesen – sonst müsste man diese These nicht so hartnäckig und vehement verteidigen. Vielmehr handelt es sich um eine reine Zweckbehauptung, damit eine lebensschaffende Kraft als unnötig hingestellt und geleugnet werden kann. Die Tatsache, dass wir nichts Gesichertes darüber wissen, berechtigt noch lange nicht zur Aufstellung abstruser Hypothesen und schon gar nicht dazu, diese als unumstößliche Gewissheit zu verkünden. Die moderne Chemie verfügt über Methoden, um aus anorganischen und organischen Stoffen hochkomplexe Verbindungen zu synthetisieren, aber noch nie hat eine davon angefangen, zu wachsen und sich spontan zu vermehren.

Bereits einfachste Lebewesen, wie z.B. Amöben, sind nicht mehr hinreichend durch physikochemische Gesetze erklärbar. Sie werden durch fördernde Reize in ihrem Milieu angezogen, durch schädliche Reize vertrieben, besitzen somit Empfindsamkeit (Rezeptivität) und Beweglichkeit, darüber hinaus einen Stoffwechsel sowie die Fähigkeit, sich fortzupflanzen – alles Merkmale, die über die Eigenschaften der Materie hinausgehen. Eine hinreichende Erklärung bietet nur die Unterstellung einer unstofflichen Lebenskraft, die sämtliche materiellen Bestandteile zu einem wohlstrukturierten Organismus formt und diesem die genannten Fähigkeiten verleiht. Eine derartige – von Aristoteles „Entelechie" benannte – Lebenskraft ist zwar gleichfalls hypothetisch und mit naturwissenschaftlichen Methoden nicht nachweisbar, aber diese Spekulation ist wenigstens einsichtig und nicht derart abstrus wie die materialistische Doktrin. „Die Lebenskraft gebraucht wohl die Kräfte der unorganischen Natur, aber keineswegs besteht sie aus ihnen, so wenig der Schmied aus Hammer und Amboss besteht" (Schopenhauer). Tote Stoffe sind nämlich statische Gebilde, während lebendige Organismen „eine Form (sind), durch die die Materie gewissermaßen hindurchströmt" (Niels Bohr).

Im Gegensatz zu den hypothetischen Protobionten sind die seit ca. 3,5 Milliarden Jahren existierenden Prokaryonten in den ältesten Fossilien aus dem Präkambrium nachweisbar. Es handelt sich dabei um Bakterien, also einzellige Lebewesen ohne Zellkern, zu denen auch die fälschlicherweise als Blaualgen bezeichneten Cyanobakterien gehören, die bis heute existieren und bläuliche Verfärbungen an feuchten Mauern und Blumentöpfen hervorrufen. Diese Cyanobakterien lebten in Kolonien im Meer und sind nicht als Abdruck erhalten geblieben, sondern aufgrund ihrer Ausscheidungen, die sich zu sogenannten Stromatolithen formten und in präkambrischen Formationen aufgefunden wurden.

Diese frühen Einzeller waren von einer recht komplex strukturierten, teils doppelten Zellmembran umgeben, die den Stoffaustausch zwischen Zellinnerem und Außenwelt (d.h. Meerwasser) regulierte. Die DNA lag als meist einzelnes, doppelsträngiges Molekül frei im Zellplasma, in dem auch die Synthese der benötigten Eiweißstoffe erfolgte, und zwar unter Beteiligung winziger Organellen (Ribosomen aus Ribonukleinsäure (RNA) und Proteinen).

Der Stoffwechsel verlief zunächst anaerob, also ohne Mitwirkung von Sauerstoff, dessen Bildung erst nach der „Erfindung" der Photosynthese begann: Mittels Chloroplasten und unter Ausnützung der Sonnenenergie entstanden nach der Formel $6 H_2O + 6 CO_2 = C_6O_6H_{12} + 6 O_2$ große Mengen Sauerstoff, der zunächst das im Meerwasser gelöste, zweiwertige Eisen (Fe^{++}) zu wasserunlöslichem, dreiwertigem Eisen (Fe^{+++}) oxydierte, woraus 90 % der heutigen Eisenerzvorkommen resultierten. Erst nach Abschluss dieses Prozesses gelangte Sauerstoff in größeren Mengen in die zuvor durch Methan und Ammoniak dominierte Erdatmosphäre, was den Untergang vieler Einzeller zur Folge hatte, da Sauerstoff toxisch wirkt. Ein Teil der Bakterien überlebte in sauerstoffarmen Zonen, während andere Einzeller Enzyme zur Entschärfung dieses Zellgiftes entwickelten oder ihn sogar in die dadurch wesentlich effektivere Energiegewinnung einzubauen vermochten (aerober Stoffwechsel).

Außer Stäbchen- und Cyanobakterien existierte vor 3,5 Milliarden Jahren die bis in die Gegenwart fortdauernde Gruppe der Archaeen, die unter Extrembedingungen überlebensfähig sind und zur Energiegewinnung Stoffe wie Salz, Methan, Schwefel, Ammoniak usw. verwenden können.

Über zwei Milliarden Jahre Erdgeschichte hinweg waren Prokaryonten – also Bakterien und Archaeen – die einzigen Lebewesen. Erst vor ca. 1,5 Milliarden Jahren setzte die nächste Entwicklungsstufe ein, und zwar durch Ausbildung der Eukaryonten, d.h. einzelliger Lebewesen mit einem Zellkern (Karyon = Kern). Eukaryonten unterscheiden sich von ihren Vorläufern jedoch nicht nur durch den Besitz eines durch eine Doppelmembran umgrenzten und die Erbsubstanz DNA enthaltenden Zellkerns; sie besitzen außerdem ein Stützskelett sowie höchst effektive Organellen für die Energiegewinnung und die Eiweißsynthese (Mitochondrien, bzw. Ribosomen). Ein Teil dieser Einzeller ist durch den Besitz von Chloroplasten zur Photosynthese fähig, während andere durch Ausbildung spezieller Strukturen in der Außenhülle (Wimpern oder Geißeln) beweglich wurden und somit aktiv günstige Orte aufsuchen und schädliche Areale vermeiden konnten. Den größten Fortschritt gegenüber den Prokaryonten, die sich durch einfache Zellteilung vermehrten, stellt jedoch die sexuelle Fortpflanzung dar: Eukaryontenzellen bilden den halben Chromosomensatz und zwei derartige Abkömmlinge unterschiedlicher Zellen verschmelzen zu einer neuen Zelle. Durch diesen Fortpflanzungsmodus wird eine wesentlich stärkere Durchmischung des Erbguts als durch bloße Mutation gewährleistet und damit eine wichtige Weiche für die weitere Evolution des Lebens gestellt.

Aus den Eukaryonten entwickelten sich die ersten Vielzeller, deren äußere Zellen sich auf Fortbewegung und Nahrungsbeschaffung spezialisierten, während die inneren den Stoffwechsel mit Energiegewinnung und Produktion der Zellbausteine besorgten. So tauchten vor ca. 800 Millionen Jahren die ersten Weichtiere auf, die zu Beginn des Kambriums, also vor ca. 550 Millionen Jahren, von Weichtieren mit Außenskelett wie Muscheln, Schnecken, Korallen, Schwämmen und vor allem den zwischenzeitlich ausgestorbenen Trilobiten (Dreilappkrebse) gefolgt wurden. Ein derartiges Außenskelett stellt für

Weichtiere einen wirksamen Schutz dar. Jedoch gerät man bei aufmerksamer Betrachtung derartiger Gehäuse darüber hinaus immer wieder ins Staunen über deren ästhetisch anspruchsvolle Gestaltung, so dass Muschelschalen und Schneckenhäuser bis heute zur Schmuckherstellung dienen.

Während sich das Leben über 3 Milliarden Jahre in den Meeren abspielte, kam es vor 410 Millionen Jahren zur Landbesiedelung von Pflanzen, der 110 Millionen Jahre später – als der Sauerstoffgehalt der Erdatmosphäre bereits den heutigen Wert von 20 % erreicht hatte – die ersten Tiere folgten. Eine der hierfür nötigen Voraussetzungen war die Bildung einer Ozonschicht zur Absorption der lebensfeindlichen UV-Strahlung.

Über etwa 2,7 Milliarden Jahre existierten nur Einzeller, und über ca. 300 Millionen Jahre nur relativ einfach gebaute Vielzeller. Zu Beginn des Paläozoikums – d.h. in der Periode des Kambriums (vor 542 bis 251 Millionen Jahren) – erfolgte dann die „kambrische Explosion" mit Entstehung einer Fülle von Pflanzen, Pilzen und Tieren: Fische vor 450 Millionen, Reptilien vor 280 Millionen, Vögel vor 150 Millionen, Säugetiere vor 200 Millionen, Primaten vor 70 Millionen, Hominiden vor 6 Millionen Jahren. Die erste Frühform des Menschen, der Homo erectus, entwickelte sich vor 1,5 Millionen, der Homo sapiens vor 150 000 und der Homo sapiens sapiens mit seinen prächtigen Höhlenmalereien erst vor 35 000 Jahren (Facchini). Nicht unerwähnt bleiben darf, dass unzählige der in dem genannten Zeitraum entstandenen Arten früher oder später ausstarben, so z.B. die Dinosaurier und der Homo heidelbergensis. Gegenwärtig existieren auf der Erde mehr als 1 Million Tierarten, darunter 751000 Insektenarten. Über die Entstehung der Arten schrieb Charles Darwin: „Sowohl die Geburt der Art als auch des Individuums sind gleichermaßen Teile einer großartigen Abfolge von Ereignissen, bei denen sich unser Verstand weigert, sie als Ergebnis des blinden Zufalls zu akzeptieren."

Die Entstehung von Leben aus unbelebter Materie ist ein Rätsel und zudem von äußerster Unwahrscheinlichkeit. Dawkins argumentiert, dass sich auf einigen der Trilliarden Planeten auch etwas absolut Unwahrscheinliches ereignen könne, als ob dieser Vorgang nicht auf jedem der existierenden Planeten gleichermaßen unwahrscheinlich wäre. Außerdem äußerte Martin Rees, es könnte sein, „dass die Ereigniskette, die auf unserer Erde zum Vorhandensein von Leben führte, so außerordentlich unwahrscheinlich ist, dass sie auf keinem der Planeten der rund 10^{21} beobachtbaren Sterne aufgetreten ist", wodurch die Spekulationen Dawkins mittels der „Magie der großen Zahl" an Glanz verlieren. Auch wenn sich $1/_{100}$ der ca. 50 Milliarden Planeten der Milchstraße in lebensfreundlichen Zonen befinden sollen, ist festzuhalten, dass bislang auf keinem einzigen Planeten außerhalb der Erde Leben entdeckt wurde. Ob es Leben oder sogar intelligente Wesen nur auf der Erde oder noch sonstwo in den Weiten des Kosmos gibt, ist somit ungewiss, so dass alle einschlägigen Behauptungen als pure Spekulation zu gelten haben. Trotzdem schwafeln naturwissenschaftliche Phantasten wie Hoimar von Ditfurth von über 100 000 belebten Planeten allein in unserer Milchstraßen-Galaxie und fordern, Funksignale außerirdischer Intelligenzen aufzufangen, um durch wechselseitigen Nachrichtenaustausch einen „gewaltigen galaktischen Überorganismus" zu bilden, ohne zu bedenken, dass selbst mit Lichtgeschwindigkeit ausgesandte Signale vom einen bis zum anderen Ende der Milchstraßen-Galaxie 100 000 Jahre unterwegs sein würden – Science Fiction pur.

Auf dem Planeten Erde ist jedoch das absolut Unwahrscheinliche geschehen, so dass dort Leben mit wunderbaren pflanzlichen und tierischen Lebensformen entstand, was einen fragen lässt, wie dies möglich sein konnte. In den Schöpfungsmythen vieler Kulturen wird ein mächtiger Schöpfergott als Ursprung des Lebens und Erschaffer des Menschen angenommen – eine für die meisten Naturwissenschaftler völlig inakzeptable Unterstellung. Obwohl zahllose Versuche, einfache Lebensformen aus ihren Bestandteilen aufzubauen, gescheitert sind, wird an der materialistischen Doktrin festgehalten, dass sich Elemente aus eigener Kraft zu Molekülen, diese zu Polymeren, diese zu Zellen formen, und dass diesen ab einem gewissen Organisationsgrad quasi automatisch das Merkmal „Leben" zukäme. Derartige Versuche, das Phänomen „Leben" auf physikalische und chemische Prozesse zu reduzieren, widersprechen nicht nur dem Entropie-Gesetz (s.u.), sondern auch der menschlichen Vernunft, die uns sagt, dass Höheres nicht spontan aus Niedrigerem entstehen kann. Es ist geradezu absurd anzunehmen, dass einfache Moleküle aus eigener Kraft die hochdifferenzierten Strukturen und Funktionen einer Zelle bilden können, dass diese sich zu Zellverbänden, Organen, Systemen und schließlich zu einem all dies regulierenden Organismus zusammenschließen, der zu wachsen und sich zu vermehren vermag, um letztendlich im evolutiven Endprodukt „Homo sapiens sapiens" zu philosophieren, Gedichte zu schreiben, Musik zu komponieren und die Evolution in allen ihren Verästelungen zu analysieren.

Den prinzipiellen Unterschied zwischen toter Materie und Lebewesen können wir jedes Frühjahr eindrucksvoll erleben: Wenn aus scheinbar toten Ästen innerhalb weniger Tage ein Blätter- und Blütenmeer entsprießt, offenbart sich darin eine derart unbändige Lebenskraft, dass dafür empfängliche Menschen stets aufs Neue fasziniert sind, so dass in alten Kulturen das alljährliche Erwachen der Natur mit rauschhaften Fruchtbarkeitskulten gefeiert wurde. Kontrastiert wird dieses Geschehen durch den fehlenden Austrieb an zunächst identisch aussehenden, abgestorbenen Bäumen, deren dürre Äste ebenso eindrucksvoll den Verlust der Lebenskraft vor Augen führen.

Obwohl es sich bei der naturwissenschaftlichen Argumentation, die alles andere als wissenschaftlich ist, lediglich um eine Aneinanderreihung höchst spekulativer Annahmen handelt, wird diese Deutung einer „intelligenten Gestaltung" der Lebewesen vorgezogen, da diese – ohne Begründung, warum – noch unwahrscheinlicher sei (Dawkins). Dabei müsste jeder unvoreingenommene Beobachter der Lebenswelt deren wunderbare Ordnung und Schönheit anerkennen: Noch intelligenter und zweckmäßiger könnten die unzähligen Lebewesen und deren Zusammenspiel gar nicht gestaltet werden. Unter dem sezierenden Blick der Biologen verlieren die Pflanzen- und Tierwelten jedoch ihren Zauber und lösen sich in physikalische und chemische Gesetzmäßigkeiten auf. Was deren spontane Entstehung einerseits, deren Geschaffensein andererseits betrifft, geht es im Übrigen nicht um Wahrscheinlichkeiten, sondern um Dogmen, die als indiskutable Basis dienen und nicht nur in Religionen, sondern ebenso in der Naturwissenschaft Gültigkeit besitzen, denn „auch die Wissenschaft beruht auf einem Glauben; es gibt gar keine voraussetzungslose Wissenschaft" (Nietzsche). Außerdem gibt es „die unglaubliche Fähigkeit von Wissenschaftlern, unpassende Phänomene zu ignorieren" (Brooks). Rationalistische Wissenschaftler, die meistens auch Atheisten sind, stellen keine Gruppe von Wissenden, sondern von Gläubigen dar, so dass Einstein von einer „Kirche der Atheisten" sprach und meinte, dass Atheismus nicht unbedingt ein Zeichen von Intelligenz sei.

Ist man sich schon über die Entstehung des Lebens uneinig, so setzt sich die widersprüchliche Interpretation fort in Hinsicht auf die seit 3,5 Milliarden Jahren stattfindende Evolution. Dawkins arbeitet diesbezüglich mit dem anthropischen Argument: So unwahrscheinlich die Entstehung und Höherentwicklung der Lebewesen bis hin zum Menschen auch sein mag – sie sind geschehen. Den Beweis dafür liefert unsere eigene Existenz. Die Tatsache, dass es uns gibt, zeigt, dass das Unwahrscheinliche eingetreten ist. Dieser Gedankengang ist in sich schlüssig, jedoch versteckt sich in ihm ein Pferdefuß, denn zwischen den Zeilen wird unterstellt, dass dies alles eine Leistung der Materie sei, während viele der größten Denker des Abendlandes, von Aristoteles bis Nicolai Hartmann, ebenso wie theoretische Physiker aufgrund des Entropiegesetzes den Grundsatz vertreten, dass Höheres nicht spontan aus Niedrigerem entstehen kann.

Auch ein weiteres Argument von Dawkins kann nicht unwidersprochen bleiben. Es spricht zwar für seine Einsichtsfähigkeit, wenn er die Evolution nicht durch eine riesige Zahl von Zufällen begründet sehen will, sondern durch die Selektion, wobei er argumentiert: „Natürliche Selektion ist genau das Gegenteil eines Zufallsprozesses." Leider ist diese Aussage nicht stichhaltig, denn die Grundlage der Selektion ist eine Mutation (d.h. eine spontane Veränderung des genetischen Materials) und diese erfolgt zufällig, wie dies allgemein unterstellt wird. So betrachtet Gould die Evolution aller Lebewesen als „puren Zufall" und erläutert: „Zunächst müssen Variationen, die im Wesentlichen *zufällig* auftreten, das Rohmaterial für Veränderungen zur Verfügung stellen, dann erst lässt die natürliche Selektion... die meisten Varianten verschwinden, und es bleiben nur diejenigen Individuen erhalten, die *zufällig* besser an die sich wandelnde lokale Umwelt angepasst sind." Der Nobelpreisträger J. Monod ergänzt: „Die Evolution arbeitet nämlich an den Produkten des Zufalls, da sie sich aus keiner anderen Quelle speisen kann." Sofern man die Zufallshypothese akzeptiert, ist es völlig folgerichtig anzunehmen, dass die Evolution auch ganz anders hätte verlaufen können. So hätte eine „winzige Abweichung" in einem der „hunderttausend Schritte", die zum heutigen Menschen führten, „ein völlig anderes Ergebnis hervorbringen können" als den Menschen (Gould). „Die Menschen verdanken ihre Existenz einem glücklichen Zufall, aber nicht einer zwangsläufigen Richtung des Lebens oder der Evolutionsmechanismen" (Gould). In dieser Form von doktrinärem Biologismus wird somit nicht nur unterstellt, dass die gesamte Evolution ein Produkt blinden Zufalls sei, sondern es wird darüber hinaus eine gerichtete Höherentwicklung zu immer komplexeren Lebensformen geleugnet und die Entstehung höherer Organismen als bloße Nebenerscheinung abgetan. Als Hauptargument wird angeführt, dass Einzeller bis in die Gegenwart bei weitem überwiegen und dass wir Menschen zu vielem unfähig seien, was diese könnten, z.B. in der Tiefe des Meeres „von Wasser und Basalt zu leben" – ein geradezu absurder Vergleich, der nur von einem gänzlich wertblinden Biologen stammen kann.

Macht man Biologen auf die totale Unwahrscheinlichkeit der spontanen Entstehung und Entwicklung von Lebewesen aufmerksam, so wird dies völlig akzeptiert, aber entgegengehalten, dass bei der riesigen Zahl von Planeten irgendwo auch das Unwahrscheinlichste passieren könne, ebenso wie es sein kann, dass einer unter Zigmillionen Lottospielern zufällig die sechs richtigen Zahlen getippt hat. Ist ein Vergleich der Evolution mit Glücksspielen schon an sich unzulässig, so verliert dieses Argument zusätzlich an Überzeugungskraft, wenn man bedenkt, dass der evolutive Prozess als Zufallsereignis höchstens mit einem Spieler verglichen werden könnte, der zeitlebens Woche für Woche den Hauptgewinn macht.

Angemessener wäre ein Vergleich von Genen mit den Buchstaben des Alphabets.Betrachtet man Mutationen als Spiel der Natur mit dem genetischen Material, das zu Neukombinationen in dessen Zusammensetzung führt, dann lässt sich dies vergleichen mit Zufallskombinationen der 26 Buchstaben des Alphabets. Wird dieses Spiel millionenfach wiederholt, so werden sich außer unzähligen Nonsenswörtern durchaus auch einige sinnvolle Wortbildungen ergeben, die extrem selten vielleicht sogar mehrfach aufeinanderfolgen und noch seltener in dieser Abfolge einen halbwegs sinnvollen Satz ergeben. Aber niemals wird auf diese Weise ein Gedicht – es sei denn ein dadaistisches Nonsensgedicht–oder gar ein Roman entstehen. Vielmehr ist ein Wust an sinnlosen Buchstabenhäufungen zu erwarten, in welchem die vereinzelten sinnvollen Wortbildungen untergehen. Selbst wenn alles Sinnlose – durch Selektion – ausgesondert würde, verbliebe lediglich ein völlig zusammengewürfelter Rest an stimmigen Wortbildungen, die nur durch die Arbeit eines literarischen Geistes zu einem halbwegs sinnvollen Gebilde verbunden werden könnten. Zufallsereignisse sind nun einmal selbst bei millionenfacher Wiederholung keine Begründung für sinnvolle Entwicklungen. Schlussendlich müsste bei diesem Gedankenspiel auch noch begründet werden, wie es überhaupt zur Entstehung des genetischen Materials kommen konnte.

Während eine Leugnung des evolutiven Prozesses nur noch durch hartgesottene US-amerikanische Kreationisten erfolgt, wird die dahinter wirksame treibende Kraft unterschiedlich interpretiert. Die Darwinisten verweisen – wie bereits dargelegt wurde – auf die spontane und dem Zufallsprinzip unterliegende Entstehung immer neuer Varianten innerhalb derselben Art, bedingt durch Mutationen bei der Weitergabe des genetischen Materials an die Nachkommenschaft, wobei sich diese allerdings meistens negativ und nur in seltenen Fällen positiv auf die Überlebenschancen auswirken. Führt nunmehr eine einzelne oder eine Folge von Mutationen zu einer besseren Anpassung an die Umgebung, erhöhen sich die Überlebenschancen dieser Mutanten, so dass diese im Laufe der Zeit die Artgenossen mit der ursprünglichen genetischen Ausstattung überflügeln. Diese natürliche Zuchtwahl begünstigt somit das Überleben und die Ausbreitung der bestangepassten Vertreter der betreffenden Art, d.h., unter den verschiedenen Varianten erfolgt eine Selektion durch die jeweiligen Umweltbedingungen mit einem „Survival of the fittest" (Darwin). Derartige Prozesse sind vielfach belegt und vollziehen sich bis in die Gegenwart, so dass sich z.B. eine Farbvariante, die einen besseren Schutz vor Feinden garantiert, im Lauf der Zeit durchsetzt, oder ein prächtigeres und für Weibchen attraktiveres Gefieder männlicher Vögel, mit entsprechend höheren Chancen, sich fortzupflanzen, die Überhand gewinnt.

Ob derartige Mechanismen ausreichen, die Fortentwicklung von Einzellern zu Mehrzellern oder von Reptilien zu Säugetieren und letztlich von Bakterien und Amöben bis zum Menschen zu ermöglichen, ist demgegenüber strittig. Selektion kann nämlich nur Anpassungen an die jeweilige – sich ständig wandelnde – Umwelt hervorbringen und ist somit „keine Stufe in der Abfolge des allgemeinen Fortschritts" (Gould). Ohnehin entstehen vererbbare Mutanten nur innerhalb einer Art, da sich bekanntlich nur Angehörige derselben Art fortpflanzen können. Durch Variationen des genetischen Materials von Fischen lassen sich demnach nur andersartige Fische hervorbringen, aber niemals Säugetiere.

Beim Menschen verliert die Selektionsthese ohnehin jegliche Bedeutung: Wenn es nur um das Überleben der Tüchtigsten ginge, wären sowohl die Betreuung von Alten, Kranken und Behinderten als auch der Schutz evolutionär zurückgebliebener Ethnien (Inuit, Aborigines, Baumhausbewohner Papua-Neuguineas, usw.) kontraproduktiv. Der Mensch unterliegt jedoch keinem biologischen Selektionsdruck, sondern moralischen Gesetzen, die ihn verpflichten, auch den Schwächeren eine Chance zu geben.

Gegen eine ursächliche Bedeutung der Selektion in Bezug auf die Höherentwicklung der Arten spricht das in kosmischen Maßstäben nahezu plötzliche Auftreten neuer Arten – ohne eine Reihe von Zwischengliedern. Den Weg von der Blaualge bis zum Mammutbaum und den von der Amöbe bis zum Menschen als Abfolge unzähliger Zufallsereignisse zu interpretieren, ist außerdem logisch schwer nachvollziehbar. Bereits die alltäglichen Erfahrungen machen deutlich, dass sinnvolle Gestaltungen geplant sind und keine Zufallsprodukte darstellen. Lässt man beispielsweise 100 Bauklötze auf die Erde fallen, so entstehen weder Häuser noch Brücken, sondern lediglich ein chaotisches Durcheinander, auch wenn man den Vorgang millionenfach wiederholt. Jeder geordnete Zustand setzt einen intelligenten Eingriff, jedes Produkt einen Produzenten voraus. Bildet sich aus den Bauklötzen ein Haus, ist es für jeden Betrachter selbstverständlich, dass dahinter eine ordnende Hand und ein gestaltender Intellekt stecken – wie viel mehr bei den hochkomplexen Bauplänen und den höchst sinnreichen Funktionsabläufen in lebenden Organismen. Sehen wir ein schönes Möbelstück, eine Vase oder ein Bild, fragen wir als Erstes: „Wer hat das gemacht?", und kein Mensch käme auf die Idee, die Fortentwicklung vom ersten Automobil zum neuesten Porsche als Zufallsprozess zu betrachten. Würde jemand ernsthaft behaupten, der Airbus 380 wäre beim Herumspielen mit Schrauben, Drähten, Aluminium und Kunststoffen zufällig entstanden, würde man ihn für schwachsinnig erklären. Bei der Entstehung des Menschen, der ein ungleich komplizierteres Wunderwerk darstellt, darf das demgegenüber ungestraft geäußert werden, insofern er als Endprodukt unzähliger Zufallsereignisse betrachtet wird. Wenn nicht einmal tote Dinge wie Tische, Teppiche, Kleider oder Vasen aus der angeblichen Schöpfungskraft der Materie entstehen, wie soll dies dann bei der ungleich kunstvoller konstruierten Pflanzen- und Tierwelt möglich sein? Ein so kritischer Geist wie Voltaire stellte diesbezüglich klar: „Jedes Werk, das Mittel und Zweck erkennen lässt, kündet von einem Schöpfer; also deutet das Weltall... auf einen allmächtigen, allwissenden Urheber". Zudem stellt ein physikalisches Grundgesetz – der zweite Hauptsatz der Thermodynamik – klar, dass in der unbelebten Natur spontane Entwicklungen von Zuständen höherer zu solchen niedriger

Ordnung verlaufen, aber niemals umgekehrt. Lebewesen sind demgegenüber Systeme, welche die natürliche Richtung der Entropie – von der Ordnung zur Unordnung – umkehren (Schrödinger), eben weil sie von einer unstofflichen Lebenskraft erfüllt sind. Die wissenschaftliche Biologie ignoriert jedoch diese „Dimension der Innerlichkeit…, die zum Leben gehört: damit bringt sie den Unterschied ‚beseelt' und ‚unbeseelt' zum Verschwinden …" (H. Jonas).

Die Unterstellung einer dem evolutiven Prozess zugrundeliegenden schöpferischen Intelligenz bedeutet keineswegs, dass jede neue Art oder Gattung aufgrund eines göttlichen Schöpfungsaktes entsteht. Vielmehr könnte es sich ähnlich verhalten wie bei der Entwicklung eines menschlichen Individuums, an dessen Beginn ein Einzeller in Form einer omnipotenten befruchteten Eizelle steht. Diese ist in der Lage, nach und nach zahllose spezialisierte Zellen – wie z.B. Nerven-, Muskel-, Leber-, Nieren-, Bindegewebs- usw. Zellen – auszubilden, diese in ein strukturell und funktional geordnetes Gebilde einzugliedern und letztlich auf diese Weise den menschlichen Organismus zu gestalten. In ähnlicher Form könnte aus omnipotenten frühen Lebensformen im Rahmen der Evolution das Wunderwerk der Lebenswelt entstanden sein, aber eben nicht durch den Zufallsprozess unzähliger Mutationen, sondern dadurch, dass diese Omnipotenz durch eine kreative Intelligenz den Urformen des Lebens eingebildet wurde. Der Schöpfungsakt wäre dann wie der Zeugungsakt punktuell, der dadurch in Gang gesetzte Prozess evolutionär und liefe gemäß seiner durch Umwelteinflüsse modifizierten Eigendynamik ablaufend.

Wie diese ungeheuer intelligente und kreative Schöpfungsmacht zu denken ist, muss offen bleiben und übersteigt wohl das menschliche Vorstellungsvermögen. Bemerkenswerterweise lassen sich Äußerungen Darwins am Schluss seines Buches über die Entstehung der Arten problemlos in dieser Weise interpretieren: „Es ist wahrlich eine großartige Ansicht, dass der Schöpfer den Keim allen Lebens, das uns umgibt, nur wenigen oder nur einer einzigen Form eingehaucht hat und dass… aus so einfachem Anfang sich eine endlose Reihe der schönsten und wundervollsten Formen entwickelt hat und sich noch immer entwickelt."

Diese Aussage verneint die von christlichen Fundamentalisten wörtlich verstandene biblische Darstellung, dass jede Art vom Schöpfer nacheinander fix und fertig in ihrer endgültigen Gestalt geschaffen wurde, ist aber mit der Annahme pluripotenter Urformen von Lebewesen gut vereinbar, aus denen sich folgerichtig gemäß der eingestifteten Entwicklungsdynamik die höheren Lebensformen ausbildeten. Man müsste demnach von einer Omnipotenz der Urmaterie bzw. der Urformen des Lebens ausgehen, die sich von der uns bekannten Materie ebenso unterscheidet, wie eine omnipotente befruchtete Eizelle von einer spezialisierten Leber- oder Nervenzelle.

Viele der auf Darwin folgenden Biologen verneinten die Möglichkeit einer Schöpfung und formulierten die bereits erwähnte Zufallshypothese, die wissenschaftlichen Ansprüchen in keiner Weise genügt und an intellektueller Schlichtheit kaum zu unterbieten ist. Sie besteht im Grunde aus zwei Aussagen:

- Es gibt keinen Schöpfergott als Urgrund allen Seins.
- Da es keinen Gott gibt, müssen das Universum, das Leben auf der Erde sowie dessen Evolution Zufallsprodukte darstellen.

Die zweite Aussage ergibt sich logisch zwingend aus der ersten, was allerdings nicht das Geringste zu ihrer Beweiskraft beiträgt, da die erste kein wissenschaftlich begründetes Postulat, sondern lediglich ein – negatives – Glaubensbekenntnis darstellt, das ebensowenig beweisbar ist wie sein Gegenteil. Die Unterstellung unzähliger Zufälle als Basis einer hochentwickelten Lebenswelt ist keine wissenschaftlich begründbare Annahme, sondern ein Hilfskonstrukt ohne die geringste Beweiskraft, das zudem jeglicher menschlicher Erfahrung und den Gesetzen der Logik zuwiderläuft. Mutationen sind nichts weiter als fehlerhafte Reproduktionen von Keimzellen, die sich in den seltensten Fällen segensreich auf die Mutanten auswirken. Auf einer unübersehbaren Zahl derartiger fehlerhafter Reproduktionen die gesamte Evolution der Pflanzen- und Tierwelt zu begründen, ist geradezu absurd. Eine Erklärung, die aussagt, dass wir uns zufällig auf dem Planeten Erde befinden, dessen zufällige physikalischen Gesetze die Entstehung von Leben ermöglichten, das daraufhin zufällig entstand und sich durch Zufall in einer unglaublichen Vielfalt und Differenziertheit entwickelte, ist nichts weiter als eine Aneinanderreihung von unbewiesenen Behauptungen. Jeder unvoreingenommene Geist kann nur staunend die zielgerichtet bis zum Menschen verlaufende Höherentwicklung der Welt des Lebens betrachten, was vielen modernen Naturwissenschaftlern unmöglich ist, da sie einem diesbezüglichen Denkverbot unterliegen. Sie sollten allerdings so fair sein, nicht jeden Kritiker des Darwinismus der Ignoranz und des Obskurantismus zu bezichtigen.

Nietzsche hat eine reduktionistische Naturforschung scharf verurteilt und vehement bestritten, „dass allein eine Welt-Interpretation im Rechte sei… bei der wissenschaftlich in eurem Sinn geforscht und fortgearbeitet werden kann, eine solche, die Zählen, Rechnen, Wägen, Sehen und Greifen und nichts weiter zulässt, das ist eine Plumpheit und Naivität, gesetzt dass es keine Geisteskrankheit, kein Idiotismus ist", und er fügte hinzu, dass eine mechanistische Denkweise „eine der dümmsten, das heißt sinnärmsten" wäre. Wie scharf diese Verurteilung gemeint ist, sieht man an der Wortwahl, denn in der psychiatrischen Terminologie wird unter „Idiotie" die hochgradigste Form von Schwachsinn verstanden. Zur Veranschaulichung seines Urteils wählt er das Beispiel der Musik: „Gesetzt, man schätzte den Wert einer Musik danach ab, wie viel von ihr gezählt, berechnet, in Formeln gebracht werden könne – wie absurd wäre eine solche „wissenschaftliche" Abschätzung der Musik. Was hätte man von ihr begriffen, verstanden, erkannt! Nichts, geradezu nichts von dem, was eigentlich an ihr Musik ist." Physikalische Analysen können Schallwellen unterschiedlicher Frequenz und Lautstärke messen, sind aber unfähig, die darin ausgedrückten Stimmungen und Empfindungen zu erfassen, obwohl diese zweifelsfrei existieren.Die abgründige Dramatik des Requiems von Mozart, die tiefgläubige Frömmigkeit in den Bach'schen Kantaten und die wunderbare Heiterkeit in den Konzerten für Orgel und Orchester von Händel sind auf geheimnisvolle Weise in die Tonreihen verwoben. Jedoch entziehen sich nicht nur musikalische Werke einer mechanistischen Analyse und rationalistischen Erklärung, sondern ebenso die Schönheit eines chinesischen Gartens, die formvollendeten altägyptischen Götter-, Menschen- und Tierstatuen und die Bildwerke eines Botticelli, Bruegel oder Hieronymus Bosch. Hinter den Farben und Formen verbirgt sich eine geistige Welt, die nur intuitiv von den dafür Empfänglichen wahrgenommen werden kann. Nietzsche war bekanntlich Atheist, aber zu klug, um sich auf das Niveau der mechanistischen Denkweise hinabzubegeben und blind zu werden für geistige Wirklichkeiten.

Ein gehöriges Maß an Wertblindheit verrät auch die von vielen Biologen vorgenommene Einschätzung der Stellung des Menschen innerhalb der Gattung der

Primaten.Dass zwischen Menschen und Schimpansen gravierende Unterschiede bestehen, ist zwar selbst eingefleischten Darwinisten nicht verborgen geblieben, obwohl die Tendenz, Gemeinsamkeiten herauszustreichen, unübersehbar ist, was bereits die Einordnung der menschlichen Spezies in die Gruppe der „Schimpansenartigen" belegt. Für die Trennung der Entwicklungslinien beider Spezies werden verschiedene Faktoren angeführt, so z.B. die längere Kindheit beim Menschen mit intensiveren zwischenmenschlichen Kontakten und größeren Chancen, Kulturtechniken zu erlernen (Hublin), das „evolutionäre Paket" von räumlichem Sehen, Fortentwicklung der motorischen Großhirnrinde und verbesserter Gebrauchsfähigkeit der Hände sowie die Mutation des für Lautbildung wichtigen Gens FOX P_2 (Pääbos). Erklärt wird hiermit nicht das Geringste, sondern lediglich eine Entwicklung beschrieben, deren Grund völlig im Dunkeln bleibt. Dass Menschen eine längere Kindheit haben, beruht auf ihrer vorzeitigen Geburt im unreifen Zustand, da nach erfolgter Ausreifung der zu groß gewordene Kopf keine Passage des Geburtskanals mehr erlauben würde; dass sie Kulturtechniken erlernen können, setzt voraus, dass es solche gibt, und eine intensivere zwischenmenschliche Kommunikation wäre ohne Vorhandensein einer Sprache nicht möglich. Die Ursachen für die Vergrößerung des Gehirns (und damit des Kopfumfangs), die manuelle Geschicklichkeit, die Sprachentwicklung und die Kultivierung des Umfelds können von den Biologen somit in keiner Weise erklärt, sondern deren Vorhandensein nur konstatiert werden.Dass eine Entwicklung zum Homo sapiens sapiens eintrat, ist evident, und da die Biologen über deren Ursache keinerlei Aussagen treffen können, berufen sie sich einmal mehr auf Zufalls-Mutationen. Wenn als Grund für das optimierte menschliche Gehör angeführt wird, dass die aus mehreren Teilen bestehenden Kieferknochen der Reptilien „schrumpften, ins Ohr wanderten und dort zu den kleinen Mittelohrknochen wurden, die uns heute erlauben, so gut zu hören" (Shubin), kann man nur staunen über die Wandlungsfähigkeit und zielstrebigen Wanderungsbewegungen von Skelettteilen. Dass dies vielleicht keine Leistung ehemaliger Kieferknochen, sondern Ausdruck eines übergeordneten evolutionären Gestaltungswillens sein könnte, kommt einem Darwinisten vermutlich nicht in den Sinn.

Von biologischer Seite wird vielfach die Sonderstellung des Menschen im Reich des Lebendigen bestritten, indem zwischen den Fähigkeiten von Menschen und Affen nur graduelle Unterschiede anerkannt werden. Nahrungsmittel anzupflanzen, Tiere zu domestizieren, schützende Kleidung und Behausungen zu schaffen, die dafür nötigen Werkzeuge zu erfinden, das Feuer und andere Elementarkräfte zu nutzen und die Versorgung mit dem Lebensnotwendigen langfristig zu planen, stellen jedoch spezifisch menschliche Leistungen dar, so dass die menschlichen und tierischen Lebenswelten bereits auf dieser elementaren Stufe nicht nur quantitative, sondern auch qualitative Unterschiede aufweisen. Zwar ist es sicher zutreffend, dass auch Affen eine Intelligenz und Sprache besitzen (sofern man unartikulierte Grunz- und Brüll-Laute so benennen möchte). Sie können eine Kiste herbeiholen oder einen Stock als Werkzeug benutzen, um in den Besitz einer Banane zu kommen. Sie können sogar durch Dressur dahin gebracht werden, einfache Rechenaufgaben zu lösen, aber sie haben keinerlei Bedürfnis danach und keine Verwendung dafür. Die Welt ist ihnen ein Futterplatz und Sex-Terrain, aber kein staunenswertes Rätsel, das sie zu ergründen suchen. Die Geheimnisse des Mikro- und Makrokosmos sind ihnen gleichgültig und als Werkzeug genügt ihnen das Vorhandene, so dass keinerlei Anstalten getroffen werden, dieses durch Bearbeitung oder Neukonstruktion zu verbessern oder gar Phänomene wie Elektromagnetismus, Gravitation, Auftrieb, Kernkraft zu erforschen und durch technische Entwicklungen in Dienst zu nehmen. Und was sind schließlich die Kleckserein eines dressierten Affen gegenüber den Gemälden von Dürer, Rembrandt oder Cézanne sowie äffische Grunzlaute im Vergleich zu Dantes göttlicher Komödie? Wer in allen diesen Beispielen nur graduelle Unterschiede und nicht einen qualitativen Sprung zu sehen vermag, sollte einige Wochen in einem Affen-Camp verbringen und – wenn er zu keiner Meinungsänderung kommt – dort bleiben.

Aus dem bisher Gesagten wird klar, dass sich zwischen den materialistischen Thesen zur Entstehung der Welt sowie den Anfängen und der Evolution des Lebens einerseits und der Annahme einer Schöpfung des Universums durch eine kreative geistige Macht andererseits eine unüberbrückbare Kluft auftut. Wägt man die naturwissenschaftlichen und die metaphysischen Argumente gegeneinander ab, so muss man konstatieren, dass weder die eine noch die andere Meinung beweisbar ist. Einerseits täuschen Urknall- und Evolutionstheorie gesichertes Wissen vor – obwohl die entscheidenden Fragen nach dem „Warum" ungelöst bleiben – und andererseits ist der Glaube an eine Erschaffung der Welt durch eine übernatürliche Macht ein Schöpfungs-Mythos, wenn auch ein einsichtiger. Im Grunde bleiben die Entstehung des Kosmos und die des Lebens nach wie vor unlösbare Rätsel. So lässt die Theorie des vor 13,5 Milliarden Jahren stattgehabten „Urknalls", aus dem das Universum entstand, einige wesentliche Fragen offen: Was war vor dem Urknall? Woher stammt die ungeheure Masse und Energie als Grundlage des Universums? Kann Materie aus dem Nichts entstehen? Kann ein göttlicher Geist diese erschaffen?

Ebenso rätselhaft wie die Entstehung des Universums ist der Beginn des Lebens vor $3^1/_2$ Milliarden Jahren. In Anbetracht der Tatsache, dass hierfür ein höchst diffiziles Zusammenspiel physikalischer und chemischer Voraussetzungen erforderlich war, das vielleicht nur auf dem winzigen Planeten Erde vorlag, ergeben sich die Fragen: Weshalb geschieht die jedes menschliche Vorstellungsvermögen weit übersteigende Ausdehnung des Universums, wenn es sich dabei nur um lebensfeindliche Galaxien handelt, die durch den Weltraum rasen? Außerdem: Wie kann aus toter Materie Leben entstehen? Woher stammt die Lebenskraft (Entelechie), die jedem Individuum, aber auch der gesamten Evolution ihre zielgerichtete Dynamik verleiht? Wer behauptet, auf diese Fragen eine schlüssige Antwort zu haben, ist entweder größenwahnsinnig oder ignorant oder beides in unseliger Verknüpfung. Weder die Religionen noch die Naturwissenschaften können uns diese Fragen überzeugend beantworten und vertreten daher oft umso vehementer ihre Glaubensbekenntnisse. Einerseits ist es für das menschliche Bewusstsein kaum vorstellbar, dass ein geistiger Schöpfer-Gott ein Universum mit 100 Milliarden Galaxien von gigantischen Dimensionen hervorbringt. Andererseits finden wir im Makro- und Mikrokosmos derart harmonisch abgestimmte Gesetzmäßigkeiten und in den lebenden Organismen eine so faszinierende strukturelle und funktionelle Vollkommenheit, dass man immer wieder ins Staunen gerät und nicht umhinkommt, dahinter eine ungeheuer intelligente und kreative Macht anzuerkennen. Es scheint daher am angemessensten zu sein, die Wunder des Lebens voller Staunen zu betrachten und sich gleichzeitig einzugestehen, dass es keine schlüssigen Antworten auf die Urfragen des Woher und Wohin gibt. Statt sich – in der einen oder anderen Weise – in falscher Sicherheit zu wiegen, gilt es daher, sich zu bescheiden und die Welträtsel als bislang ungelöste Geheimnisse anzuerkennen, was keineswegs ausschließt, die Suche nach stimmigeren Antworten fortzusetzen, auch wenn Charles Darwin meinte: „Das Geheimnis des Anfangs aller Dinge ist für uns unlösbar".

Der französische Paläanthropologe Teilhard de Chardin war bemüht, den Dualismus zwischen Materie und Geist zu überwinden, indem er postulierte, dass der Geist der Materie inhärent sei, so dass mit der Komplexität des stofflichen Gebildes auch die Differenziertheit des damit korrespondierenden geistigen Anteils wächst, der im Gehirn der Tiere Bewusstsein erlangt. Im Gegensatz zu den Materialisten betrachtet er Bewusstsein jedoch nicht als Produkt der Materie, und im Gegensatz zu den Idealisten wird der stoffliche Anteil völlig ernst genommen, da Geist und Materie als jeweils eigenständige, aber zu einer Seinseinheit verschmolzene Entitäten gesehen werden. Die Schöpfung ist für ihn kein einmaliger Akt, sondern ein evolutiver Prozess mit zielgerichteter Zunahme an Organisiertheit. Der Ur-Materie wird damit die kreative Potenz zur Entwicklung des Kosmos und der Lebenswelt zugesprochen, wobei einem dieser kühne Gedanke einleuchtender erscheint, wenn wir zum Vergleich eine befruchtete menschliche Eizelle heranziehen. Diesem winzigen Schleimklümpchen würde auch der phantasiebegabteste Optimist niemals ansehen, dass sich daraus ein Sokrates, ein Leonardo da Vinci oder ein Mozart entwickeln könnte.

In krassem Gegensatz zu den dogmatischen Behauptungen der Darwinisten spürt man bei de Chardin „die Offenheit für das Geheimnis" (Heidegger), welche zweifellos besser ist als besserwisserische Scheinerklärungen, die nur das weitere Fragen behindern.

An eine Schöpfung glauben im übrigen nicht nur religiöse Menschen in aller Welt, sondern auch einige herausragende Naturwissenschaftler wie Einstein, dem „… ein tiefer Glaube an die Vernunft des Weltenbaus" zu eigen war und der meinte, die Religiosität des Forschers „liegt im verzückten Staunen über die Harmonie der Naturgesetzlichkeit, in der sich eine so überlegene Vernunft offenbart, dass alles Sinnvolle menschlichen Denkens und Anordnens dagegen ein gänzlich nüchterner Abglanz ist". Ludwig Wittgenstein betonte schließlich den metaphysischen Ursprung der Welt durch seinen Ausspruch: „Nicht wie die Welt ist, ist das Mystische, sondern dass sie ist."

Die Ausbildung eines materialistischen Weltbildes war kein Glücksfall für die Menschheit. Der damit einhergehende Atheismus, von Plutarch als „Empfindungslosigkeit gegenüber dem Göttlichen" charakterisiert, führte zu einer Profanierung der Welt, die ihren Geheimnischarakter verlor und durch die rationalistische Kälte, Nüchternheit und Zweckhaftigkeit der Moderne abgelöst wurde. Damit soll keiner nostalgischen Sehnsucht nach mythologischen Weltdeutungen das Wort geredet werden, aber wenn man Mythen nicht wörtlich nimmt, können sie den Menschen helfen, die rational nicht erklärbaren Fragen nach dem Woher und Wohin zu deuten und damit Orientierung und Halt zu geben, der heute vielen Menschen abgeht. Der Materialismus führte zu einer Verödung der spirituellen Sphäre und hinterließ eine von trockenen und dürren Gesetzmäßigkeiten und Zweckhaftigkeiten geprägte geistige Wüste, in der die Blüten der Poesie, Kunst, Musik und Mystik vielerorts verdorrten und das Wissen um die Sinnhaftigkeit des menschlichen Daseins aus den Augen verloren wurde. Die Erforschung der unermesslichen Weiten des Kosmos lieferte keine für den menschlichen Daseinsvollzug relevanten Erkenntnisse, denn „die Sterne sind so fern, dass sie nicht länger trösten" (Hans Gauermann). Im menschlichen Dasein bedeutsam sind Mond und Sonne (die sich für uns immer noch um die Erde dreht und damit morgens auf- und abends untergeht), Blumen und Vögel, Seen und Berge und ganz besonders die Mitmenschen mit ihrer Kultur, aber nicht subatomare Teilchen und ferne Galaxien. Zudem sind Materialismus und rationalistische Weltsicht nicht nur lebensfeindlich, sondern in Bezug auf ihren Wahrheitsgehalt höchst fragwürdig. Könnte es nicht sein, dass Leibniz Recht hat mit der Annahme, dass die Schöpfung ein Ziel hat und sich zu immer größerer Vollkommenheit entwickelt, oder Schelling, der die Geschichte als eine „fortgehende, sich allmählich enthüllende Offenbarung des Absoluten" interpretierte, von der Geosphäre über die Biosphäre zur Noosphäre?

Der Mensch – Roboter oder Seinseinheit aus Seele und Körper?

Das materialistische Konzept des Menschen

Wir sind Gehirnmaschinen.

N. BROOKS

Die angeblich so exakte Naturwissenschaft ist keineswegs frei von nicht hinterfragten Voraussetzungen und Glaubensüberzeugungen. In der Hirnforschung spielt vor allem das Menschenbild, dem der einzelne Forscher – bewusst oder uneingestanden – anhängt, eine entscheidende Rolle bei der Planung und Interpretation der durchgeführten Experimente.

Für viele Hirnforscher ist der menschliche Körper unter Einschluss des Gehirns ein rein stoffliches Gebilde, das ausschließlich physikalischen und chemischen Gesetzen unterliegt, und sie besitzen dafür auch einige Argumente, wie z.B. dessen starke Beeinflussbarkeit durch chemische Substanzen. Wenn eine Opiumpfeife Glücksgefühle, 10 mg Valium Gelassenheit und Oxytocin als Nasenspray Freundschaftsgefühle hervorrufen oder wenn ein Medikament, welches die Serotonin-Konzentration im Gehirn erhöht, eine Depression beseitigt, dann heißt dies doch nichts anderes, als dass Gefühle mit dem durch Drogen manipulierten Gehirnstoffwechsel in enger Verbindung stehen oder gar dadurch verursacht werden. Und wenn Verletzungen oder Erkrankungen des Gehirns den Charakter, die Intelligenz, das Gedächtnis und/oder das Mitgefühl teilweise erheblich beeinträchtigen, kann man auch dies als massive Abhängigkeit seelischer Phänomene von stofflichen Veränderungen im Gehirn interpretieren, so dass Wilson feststellte „... dass alle (seelischen) Phänomene... auf materiellen Prozessen beruhen...", dass also das, was wir Seele nennen, nur eine

Begleiterscheinung stofflicher Vorgänge und nichts Eigenständiges ist. Sogar „religiöse Gefühle" werden als „natürliche Neigung einiger Strukturen des Temporallappens" (Schläfenlappens) interpretiert (K.J.Grün).

Diese zweifellos bestehende Abhängigkeit seelischen Erlebens von stofflichen Einflüssen hat allerdings auch eine Kehrseite, nämlich die Abhängigkeit körperlicher Vorgänge von seelischen Regungen:

- Angstgefühle lassen den Blutdruck und die Herzfrequenz in die Höhe schnellen.
- Ein schwerer Verlust lässt die Tränen fließen.
- Das Ertapptwerden bei einer Lüge treibt einem die Schamröte ins Gesicht.
- Die Einnahme eines Zuckerstückchens vertreibt Schmerzen, sofern der Betroffene glaubt, ein wirksames Schmerzmittel einzunehmen (Placebo-Effekt).
- Sexuelle Phantasien können bis zum Orgasmus führen.
- Das Übertreten eines Tabus kann bei primitiven Völkern sogar zum psychogenen Tod führen, dem sogenannten Voodoo-Tod.

Es gibt somit nicht nur die Beeinflussung von Seelischem durch Stoffliches, sondern auch das Umgekehrte. Aus diesen Fakten werden unterschiedliche Schlussfolgerungen gezogen. Die Materialisten, zu denen viele Hirnforscher zählen, negieren seelische Phänomene und reduzieren den Menschen auf seine stofflichen Bestandteile. Idealistische Denker anerkennen nur den seelischen Bereich als wahrhaft existent und betrachten das Stoffliche als Epiphänomen, als unbedeutende Begleiterscheinung. Die Dualisten unterstellen einen stofflichen Körper und eine davon unabhängige Seele, die entweder ohne gegenseitige Beeinflussung (Descartes) oder in gegenseitiger Wechselwirkung gedacht werden. Aufgrund später zu erörternder Argumente sind alle diese Denkmodelle ungeeignet, um das Wesen des Menschen zu erfassen, der nur als Seinseinheit von Seele und Körper, als psychosomatische Ganzheit zutreffend erfasst wird.

Das materialistische Menschenbild ist ein Teil des materialistischen Dogmatismus in der Naturforschung, der bis in die Mitte des 18. Jahrhunderts zurückreicht und der in Deutschland durch so renommierte Wissenschaftler wie Helmholtz, Brücke und du Bois-Reymond bekräftigt wurde, indem sie in einem Manifest gelobten, „dass im Organismus keine anderen Kräfte wirksam sind als die gemeinphysikalisch-chemischen". Hans Jonas äußerte dazu ironisch, dass dieses Gelöbnis eigentlich unnötig sei und sie stattdessen „den Molekülen ihrer Gehirne ihren kausal vorgezeichneten Verlauf" gewähren sollten, um dadurch „ihr Denken und Sagen zu bestimmen – wenn sie dies ohnehin tun". Die materialistische Doktrin erklärt die Menschen zu „Puppen der Weltkausalität" (Jonas), da das Physische autark und die Psyche lediglich ein ohnmächtiges Epiphänomen stofflicher Abläufe ohne jegliche Einflussmöglichkeit darstelle.

Jonas deckt in diesem Gedankengebäude zwei gravierende Unstimmigkeiten auf: „Die Schöpfung der Seele aus dem Nichts ist das erste ontologische Rätsel", nachdem in der Physik sonst niemals etwas aus nichts entstehen soll, wobei unter „Schöpfung aus dem Nichts" die angebliche Entstehung des Bewusstseins aus der Materie gemeint ist. Außerdem fügt das Auftreten von Bewusstsein „dem Gesamtbestand der Wirklichkeit etwas hinzu", das aber – als bloßes Epiphänomen – keinerlei Einfluss ausübt. „Die Folgenlosigkeit eines physisch Bewirkten ist das zweite ontologische Rätsel", nachdem im physikalischen Bereich sonst „nichts ohne Folgen bleiben soll."

Die Reduktion des Menschen auf seine stofflichen Bestandteile führt jedoch – außer diesen beiden Einwänden – noch zu weiteren Ungereimtheiten. Die Materie ist beim Urknall entstanden, auf welche Weise ist unklar, jedenfalls nicht aus sich selbst. Also kann sie auch schwerlich die alleinige Grundlage der Welt und der auf Erden existierenden Lebewesen sein. Außerdem ist die Vorstellung, dass sich Materie eigenmächtig zu hochkomplexen Verbindungen entwickeln soll, ohne dass in ihr selbst oder außerhalb eine immaterielle treibende Kraft wirksam ist, pure Spekulation, ebenso wie der Gedanke, dass Höheres von selbst aus Niedrigerem entstehen würde. Schließlich ist zu berücksichtigen, dass sich die stoffliche Zusammensetzung des Menschen in einem ständigen Umbau befindet, so dass innerhalb eines Jahres 98 % der 10^{28-29} Atome unseres Körpers ausgetauscht werden. Rein stofflich gesehen sind wir alle in einjährigen Intervallen neue Menschen. Da sich aber das menschliche Identitätsbewusstsein über den gesamten Lebenslauf hin erstreckt, kann dieses nicht in seinem stofflichen Bestand, sondern muss anderswo begründet sein.

Im Hinblick auf die angebliche Exaktheit der Naturwissenschaft wundert man sich immer wieder über gravierende Widersprüche selbst in elementaren Sachverhalten, wie z.B, der Zahl menschlicher Körperzellen. Die diesbezüglichen Angaben variieren zwischen 2 Billionen (Shubin) und 1000 Billionen (Laszlo), mit der häufigsten Angabe von 100 Billionen (Fukuyama, Schüring usw.). Wikipedia nennt eine Zahl von „etwa 10-100 Billionen" – keine sonderlich präzise Aussage. In Bezug auf die Neubildung von Zellen in der Stunde differieren die Angaben in denselben Quellen zwischen einer Million und – aufgrund einer anderen Berechnung – $6,25 \times 10^{13}$! Der tägliche Zelluntergang wird von Schüring mit 4,3 Billionen angegeben. Wäre diese Angabe korrekt, würde der gesamte Zellbestand des Körpers in gut drei Wochen erneuert! Ein gewisses Misstrauen gegenüber den Aussagen der „exakten Wissenschaft" erscheint daher durchaus angebracht.

Bei sämtlichen Argumenten, die gegen eine materialistische Deutung des Menschen vorgebracht werden, kommt häufig der Einwand, dass rein mechanische Gebilde wie Roboter und Computer zu Leistungen fähig seien, die man früher ausschließlich intelligenten Lebewesen zugetraut hätte, so dass man auch den Menschen als einen besonders komplizierten Apparat interpretieren könnte. So regeln computerisierte Steuerungssysteme die kompliziertesten Abläufe fehlerfrei, ein PC verfügt über einen Wissensbestand, der die umfangreichsten Lexika und Enzyklopädien übertrifft, und ein Schachcomputer spielt auf dem Niveau der Weltmeister-Elite. So bewundernswert diese Leistungen auch sind, ist ein wertender Vergleich mit der Intelligenz und dem Gedächtnis von Menschen unzulässig, denn alle diese Maschinen sind nichts als Produkte menschlicher Erfindungsgabe und sind nur zu Leistungen fähig, die in sie hineingelegt wurden. Sie können viel, aber sie können es nicht von sich aus, und sie tun es nicht von sich aus, da ihnen das Entscheidende fehlt, das schon der primitivste Einzeller besitzt: der zielgerichtete Eigenantrieb. Sie können ihr Regelsystem nicht selbst ändern, ihren Wissensbestand nicht eigenmächtig vermehren, und würde man die Regeln des Schachspiels auch nur geringfügig ändern, wäre der ausgefeilteste Schachcomputer binnen kurzem schachmatt. Die Konzeption des Menschen als „l'homme machine" ist absurd, auch wenn mancher Zeitgenosse sich derart versteht und nicht nur sein Auto, sondern auch seinen Körper regelmäßig zur Wartung oder gar zum Einbau von Ersatzteilen bringt.

„Denken" im Sinn von Datenanalyse und Datenkombination ist kein menschliches Privileg, und man benötigt hierfür keine Seele. Das spezifisch Menschliche erkennt man besser daran, was auch den ausgefeiltesten Computersystemen fehlt: Sie haben keine Bedürfnisse, keine Wünsche, keine Interessen und daher keinerlei Eigenantrieb. Sie erstaunen nicht über die phänomenalsten Dinge (bekanntlich der Anlass philosophischen Nachsinnens), sondern speichern diese genauso gewissenhaft ab wie trivialste Informationen, und ob es sich um pornografisches Material oder mystische Texte handelt, ist ihnen völlig gleichgültig. Sie bleiben, was sie sind, ohne Bedürfnis, sich zu verbessern, schämen sich nicht im Hinblick auf ihr gelegentliches Versagen, reflektieren nicht über den Sinn ihres Daseins, sondern funktionieren einfach in der von außen programmierten Art und Weise. Sie sind leider nicht einmal zur Reproduktion fähig – was selbst der primitivste Einzeller zustande bringt – so dass wir uns alle paar Jahre ein neues Exemplar zulegen und das alte entsorgen müssen. Wie erfreulich, dass wir Menschen keine Computerwesen sind.

Ein andersartiger Versuch, die bloße Stofflichkeit der menschlichen Existenz zu beweisen, benützt hierzu die gravierenden seelischen Veränderungen eines Menschen, der eine Hirnschädigung erlitten hat, was allerdings wenig beweiskräftig ist: Wenn Schädigungen des Hippocampus (ein in der Tiefe des Gehirns liegendes Kerngebiet) Gedächtnisstörungen, solche des Mandelkerns Gefühlsarmut und Läsionen des sensorischen Sprachzentrums im Schläfenlappen des Großhirns eine Beeinträchtigung des Sprachverständnisses zur Folge haben, dann beweist dies keineswegs, dass es keine Seele gibt, sondern lediglich, dass diese nicht unabhängig vom Gehirn existiert. Der Hirnforscher Benjamin Libet betonte daher zu Recht, dass die angebliche Verursachung subjektiven Erlebens allein durch physikalische Prozesse „ein spekulativer Glaube und keine wissenschaftlich bewiesene Aussage" sei.

Die Neigung vieler Naturforscher, alles zu negieren, was sie nicht messen können, zeigt sich bereits bei einer Betrachtung der Geschichte der Naturwissenschaft in ihrer ganzen Fragwürdigkeit. Vor zwei Jahrhunderten kannte man weder Röntgenstrahlen noch Kernkraft, und man hatte nicht die geringste Ahnung von Hormonen und Neurotransmittern und dennoch existierten diese genauso wie heute. Allein derartige Tatsachen sollten ein Anlass zu größerer Bescheidenheit sein, wenn man für bestimmte Phänomene derzeit noch keine Nachweismöglichkeiten besitzt.

Schlechthin aberwitzig ist es, zu unterstellen,
- dass ein ausschließlich physikalischen und chemischen Gesetzen unterliegendes menschliches Gehirn die Initiative ergreift, um die Gesetze des Elektromagnetismus zu erforschen und daraus Methoden der Stromgewinnung zu entwickeln,
- dass es entscheidet, ob eine neue Information über die Andromeda-Galaxie in der Kosmos- oder der Märchenschublade abgespeichert werden soll,
- dass es aus wissenschaftlichem Interesse sich selbst erforscht,
- dass ein derart konstruiertes Gehirn das Bedürfnis verspüren soll, höheren Mächten zu opfern und die Toten zu bestatten,
- dass es vom Drang beseelt wird, Höhlenwände mit kunstvollen Bildern zu bemalen, Symphonien zu komponieren, Liebesgedichte zu reimen und nach dem Sinn des Lebens zu fragen,
- dass es moralische Normen erstellt, Nächstenliebe praktiziert, religiöse Rituale vollzieht und fähig ist, Liebe und Hass, Freude und Trauer zu empfinden.

Erfreulicherweise passieren selbst eingefleischten Materialisten immer wieder Rückfälle in eine vernünftigere Gedankenwelt, wie beispielsweise M. Brooks, der in ein- und demselben Buch äußert: „Wir sind Gehirnmaschinen" und hundert Seiten später zu der Einsicht gelangt: „Wir können den Schmerz mit der Kraft unseres Geistes besiegen."

Der Mensch als beseeltes Wesen

Die Seele wird zugleich mit dem Körper geboren.
LUKREZ

*Man will nicht eine Seele und einen Körper,
sondern einen Menschen erziehen;
man muss beide daher nicht trennen.*
LUKREZ

Das materialistische Verständnis des Menschen als rein stoffliches Maschinenwesen oder als Bio-Roboter wird dem menschlichen Wesen nicht gerecht. Dasselbe gilt allerdings für das idealistische Menschenbild, in welchem dem Geist eine überragende Rolle zugebilligt und die Materie zur unwesentlichen Begleiterscheinung abgewertet wird, ohne die oben erwähnten gravierenden physiko-chemischen Einflüsse auf das Gehirn und damit das Bewusstsein zu respektieren. Der Körper wird zwar notgedrungen – da unübersehbar – zur Kenntnis genommen, aber eher als Störenfried betrachtet, der die geistige Souveränität beeinträchtigt und daher gemaßregelt oder gar unterdrückt werden muss. Die Trennung der regierenden Seele vom Körper ist dem körperfeindlichen manichäischen und platonischen Gedankengut zuzuschreiben, in dem die reine Seele als Gefangene im unreinen Körper aufgefasst und ihre Erlösung in der Befreiung aus diesem Kerker gesehen wurde, so dass konsequenterweise rigorose asketische Praktiken bis hin zur rituellen Selbstentmannung gepflogen wurden. In der indischen Lehre des Sankaracarya wird sogar nur das kosmische Geistprinzip (brahman) als wirklich angesehen und alles Materielle als Illusion (maya) gedeutet.

Noch heute betrachten viele – vor allem religiöse Menschen – die Seele als eine vom Körper losgelöste Kraft, welche vorwiegend die Aufgabe hat, sich von diesem durch Verzicht auf „fleischliche Genüsse" zu emanzipieren. „Zusammen mit den Platonikern sind die Christen der Ansicht, dass die Seele in den Fesseln des Körpers gebunden und begraben sei und durch seine Stoffgebundenheit gehindert werde, die Wahrheit zu schauen und zu genießen" (Erasmus von Rotterdam). Dieser Fehleinschätzung des Menschen als nahezu engelsgleiches Wesen wird im Christentum ein klarer Riegel vorgeschoben, insofern Jesus als „fleischgewordenes Wort" und damit leibhaftig existent („et incarnatus est") verkündet wird und im Glaubensbekenntnis von der „Auferstehung des Fleisches" gesprochen wird. Inkarnation als „Fleischwerdung des Wortes" bedeutet nicht nur eine Absage an eine Konzeption des Menschen als Geistwesen, sondern wohl auch etwas anderes als das zusammenhanglose oder wechselwirkende Nebeneinander von Seele und Körper, wie es in den verschiedenen Richtungen des Dualismus unterstellt wird. Vielmehr handelt es sich hierbei um eine Einheit unseres physischen und mentalen Seins, um deren Verschmelzung zu einer psychosomatischen Ganzheit, wie sie auch im medizinischen Fachgebiet der Psychosomatik unterstellt und empirisch begründet wird. Eine Trennung des Menschen in zwei Komponenten ist „ein Artefakt der Abstraktion" (Jonas), der bereits durch den alltäglichen Sprachgebrauch fragwürdig wird, z.B., wenn wir beim dauerhaften Erwerb einer bestimmten Verhaltensweise zu äußern pflegen, diese sei uns „in Fleisch und Blut" übergegangen, als Ausdruck einer ins Körperliche reichenden Verinnerlichung von seelischen Inhalten. Auch der katholische Theologe Hans Küng erklärt, „dass der Mensch weder materialistisch nur als geistloser Körper noch idealistisch als leibbeherrschender Geist verstanden werden darf, sondern als leib-seelische Einheit… So ist nun offenkundig, dass biblisches und heutiges anthropologisches Denken in der Auffassung vom Menschen als einer leib-seelischen Einheit konvergieren…".

Manche Neurowissenschaftler nehmen den idealistischen Popanz eines vom Körper losgelösten Geistes als willkommenen Anlass, sich über diese Vorstellung lustig zu machen, zumal sich diese leicht ad absurdum führen lässt. Sie übersehen dabei, dass ihr eigenes materialistisches Menschenbild dadurch keineswegs an Wahrscheinlichkeit gewinnt. Zudem dürfte es wohl kaum noch einen ernstzunehmenden Wissenschaftler geben, der unterstellt, dass sich Gedanken, Entscheidungen und Willensimpulse quasi im luftleeren Raum abspielen, und nicht konstatiert, dass alle psychischen Abläufe unabdingbar an die

Tätigkeit des Gehirns gebunden sind. Die entscheidende Frage ist somit nicht, ob ein vom Körper losgelöster Geist existiert, sondern ob das Gehirn ein rein stoffliches, naturgesetzlich determiniertes Gebilde oder aber eine Seinseinheit aus Seelischem und Stofflichem darstellt, in der neben physikochemischen auch psychische Gesetze herrschen, die keiner naturgesetzlichen Kausalität unterliegen.

Seele und Körper sind keine getrennten Wesenheiten, die lediglich in Wechselwirkung zueinander stehen, sondern sind – als komplementäre Teile – aufs innigste verbunden, indem die Seele als Formkraft alle materiellen Bausteine zu dem Wunderwerk des menschlichen Organismus gestaltet und zugleich als Antriebskraft sämtliche Bereiche dieses Organismus dynamisiert – von den elementaren Lebensprozessen über die Selbst- und Arterhaltungstriebe bis hin zur geistigen Wesensdynamik. Die Seele ver-körpert ihr Wesen im Stofflichen, und als Resultat bildet sich der menschliche Leib. Dieses lebenslang währende Ineinander von Seelischem und Stofflichem beginnt mit der Befruchtung der Eizelle durch eine Samenzelle als dem Beginn eines neuen und einzigartigen menschlichen Individuums, indem sich auf diese Weise die seelischen und stofflichen Merkmale von Mutter und Vater auf eine bisher nicht dagewesene Weise kombinieren. Bereits in dieser Urphase der Menschwerdung sind Seelisches und Stoffliches als komplementäre Bestandteile vorhanden, so dass jene absurde Vorstellung, Gott würde im Sekundentakt jeder befruchteten Eizelle eine Seele einhauchen, wohl definitiv ad acta gelegt werden kann. Bereits Lukrez hat klargestellt, dass wir „aus einem mit der Seele innigst vereinigten Körper bestehen", dass beide „von einerlei Samen abstammen" und dass daher „die Seele zugleich mit dem Körper geboren wird, heranwächst und altert", eine Einsicht, der sich Augustinus anschloss.

In diesem Zusammenhang ist ein kurzer Rückblick auf die Geschichte des komplementären Denkens erforderlich. Bekanntlich herrschte im abendländischen Denken seit Aristoteles das Entweder - oder - Prinzip, während in der fernöstlichen Kultur ein Sowohl - als auch - Denken dominierte, das durch Nikolaus von Kues (Cusanus) auch in das Christentum Eingang fand („coincidentia oppositorum" = Zusammenfall der Gegensätze). In der Medizin entwickelten die Psychosomatiker ein derartiges ganzheitlicheres Denkmodell, und schließlich kamen auch die Physiker (Niels Bohr) nicht umhin, eine komplementäre Sicht auf die stoffliche Wirklichkeit zu akzeptieren, nachdem sich die Vorgänge im atomaren Raum einer eindeutigen Zuordnung entzogen: Die korrekte Definition des Lichts oder des Elektrons gelang weder durch deren Quanten- noch durch deren Wellennatur, sondern nur durch ein unanschauliches Drittes, das beides umgreift und die eigentliche – nicht klarer artikulierbare – Wirklichkeit darstellt. Die Sprache stellt uns „keine außermenschlichen Begriffe zur Verfügung…, mit denen wir näher an das Gemeinte herankommen können" (Heisenberg). Wir sind daher „auf Gleichnisse angewiesen…, auf komplementäre Betrachtungsweisen" und müssen „Paradoxien und scheinbare Widersprüche in Kauf nehmen" (Heisenberg). In gleicher Weise gilt es, Körper und Seele, Stoffliches und Unstoffliches in ihrer Widersprüchlichkeit zusammenzudenken, statt sich mit dem einen oder anderen Teil zu begnügen – wie Materialisten und Spiritualisten. Heisenberg verweist diesbezüglich in einem Gespräch mit Carl Friedrich von Weizsäcker auf die Dialektik Hegels: „Die Synthesis kann nicht nur ein Gemenge, ein Kompromiss aus Thesis und Antithesis sein, sondern sie wird fruchtbar nur, wenn aus der Verbindung von Thesis und Antithesis etwas qualitativ Neues entsteht."

Bereits vor den Psychosomatikern unternahm Friedrich Schiller in seiner medizinischen Dissertation (die er als Kandidat der Medizin der württembergisch herzoglichen Militärakademie vorlegte) einen „Versuch über den Zusammenhang der tierischen Natur des Menschen mit seiner geistigen." Hierin kommt er zu der Einsicht: „Der Mensch ist nicht Seele und Körper, der Mensch ist die innigste Mischung dieser beiden Substanzen", woraus er zwei Fundamentalgesetze ableitete: Tätigkeiten des Körpers werden durch die Tätigkeit des Geistes beeinflusst („influxus animae") und solche des Geistes durch den Körper („influxus corporis"). Leider konnte er diese Einsichten nicht in seine nachfolgende ärztliche Tätigkeit integrieren, da er die ungeliebte Arbeit als Militärarzt durch Fahnenflucht aus Stuttgart nach Mannheim beendete und sich künftig ausschließlich seiner Berufung als Dichter widmete.

Der Mensch als komplementäres Gebilde aus Stoff und Seele stellt keine Neuschöpfung im Reich des Lebendigen dar, sondern ist als Endprodukt eines 3,5 Milliarden Jahre währenden Entwicklungsprozesses anzusehen, was bereits daraus ersichtlich ist, dass jeder Embryo die Stammesgeschichte des Lebens (Phylogenese) rekapituliert, indem beispielsweise während bestimmter Entwicklungsphasen Kiemenbögen, Schwanzansatz sowie Ganzkörperbehaarung ausgebildet werden. Noch deutlicher manifestiert sich die Evolution des Lebens im ausgebildeten menschlichen Organismus, insofern dieser Bausteine, Strukturen und Funktionsabläufe enthält, die bis zu den ursprünglichsten Lebensformen zurückreichen und seit Milliarden von Jahren tradiert werden. So enthielten bereits die ersten Einzeller die Erbsubstanz DNA, die seit den Eukaryonten in einem Zellkern lokalisiert und dadurch vom Zellplasma abgetrennt ist. Die Nukleinsäure hatte sich „als ein geeigneter Informationsspeicher für Aussagen über die Struktur von Lebewesen erwiesen" (Heisenberg) und wurde daher in der weiteren Entwicklung beibehalten. Ebenso wie die Elementarteilchen „die Urbilder, die Ideen der Materie", darstellen, ist die Nukleinsäure „die Idee des Lebewesens". „Diese Urbilder bestimmen das ganze weitere Geschehen. Sie sind die Repräsentanten der zentralen Ordnung" (Heisenberg). So teilen wir ein Drittel unseres Genbestands mit Bananen, die Hälfte mit Regenwürmern und 98,7 % mit Schimpansen. Uralt sind außerdem das Prinzip der sexuellen Vermehrung durch Verschmelzung zweier Zellen mit dem halben Chromosomensatz sowie die Bildung von Enzymen, welche die Stoffwechselprozesse der Zelle katalysieren und damit wesentlich effektiver gestalten. Die für die Energiegewinnung in jeder Zelle unentbehrlichen Mitochondrien (im Zellplasma befindliche Organellen) entstanden in ihrer Urform vor etwa 1 Milliarde Jahren, als aerobe (sauerstoffverbrauchende) Bakterien in das Innere von Einzellern aufgenommen und dienstbar gemacht wurden. Schließlich wurde der erstmals bei Fischen existente Bauplan des Skeletts mit Wirbelsäule und vier „Gliedmaßen" in der Folgezeit bei Vögeln, Reptilien, Säugetieren und schließlich beim Menschen in seiner Grundform beibehalten. Der Mensch als Endprodukt der Evolution integriert somit eine Fülle von früheren evolutiven Entwicklungen, da die Natur alles, was sich einmal bewährte, in die späteren Lebensformen übernahm.

Eine Rekapitulation der Stammesgeschichte des Lebens durch jedes neue menschliche Individuum vollzieht sich jedoch nicht nur im Körperlichen, sondern auch im Seelischen, wobei deren Verständnis einen kurzen Rückgriff auf die stufenförmige Seinsordnung der Lebenswelt erforderlich macht. Im Unterschied zu materiellen Dingen sind Lebewesen durch eine Lebenskraft beseelt, die von den alten Ägyptern Ka, von Aristoteles Entelechie und von Bergsson élan vitale benannt wurde; sie stellen also Materialisationen dieser unstofflichen Gestaltungskraft dar.

Die unterste Lebensstufe nimmt die Welt der Pflanzen ein, denen eine als vegetative Seele bezeichnete Lebenskraft zukommt, mit einer für jede Art spezifischen Gestaltungsfähigkeit. Hierdurch erlangen sie Fähigkeiten, die toter Materie abgehen, wie Stoffwechsel, Photosynthese, Wachstum und Vermehrung. Beweglichkeit kommt Pflanzen höchstens in angedeuteter Weise zu, indem sich beispielsweise Blätter zum Sonnenlicht wenden oder als Insektenfallen angelegte Blütenkelche sich über einem Opfer schließen.

Als nächsthöhere Stufe findet sich die animalische Seele, die Tieren zusätzliche sinnenhafte und motorische Fähigkeiten verleiht, wobei diese vielfach zu instinktmäßig fixierten Reiz-Reaktionsmustern gefügt und auf den jeweiligen Lebensraum zugeschnitten sind.

Der menschlichen Seele kommt über das Vegetative und Animalische hinaus ein geistiges Vermögen zu, das eine vertiefte Beziehung zur unstofflichen Wirklichkeit und deren Erfassung ermöglicht und dem Menschen geistige Strebungen verleiht. Nach diesem Modell umfasst die menschliche Seele einen vegetativen Anteil zur Steuerung der unbewussten Lebensvorgänge, wie Stoffwechsel und Wachstum, einen animalischen Anteil mit Triebkräften und Instinkten sowie einen geistigen Anteil, der dem Menschen sowohl Innenschau und Selbstreflexion ermöglicht als auch die Offenheit für eine umfassende Beziehung zur Welt, so dass er „capax universi" (Thomas von Aquin), zur Erfassung der Gesamtwirklichkeit, befähigt wird. Wenn Goethe äußert: „Zwei Seelen wohnen ach in meiner Brust", bedeutet dies keinen Widerspruch zu dem dreigliedrigen Modell, da der vegetative Seelenanteil unbewusst bleibt, so dass Goethe nur den sinnlichen und geistigen in seinem Inneren verspürte und Menschen, denen letzterer fehlte, nur noch ein „animalisches Wohlsein" attestierte.

Bei der eben zitierten hohen Einschätzung der geistigen Fähigkeiten des Menschen ist ein Vorbehalt vonnöten: Am Beginn seines Lebens besitzt er diese nur potentiell, der Möglichkeit nach, so dass es eines lebenslangen Prozesses bedarf, sie zu verwirklichen. Dieser Prozess vollzieht sich in der ersten Lebensphase ohne sein Zutun. Das vorgeburtliche menschliche Dasein und die Neugeborenen-Phase sind weithin durch einen vegetativen Zustand charakterisiert, dem lebensnotwendige, instinkthafte Verhaltensweisen wie Saugen und Schlucken, unkoordinierte Bewegungen und sinnenhafte Wahrnehmungen folgen, die in der frühen Kindheit immer konzentrierter und präziser ablaufen. In spiritueller Hinsicht bildet sich allmählich die Fähigkeit aus, emotionale Gestimmtheiten der Umgebungspersonen zu erspüren sowie einfache, märchenhafte Geschichten zu verstehen. Bezüglich des Sozialverhaltens sind Durchsetzung der eigenen Ansprüche und Verteidigung der eigenen Spielsachen erstaunlich früh und nachhaltig vorhanden, wobei filmreife Wutausbrüche und aggressive Tätlichkeiten bei vielen Kindern an der Tagesordnung sind. Jedem Hirnforscher, der die Existenz eines „Ich" leugnet, ist ein Aufenthalt in einer Gruppe von Zwei- bis Fünfjährigen zu empfehlen, bei dem er ständig mit den Aussprüchen „Ich will" und noch häufiger „Ich will nicht" konfrontiert würde, wobei dieses „Ich" alles andere als virtuell anmutet, denn Kinder leben nach der Devise „Mein Wille geschehe".

Eine selbstständige, auf Interesse beruhende Zuwendung zu abstrakten Wissensgebieten, eine Reflexion über das eigene Dasein und dessen Sinn, über Moral und Religion erfolgt meistens erst in der Phase der Pubertät – wenn überhaupt.

Nachdem die Seele die Materie formt, ist es nicht verwunderlich, dass die Hirnentwicklung den kurz erwähnten seelischen Abläufen korrespondiert, so dass als Erstes die stammesgeschichtlich ältesten vegetativen Zentren im Hirnstamm ausreifen, gefolgt von den darüber befindlichen Arealen, die für Sinneswahrnehmungen, Motorik, Triebhaftigkeit und Emotionalität von Bedeutung sind. Über stammesgeschichtlich alte Hirnareale laufen aber außer den elementaren Bedürfnissen Hunger, Durst und sexuelle Appetenz auch der Selbsterhaltungstrieb mit seinen Schutz-, Flucht- und Angriffsmechanismen.

Die Ausreifung des Großhirns dauert demgegenüber – in starker Abhängigkeit vom gesellschaftlichen Milieu – bis in die postpubertäre Phase. Deren Qualität hängt nämlich nicht nur von genetischen Faktoren ab; vielmehr hat jede individuelle Erfahrung, jeder Lernprozess Auswirkungen auf die Feinstruktur unseres Gehirns: Einerseits ermöglicht das Gehirn in Abhängigkeit von seinem Entwicklungsstand bestimmte Leistungen, andererseits modellieren diese die Hirnstruktur in einer leistungsfördernden Weise.

Wie sehr die Seele nicht unabhängig existiert, sondern eine bestimmte Hirnstruktur benötigt, um sich entfalten zu können, sieht man am Down-Syndrom („mongoloide Idiotie"). Durch eine winzige genetische Abweichung, nämlich das dreifache Vorhandensein von Chromosom 21 („Trisomie 21") mit den daraus resultierenden Entwicklungsstörungen, ist eine normale Ausbildung der Intelligenz, aber auch vieler anderer Fähigkeiten, unmöglich geworden.

Die Seele muss als ein hochgradig differenziertes und zugleich dynamisches Prinzip angesehen werden, das nicht nur das unglaublich sinnreiche Bauwerk des menschlichen Organismus mit allen seinen Organen und Systemen hervorbringt, sondern zugleich die Gesamtheit der vegetativen, senso-motorischen, sprachlichen, emotionalen und intellektuellen Funktionen sowie die Triebkräfte und geistigen Strebungen. Sie ist somit eine den Körper formende und erhaltende, von zielgerichteten Antrieben erfüllte und mit sinnlichem und geistigem Erkenntnisvermögen ausgestattete Entität, die zudem das sinnlich Wahrgenommene und geistig Erkannte speichert und gedanklich verarbeitet. Aus der Fülle des Aufbewahrten können sich Vorstellungen bilden, die einer kreativen Bearbeitung zugänglich sind. Die zielgerichteten Kräfte können beurteilt und gesteuert – also akzeptiert, abgelehnt, auf später vertröstet, verdrängt oder sublimiert – und im Falle der Akzeptanz bewusst gewollt und realisiert werden, wobei die Beurteilungskriterien im Gewissen, teilweise auch im jeweiligen gesellschaftlichen Verhaltenskodex repräsentiert sind. Als steuernde, beurteilende und alles Denken und Tun verantwortende Instanz fungiert das Ich.

Interessanterweise rekapituliert jedes Neugeborene nicht nur die stoffliche und seelische Entwicklung des Lebens insgesamt, sondern in besonderer Weise die Geschichte der Menschheit mit dem bislang eingetretenen Bewusstseinswandel. Dieser beginnt mit dem archaischen Bewusstsein, wo sich der Mensch noch völlig in die natürliche Umwelt einbezogen erlebt, gefolgt von der magischen und danach der mythischen Bewusstseinsstufe, wie wir sie in Reinform bei Kindern beobachten können, deren Welt von Feen und Geistern erfüllt ist, für die tote Dinge, wie z.B. Puppen, belebt sind und die ihre begrenzte Umwelt in märchenhaft-mythologischer Weise erfahren. Schließlich wird der vor 2 ½ Jahrtausenden weltweit (China, Ägypten, Mesopotamien, Griechenland) einsetzende Sprung ins mentale (rationale) Bewusstsein zu Beginn der Pubertät nachvollzogen.

Um Missverständnisse zu vermeiden soll abschließend klargestellt werden, dass die erwähnten drei menschlichen Seelenanteile – der vegetative, animalische und geistige – nicht als getrennte Schichten zu verstehen sind, sondern als ineinander verwobene, unterschiedliche Seelenkräfte. Diese haben sich in der Stammesgeschichte und daraus folgend in der Biografie jedes menschlichen Individuums im Sinne eines Reifungsprozesses herausgebildet, von den einfacheren zu den höheren Anlagen fortschreitend. Das bedeutet nicht, dass sich der Embryo auf der Seinsstufe einer Pflanze und der Säugling auf der eines Säugetiers befände. Vielmehr besitzt der Mensch vom Augenblick der Zeugung an eine menschliche Seele, deren Potenzen allerdings erst im Laufe eines lebenslangen Entwicklungsprozesses akthaft verwirklicht werden.

Die menschliche Seele verfügt demnach über drei unterschiedliche Kräfte:
- eine verlebendigende Kraft, die alle Zellen des Organismus funktionieren, wachsen, sich erneuern, sich vermehren und alle Systeme funktionieren lässt.
- animalische Kräfte, die alle elementaren lebenserhaltenden Verhaltensweisen bewirken: Essen, Trinken, Sexualität, Angriff, Flucht, Schlaf.
- geistige Kräfte, welche die animalischen Triebe und Affekte zu kultivieren vermögen, vor allem aber Selbstreflexion und Weltoffenheit, Erkenntnis des Wahren, Guten und Schönen sowie Selbstverwirklichung ermöglichen, aber nicht automatisch realisieren oder gar erzwingen. Vielmehr ist die Verwirklichung der in den geistigen Kräften erstrebten Ziele jedem einzelnen Menschen als freiwillig zu vollziehende Aufgabe zugewiesen, wobei diese durch den inneren Drang unser Wesen zu realisieren (Wesensdynamik) gefördert wird.

„Werde, der du bist" (Pindar) bedeutet nichts anderes, als dass aus allen potentiellen Möglichkeiten Wirklichkeit werden soll. Der Mensch erscheint weder als Art fix und fertig auf der Bühne des Lebens noch als Einzelmensch. Am Lebensbeginn sind wir nur den Möglichkeiten nach ganz Mensch, und unsere lebenslange Aufgabe ist die Verwirklichung des potentiell Möglichen. „Denn nur, wenn wir die Potenzen, die in uns verborgen sind, leben…, nur dann werden wir selber mit uns zufrieden sein…" (J. Gauck).

Der Sitz der Seele

Seinseinheit von Seele und Körper bedeutet zwar, dass jede Zelle unseres Körpers belebt und damit beseelt ist, aber keineswegs, dass hierbei jedem Organ die gleiche Bedeutung zukommt. Die Frage nach dem Sitz der Seele bewegt die Menschheit seit Jahrtausenden und wurde ganz unterschiedlich beantwortet. Aristoteles lokalisierte sie in den gesamten Körper, Hippokrates in das Gehirn, die stoischen Philosophen in das Herz und Empedokles sowie Moses in das Blut. Moderne neurologische und intensivmedizinische Erfahrungen erlauben eine differenziertere Aussage. Krankheiten, die das Großhirn zerstören, bedingen einen Verlust der geistigen Kräfte. Sind darüber hinaus tieferliegende Hirngebiete betroffen und nur noch die vegetativen Zentren im Hirnstamm erhalten, erlöschen auch die motorischen und die Sinnesfunktionen – ein Zustand, der im Angloamerikanischen treffend als „vegetative state" bezeichnet wird. Kommt es darüber hinaus zu einem irreversiblen Funktionsausfall des gesamten Hirnstamms, über den u.a. Atmung und Kreislauf reguliert werden, liegt ein Zustand vor, der als Hirntod bezeichnet wird und mit dem Tod des Individuums gleichgesetzt wird. Hieraus kann man folgern, dass die geistigen Seelenkräfte an die stammesgeschichtlich neuen Hirnteile (Neocortex) gebunden sind, die animalischen Anteile an die älteren Hirnteile, während die vegetativen Kräfte im Hirnstamm konzentriert (aber im gesamten Organismus wirksam) sind. Nur so ist es zu verstehen, dass im Zustand des Hirntodes sämtliche geistigen und animalischen Funktionen erlöschen, während die außerhalb des Gehirns gelegenen Strukturen und Organe überleben können, sofern für künstliche Beatmung und Ernährung gesorgt wird, allerdings nur für kurze Zeit, da auch die ebenfalls im Gehirn lokalisierten neuralen und hormonellen Regelkreise beim Hirntod ausgefallen sind.

Die überragende Stellung des Gehirns als Sitz der geistigen und animalischen Seelenkräfte ist immer wieder bestritten worden. Im Bewusstsein vieler Völker genießt das Herz einen Status, der es weit über alle anderen Organe erhebt. Im alten Ägypten herrschte die Vorstellung, dass es beim Eintritt ins Totenreich der Prüfung des „Seelenwägens" unterzogen und, falls als zu leicht befunden, den Krokodilen zum Fraß vorgeworfen würde. Das Gehirn besaß demgegenüber nicht die geringste Bedeutung und wurde vor der Mumifizierung entsorgt. Im traditionellen China gilt das Herz als Sitz des Bewusstseins und im christlichen Abendland als Mitte und Urgrund der Person. Das Ayurveda betrachtet es als Sitz des Geistes und des Bewusstseins, eine Ansicht, die auch Hippokrates vertritt, während dem Gehirn von Aristoteles lediglich die wenig schmeichelhafte Funktion als Kühlapparat für das Blut unterstellt wurde. Die Buddhisten betrachten den Kopf als Sitz der Seele und vermuten, dass diese durch Berührung des Kopfes Schaden erleiden könnte, so dass man Kindern in buddhistischen Ländern niemals über den Kopf streicheln sollte – so liebevoll es auch gemeint sein mag. Für die Mystiker, wie Meister Eckhart, war das Herz von zentraler Bedeutung und Pascal äußerte: „Es ist das Herz, das Gott fühlt, und nicht die Vernunft", die er immerhin dem Gehirn zugesellte. Auch bezeichnete er die aus liebender Zuwendung im Zustand höchster Bewusstheit gewonnene intuitive Einsicht generell als Leistung des Herzens (Coeur), während Heine selbst das Denken in das Herz verlagerte: „Alte Menschen, die kein Herz haben, sind dumm. Denn die Gedanken kommen nicht aus dem Kopfe, sondern aus dem Herzen."

In der Dichtung und ganz besonders in der Liebeslyrik vieler Völker ist das Herz der Ursprung der geistigen sowie der erotischen Liebe, so dass deren Enttäuschung „Herzeleid" zur Folge hat. Bei leidenschaftlicher Zuwendung kann man sogar „sein Herz verlieren". In der Bibel stellt das Herz den Sitz des Gewissens dar; „das Herz wird schwer", wenn es durch Schuldgefühle belastet wird, und erleichtert, wenn man „sich ein Herz fasst" und es einem vertrauten Menschen „ausschüttet".

Diese Hochschätzung des Herzens ist insofern schwer verständlich, als bereits der alexandrinische Arzt Herophilos (330 – 260 v. Chr.) die zentrale Bedeutung des Gehirns für das Denken, Fühlen und Wollen erkannte und selbst primitive Völker, die dem Kannibalismus huldigten, in dieser Hinsicht klüger waren als die Einwohner der Hochkulturen: Sie wussten um die zentrale Bedeutung des Gehirns und verzehrten daher bevorzugt die Gehirne – und nicht die Herzen – ihrer getöteten Feinde, um sich deren Kräfte einzuverleiben.

Bei dieser Sachlage fragt man sich, wie es in der europäischen Kultur zu einer derartigen Wertschätzung des Herzens kommen konnte, das ja im Grunde nichts anderes ist als eines der vergleichsweise primitiven Organe – eine einfache Muskelpumpe, die im Falle ihres Versagens durch ein Spenderherz und in Kürze durch ein Kunstherz ersetzt werden kann, ohne dass sich dadurch im Bewusstsein und im Gefühlsleben des Empfängers das Geringste ändert, selbst wenn einer hochsensiblen Frau das Herz eines brutalen Massenmörders oder eine leblose Kunststoffpumpe transplantiert wird.

Eine zentrale Bedeutung für die Fehleinschätzung des Herzens im Hinblick auf Gefühle spielen dessen unmittelbar erlebbare Reaktionen auf starke Affekte, wie Liebe, Hass, Angst oder Trauer. Hieraus entstand die Überzeugung, dass diese Affekte im Herzen entstünden. In Wirklichkeit ist das körperliche Korrelat für Affekte ein bestimmtes Areal des Gehirns – das limbische System – wobei über das vegetative Nervensystem vermittelte Begleitreaktionen das Herz, aber auch andere Körperteile betreffen, was zum Erfahrungsschatz jedes Menschen zählt: So können einem der Atem stocken, die Tränen fließen, die Haut erblassen oder erröten, sich die Haare sträuben, der Magen verkrampfen und Angstschweiß ausbrechen, ohne dass deswegen Haut oder Magen zum Sitz der Seele auserkoren würden. Das Herz hat mit den genannten Affekten nicht mehr und nicht weniger zu tun als die Atmung, die Haut, der Bauch oder die Tränendrüsen. Aber es sind diese Begleitreaktionen, die uns bei starken Affekten bewusst werden, während die zentralen Abläufe im limbischen System des Gehirns unbewusst und damit unbeachtet bleiben. Dass unsere Gefühle dort und nicht im Herzen ihr stoffliches Substrat besitzen, erkennen wir nur indirekt, insofern die Hirnfunktion beeinflussende Stoffe wie Drogen oder Psychopharmaka Wohlbefinden, Glück, Entspannungsgefühl, Auflösung von Ängsten und Depressionen, aber auch – wie bei einem Horrortrip – Angst und Schrecken auslösen können.

Man kann derartige Zusammenhänge zwischen Gehirn und einzelnen Körperregionen an einem einfachen Beispiel verdeutlichen: Nach einem Schnitt in den Daumen verspüren wir dort einen Schmerz und äußern demgemäß: „Der Daumen tut mir weh". In Wirklichkeit erfolgt die Schmerzwahrnehmung aber nicht dort, sondern im Schmerzzentrum des Gehirns, und zwar – da dieses somatotopisch gegliedert ist – in *dem* Teilbereich, der den Daumen repräsentiert. Hier ist die Schmerzempfindung lokalisiert und wird in den Daumen lediglich projiziert.

Man kann somit festhalten, dass sowohl die körperliche Grundlage aller Emotionen als auch die Wahrnehmung etwaiger körperlicher Begleitreaktionen ausschließlich auf der Tätigkeit des Gehirns beruhen und dass selbst die Begleitreaktionen des Herzens nicht dessen Leistungen darstellen, sondern durch das vegetative Nervensystem vermittelt werden, dessen Erfolgsorgane Herz, Haut, Magen, Tränendrüsen usw. darstellen. Dasselbe gilt selbstverständlich ebenso für die übrigen, dem Herzen zugeschriebenen Fähigkeiten, wie spirituelle und erotische Liebe, intuitives Erspüren der Wirklichkeit, Gewissensregungen und Kreativität. Nicht zuletzt ist keineswegs das Herz der Sitz des Lebens, sondern ebenfalls das Gehirn, so dass der Hirntod den Tod des Menschen besiegelt, selbst wenn das Herz unter intensiv-medizinischen Bedingungen noch einige Zeit weiter schlägt (Stöhr). Somit muss die dem Herzen zugeordnete Erkenntniskraft den intuitiven Fähigkeiten unserer Vernunft, dessen angebliche Liebesund Empfindungsfähigkeit den Antriebs- und Gemütskräften zugeschrieben werden, die alle an die Tätigkeit des Gehirns und nicht an die des Herzens gebunden sind.

Noch abstruser ist die in den letzten Jahren immer wieder auftauchende Behauptung, der Bauch käme als potentieller Entscheidungsträger in Betracht. Es ist zwar richtig, dass sich dort Anhäufungen von Nervenzellen finden – wie z.B. das populäre Sonnengeflecht (Plexus solaris) – aber diese haben nicht die Aufgabe, zu denken und zu planen, sondern die Darmtätigkeit, die Blasenentleerung, die Erektion und Ejakulation sowie weitere vegetative Funktionen zu steuern. Erkennen, Denken und Entscheidungen treffen sind und bleiben ausschließlich Aufgaben des Gehirns.

Dass es zu derartigen Irrtümern kommen konnte, hängt damit zusammen, dass der Mensch zwei qualitativ unterschiedliche Arten des Sichentscheidens bei sich selbst feststellt: In der Regel lässt man sich die anstehende Sache erst einmal „durch den Kopf gehen", d.h., man analysiert die Umstände und Voraussetzungen sowie die möglichen Konsequenzen der verschiedenen Entscheidungsmöglichkeiten und wählt schließlich diejenige aus, die zur Erreichung der eigenen Ziele am vorteilhaftesten erscheint. Daneben gibt es aber auch Augenblicks-Entscheidungen, die ohne langes Nachdenken aus einem „Gefühl" heraus getroffen werden und von denen man intuitiv weiß, dass sie die richtige Wahl sind. Dabei ist das in diesem Zusammenhang meist benutzte Wort „Gefühl" falsch; es handelt sich hierbei nicht um eine Emotion, sondern um ein intuitives Wissen, das nicht durch Nachdenken und Analyse der Fakten gewonnen wird, sondern in manchen Situationen unmittelbar im Bewusstsein präsent ist und sich nicht selten als richtig herausstellt. Diese Art von Wissen ist bei Frauen häufiger anzutreffen und spielt besonders bei der Einschätzung anderer Menschen, z.B. bei Personalentscheidungen, eine nicht zu unterschätzende Rolle. Manche haben einfach „einen Riecher" für die passende Besetzung. Dieses intuitive Ahnen und Erspüren, z.B. des Charakters eines Menschen, hat nun weder etwas mit Gefühl noch gar mit dem Bauch zu tun, sondern ist eine der beiden Erkenntnisweisen des Menschen, die in der Scholastik mit ratio (analytisches, schlussfolgerndes Denken) und intellectus (intuitiv-ganzheitliches Erfassen) und in der indischen Philosophie mit veda und vidia bezeichnet werden und selbstverständlich beide an die Tätigkeit des Gehirns gebunden sind. Durch den Prozess der Aufklärung kam es zu einer Überbetonung der ratio und damit einer Vernachlässigung der intuitiven Erfassung von Wirklichkeit, während in den Jahrhunderten zuvor beide Erkenntnisweisen gleichrangig nebeneinander standen, so dass beispielsweise John Milton in „Paradise Lost" von der schlussfolgernden und der schauenden Seite der das Wesen des Menschen ausmachenden Vernunft spricht.

Wenn wir also ein Kleid oder einen Bewerber ohne nähere Prüfung aus einem momentanen Entschluss heraus auswählen, erfolgt dies aus einer nicht näher begründbaren Gewissheit, die sich innerhalb von Sekunden aus einem ganzheitlichen intuitiven Erfassen der Situation heraus ausbildet. Charaktereigenschaften wie Freundlichkeit, Unterwürfigkeit, Imponiergehabe, Selbstbewusstsein usw. sollen sich aufgrund psychologischer Untersuchungen sogar in Bruchteilen von Sekunden erkennen lassen. Derartige Urteile sind keineswegs immer richtig, aber dasselbe trifft für Entscheidungen im Gefolge eines langwierigen Denkprozesses ebenfalls zu. Den Bauch sollte man bei der ganzen Sache allerdings aus dem Spiel lassen, da sowohl das „Bauchgefühl" als auch die „Herz-lichkeit" Empfindungen sind, die dem Gehirn zugehörig sind.

Der Leib als Außenaspekt der Seele-Körper-Einheit

*Wo immer ich auf den Menschen blicke,
sehe ich seine Seele.*

R. GUARDINI

Der Mensch ist nicht bloße Materie, die Bewusstsein und seelisches Erleben als Begleiterscheinung stofflicher Vorgänge produziert, sondern eine Seinseinheit aus Seele und Stoff, was die Scholastiker auf die Kurzformel „anima forma corporis" brachten: Die Seele als verlebendigendes Prinzip formt die Materie zum menschlichen Leib. „Im Mysterium des lebenden Leibes sind die beiden Pole tatsächlich vereint" (H. Jonas). Die Seele ist dabei als dynamisches Form- und Funktionsprinzip in jeder einzelnen der ca. 60 Billionen Körperzellen existent, in besonderer Weise jedoch in den 100 Milliarden Hirnzellen.

Der Wirkzusammenhang zwischen Seele und Materie ist unbekannt. Einige Physiker und Philosophen vermuten den subatomaren Raum quantenmechanischer Abläufe als Ort der Interaktion von Seele und Stoff, ohne hierfür stichhaltige Belege zu liefern. Die Tatsache, dass derartige, nur statistisch determinierte Vorgänge nicht in das mechanistische Bild der klassischen Physik passen, reicht jedenfalls als Begründung nicht aus. Auf welche Weise Seelisches – also Immaterielles – auf physikalisch-chemische Abläufe einwirkt und wie diese umgekehrt Vorstellungen, Gefühle, Konzentration und Gedankengänge beeinflussen, bleibt vorerst ein ungelöstes Rätsel, wobei ein starker Geist „jedem Wunsch nach Gewissheit den Abschied gibt" (Nietzsche), zumindest solange keine vernünftige Erklärung in Sicht ist.

Die unvorstellbare Dynamik innerhalb des menschlichen Organismus bleibt den meisten Menschen verborgen, da sie nur die über lange Zeiträume sichtbare Konstanz der äußeren Gestalt vor Augen haben. Insbesondere gilt das Skelett als ein lebenslang dauerhaftes Knochengerüst. In Wirklichkeit werden im menschlichen Körper innerhalb eines Jahres 98 % aller $10^{28\text{-}29}$ Atome (Rees) ausgetauscht und innerhalb einer einzigen Stunde entstehen Millionen neuer Zellen. Rein materiell gesehen erneuert sich der Mensch somit jedes Lebensjahr nahezu vollständig. Dass wir davon nichts mitbekommen, liegt an dem sogenannten Fließgleichgewicht, d.h., der Stoffaustausch erfolgt fließend, insofern ein Gleichgewicht besteht zwischen den Stoffen, die in den Organismus gelangen, und denen, die ihn verlassen. Man kann sich den Vorgang veranschaulichen beim zweimaligen Betrachten eines Flussbettes innerhalb einer Stunde: Beim zweiten Anblick erscheint der Fluss identisch mit dem ersten Bild, obwohl die Wassermasse in der Zwischenzeit vollständig ausgewechselt wurde.

So gut begründet die Seinseinheit von Körper und Seele auch ist, so ergibt sich doch die Schwierigkeit von deren ganzheitlicher Erfassung. Ähnlich wie die Physiker das Licht nicht in seiner Gesamtheit, sondern nur entweder als Teilchen (Quant) oder als Welle registrieren können, nähern wir uns dem ganzheitlichen Phänomen Mensch häufig entweder von der materiellen Seite – wie viele Biologen und Hirnforscher – oder von der psychischen Seite – wie Philosophen und Psychologen, von Habermas als „Perspektiven-Dualismus" bezeichnet, obwohl sich eigentlich nicht die Perspektive verändert, sondern das methodische Vorgehen, so dass der Ausdruck „Methoden-Dualismus" das Gemeinte besser treffen würde. Im vertrauten Gespräch oder gar im Liebesakt wird der Partner jedoch intuitiv als Ganzes wahrgenommen, als psycho-somatische Einheit. Mit der Haut wird die Seele gestreichelt und die liebevolle Umarmung zweier Körper ist gleichzeitig die Verschmelzung zweier Seelen. Wie blind Forscher für derartige ganzheitliche Geschehnisse sein können, erhellt aus folgender „wissenschaftlicher" Definition des Streichelns als „die moderate Ausübung taktiler Reizung auf das Hautorgan in rhythmischen Abständen".

Viele Hirnforscher zweifeln eine psychosomatische Seinsweise mit der Begründung an: „Wenn es diese immaterielle geistige Entität gibt,… wie sollte diese dann mit den materiellen Prozessen wechselwirken" (Singer), – als ob dies das einzige ungelöste Problem der Wissenschaft wäre. Außerdem geht es nicht um eine Wechselwirkung, sondern um ein Ineinander von Seele und Stoff, zwar nicht mit naturwissenschaftlichen Methoden beweisbar, aber für jeden einsichtigen und unvoreingenommenen Betrachter evident und jedenfalls leichter nachvollziehbar als die Annahme, dass aus toter Materie Ideen und Gefühle entstehen sollen oder, wie der Physiologe Carl Vogt argumentierte, dass das Gehirn auf gleichartige Weise Gedanken absondere wie die Nieren Urin oder die Leber Galle.

In jeder menschlichen Person sind Stoff und Seele zu einer Seinseinheit verschmolzen, die sich erst im Tode auflöst. Der entseelte Körper – also der Leichnam – enthält das, was stofflich ist am Menschen. Der beseelte Körper – also der Leib – ist dagegen nichts anderes, als der ganze Mensch in seinem Außenaspekt und, wie Otto Betz sehr schön dargelegt hat, auch Ausdruck seiner seelischen Verfassung. „Leib ist die Weise, in der das Subjekt in der Welt da ist", und „jede Gebärde ist eine Selbstdarstellung der Person in der Welt" (Dürckheim). Begegnen wir einem Mitmenschen, dann begegnet er uns in seiner Leiblichkeit und in dieser – und zwar besonders in seinem Antlitz – erkennen wir ihn und identifizieren ihn als diese oder jene Person. In deren Äußerem offenbaren sich nicht nur stoffliche Merkmale, also, ob er groß oder klein, dick oder schlank ist, ob er blonde oder schwarze Haare, blaue oder braune Augen hat. Vielmehr ersehen wir aus seiner Haltung, seinem Gang, seiner Sprechweise sowie aus Mimik und Gestik, ob er bedrückt oder fröhlich, missmutig oder freundlich, verschlossen oder kontaktfreudig, schüchtern oder selbstbewusst ist. Sein Äußeres offenbart seelische Merkmale wie Stimmung, Temperament und Charakter oder, wie Otto Betz formuliert: „Der Leib ist sichtbare Seele", d.h., im Leib findet die seelische Eigenart eines Menschen ihren sichtbaren Ausdruck, und ein guter Pantomime kann damit ganze Geschichten erzählen. „Der Körper ist der Übersetzer der Seele ins Sichtbare" (Christian Morgenstern), oder – wie Ludwig Klages formulierte – die Erscheinungsform der Seele.

Dem Leib als Außenaspekt der psychosomatischen Einheit Mensch korrespondiert als Innenaspekt der Bewusstseinsraum mit der Gesamtheit unseres Erlebens: Wahrnehmungen, Vorstellungen, Gefühle, Gedanken und Wünsche. In seiner Leibhaftigkeit präsentiert sich der Mensch seinen Mitmenschen, in seiner Innerlichkeit begegnet er sich selbst. Aber beides ist untrennbar miteinander verwoben, und was sich in meinem Inneren abspielt – z.B. ein Glücksgefühl oder eine Enttäuschung – kommt gleichzeitig in meinem Äußeren zum Ausdruck und wird von den Mitmenschen intuitiv wahrgenommen. Wenn man

Menschenkenntnis erlangen möchte, lerne man „ein Gesicht entziffern und aus seinen Zügen die Seele herausbuchstabieren" (Gracián).

Den Menschen als Seinseinheit von Körper und Seele zu interpretieren, der als beseelter Leib nach außen hin in Erscheinung tritt, ist kein theoretisches Konstrukt, sondern eine Erfahrungstatsache. Im menschlichen Leib finden wir nämlich nicht nur die körperlich-stofflichen Elemente verwirklicht, also Haut und Haare, Zähne und Knochen, Rumpf, Gliedmaßen und Kopf; vielmehr manifestieren sich hier auch die – inkorporierten – seelischen Merkmale einer Person: Die sichtbare stoffliche Seite wird transparent für die unsichtbare psychische Wirklichkeit, so dass Cohen zu Recht formulierte: „Der Körper (besser: der Leib) hat seine eigene Sprache… er macht das Unsichtbare sichtbar". Auch Guardini sah in der leiblichen Erscheinung die ganze Person: „Wo immer ich auf den Menschen blicke, sehe ich seine Seele". Ein uns begegnender Mensch verrät allein durch sein Aussehen viel von seinem Charakter und seiner momentanen Befindlichkeit. Die Haltung kann aufrecht oder gebeugt, stolz oder devot, locker, verkrampft oder schlaksig sein, der Gang schwerfällig oder elegant, beschwingt oder gebunden, harmonisch oder eckig, forsch oder schleppend, gravitätisch oder hinfällig, locker oder verkrampft (und am verkrampftesten dann, wenn er besonders locker wirken sollte). Allein Aussehen, Haltung und Gang offenbaren so viel von der Persönlichkeit des Gegenübers, dass wir öfters Sympathie, Antipathie, Gleichgültigkeit oder gar „Liebe auf den ersten Blick" empfinden, noch ehe ein Wort gewechselt wurde.

Bei näherem Kontakt gesellen sich Händedruck, Sprechweise, Mimik und Gestik als Ausdrucksformen der Person hinzu, in denen Fröhlichkeit, Trauer, Verbitterung, Resignation, Unternehmungslust, Kontaktfähigkeit oder Kontaktarmut deutlich werden. „Der Leib ist… die körperliche Gestaltung unseres Wesens" (Betz), und zwar in seiner Beschaffenheit ebenso wie in seinen individuellen Ausdrucksformen. Was hierin sichtbar wird, ist oft zutreffender als die sprachliche Aussage, denn die Gebärde ist die Sprache der Seele, „worin man nicht lügen kann" (Lichtenberg). Alles, was ein Mensch denkt oder fühlt, strahlt er aus. Besonders deutlich wird dies in Extremsituationen, in denen Schamröte, Leichenblässe, Schreckstarre oder Ohnmacht für sich selbst sprechen. „Man erkennt den Gram, man erkennt auch die Freude des unsichtbaren Geistes am Körper; man sieht einem beides am Gesicht an" (Juvenal).

Die Mimik, also der in Abhängigkeit vom Befinden ständig wechselnde Gesichtsausdruck, wird dominiert durch das Augenpaar, dessen Blick offen, stumpf, neugierig, liebevoll, gierig, verschlagen, lauernd, boshaft, fröhlich oder traurig sein kann und damit viel über die Verfassung seines Trägers offenbart. Der Blick in die Augen des Gegenübers ermöglicht daher ein Eindringen in dessen seelisches Befinden, was in manchen Kulturen als Verletzung der Intimsphäre angesehen und daher tabuiert wird. Zum Schutz vor dem „bösen Blick" dienen Amulette, deren meist spiegelnde Oberfläche den Blick zurückwerfen soll, so dass er nicht eindringen und Schaden anrichten kann.

Bei jeder Unterhaltung spiegelt das Gesicht unseres Gesprächspartners Interesse, Gleichgültigkeit oder Irritation, Zustimmung, Verärgerung oder Widerspruch und signalisiert uns damit – meist unbewusst –, was er von unseren Aussagen hält, so dass wir diese der jeweiligen Reaktion anpassen können, um Missstimmungen zu vermeiden bzw. Übereinstimmungen zu bestärken.

Besonders ausdruckstarke mimische Elemente sind das Lachen und Weinen, bei denen es sich um spezifisch menschliche Ausdrucksformen handelt, die allerdings ausgesprochen vieldeutig sind. So können Tränen nicht nur bei der Trauer über einen schwerwiegenden persönlichen Verlust vergossen werden, sondern ebenso aus Mitleid oder aus Reue. Unverhoffte Glücksereignisse führen gelegentlich zu Freudentränen und schauspielerisch begabte Frauen und Kinder sind in der Lage, den Partner bzw. die Eltern mittels Krokodilstränen zu erpressen. Das Spektrum des Lachens reicht vom gütigen Lächeln bis zum viehischen Gelächter, von fröhlicher Heiterkeit bis zu wiehernden Lachsalven und von hämischer Genugtuung bis zu schadenfrohem Gemecker, offenbart also keineswegs immer eine fröhliche Gesinnung.

Bei sprachlichen Mitteilungen ist die Sprechweise oft bedeutsamer als der Sprachinhalt: Ob die Stimme leise oder laut, ruhig oder erregt, piepsig oder sonor, freundlich, ärgerlich oder zornig klingt und ob die Äußerungen flüssig oder stockend, hastig oder bedächtig vorgetragen werden, ist derart ausdrucksstark, dass selbst Kleinkinder, Sprachfremde und sogar Haustiere, die vom sprachlichen Inhalt nicht das Geringste verstehen, daraus Rückschlüsse ziehen können, d.h., sie erfassen intuitiv, ob in der Stimme Lob oder Tadel, Einverständnis oder Protest, Wohlwollen oder Aggressivität, Zuneigung oder

Ablehnung anklingen. „Es liegt nicht weniger Beredsamkeit im Ton der Stimme... als in der Wahl der Worte" (La Rochefoucauld). Was für ein bedeutsames Persönlichkeitsmerkmal die Stimme darstellt, erkennen wir schon daran, dass wir gute Bekannte bei Telefongesprächen daran identifizieren können, noch ehe sie ihren Namen nannten.

Außer der Stimme sind auch unsere Gebärden ausgesprochen aufschlussreich, so dass ein guter Pantomime weltweit verstanden wird: „Alle Bewegungen reden eine überall verständliche Sprache" (Montaigne). Eine indonesische Tänzerin kann allein durch die Stellungen und Bewegungen ihrer Arme einen Mythos erzählen. Von dieser Regel gibt es allerdings einige Ausnahmen, die im Umgang mit Ausländern wichtig sind. So gilt ein Seitwärtsschütteln des Kopfes in Indien und Pakistan als Geste der Bejahung, während eine Verneinung durch ein Kopfnicken ausgedrückt wird; Araber, Griechen und Türken verneinen demgegenüber durch ein Zurückwerfen des Kopfes.

Nach Untersuchungen des Psychologen A. Mehrabian sollen Stimme und Körpersprache 93% der auf Gesprächspartner ausgeübten Wirkung ausmachen, während auf den Inhalt unserer Worte nur 7% entfallen. Obwohl diese Aussage etwas übertrieben erscheint, besteht an der großen Bedeutung der nonverbalen Kommunikation kein Zweifel.

Wie fein unser Sprachgefühl entwickelt ist, sieht man an der völlig unterschiedlichen Reaktionsmöglichkeit auf ein und denselben Text. Dieser kann Begeisterung auslösen, wenn er vom Redner authentisch vorgetragen wird, wenn dieser also mit seiner ganzen Person dahintersteht, aber ebenso Widerwillen oder gar Abscheu, wenn die Phrasenhaftigkeit des Vortrags oder der Predigt die fehlende Übereinstimmung zwischen der Textaussage und der Person des Vortragenden aufdeckt und man durch eine derartige Heuchelei verstimmt wird. Auch wenn sich jemand noch so gut verstellt, indem er seine wahren Absichten und Gefühle hinter einer Maske zu verbergen sucht, wird die Unwahrhaftigkeit des Rollenspiels über kurz oder lang offenbar werden.

Die Stimme als Medium der Übermittlung von Wahrheiten und Gefühlen findet ihren Höhepunkt im Gesang, in dem von guten Interpreten das gesamte Spektrum menschlicher Emotionen zum Ausdruck gebracht und von den Hörern mitempfunden wird, seien es Liebes-, Wander-, Klage- oder religiöse Lieder. Die Umwandlung von Schallwellen in elektrische Impulse in der Hörbahn und Hörrinde des Gehirns, deren rätselhafte Verwandlung in Klänge, durch die Empfindungen von Heiterkeit, Trauer, Sehnsucht oder Frieden geweckt werden, zählt zu den vielen Wundern des menschlichen Organismus, denen wir meist zu wenig Aufmerksamkeit schenken.

Wie sehr der menschliche Leib in Haltung, Mimik, Gestik, Blick und Stimme als „Selbstoffenbarung der Person" (Betz) sowie als Überwindung des Seele-Körper-Dualismus verstanden werden muss, erkennt man nicht zuletzt an unzähligen Redewendungen, wie „Es liegt mir auf der Zunge", „Es läuft mir kalt den Rücken hinunter", „Es liegt mir am Herzen", „Das geht mir an die Nieren", „Mir sträuben sich die Haare", „Ich habe die Nase voll", „Es ist mir in Fleisch und Blut übergegangen", „Er trägt das Herz auf der Zunge","Ich muss kühles Blut bewahren". In allen diesen Aussprüchen werden subjektive Erfahrungen durch körperliche Entsprechungen ausgedrückt. Dasselbe erfolgt im Hinblick auf bestimmte Charaktereigenschaften, indem wir bestimmte Menschen als engstirnig, hochnäsig, überspannt, halsstarrig, kopflastig, doppelzüngig, verbissen oder hartnäckig definieren und dabei z.B. die Anspannung der Kau- und Nackenmuskulatur als Bezeichnung für die Sturheit eines durchsetzungswilligen Menschen heranziehen oder einen Versagertyp als Schlappschwanz beschimpfen. Und wenn wir Argumente auch Beweg-gründe nennen, heißt dies nichts anderes, als dass eine logische Aussage den Angesprochenen in Bewegung zu setzen vermag.

In den westlichen Kulturen verläuft das Wissen über die psychophysische Einheit des Menschen meist nur in einer Richtung, indem normales oder krankhaftes Psychisches in seinen körperlichen Auswirkungen kenntlich gemacht wird, bis hin zu der großen Zahl an psychosomatischen Krankheiten. Viel zu wenig bekannt ist der umgekehrte Vorgang, dass sich beispielsweise die gezielte Schulung der Körperhaltung positiv auf die geistige Haltung auswirkt, dass also Körper und Seele auch in dieser Richtung korrespondieren. Diese Tatsache wird in den ostasiatischen Kulturen genützt, um durch verschiedene körperliche Übungswege wie Yoga, Tai-Chi oder Chi-Gong die psychische Reifung des Übenden zu fördern. Besonders konsequent sind die in Japan gepflogenen Methoden entwickelt worden, die von Ikebana über Bogenschießen bis hin zur Zen-Meditation (Za-Zen) reichen. Im Unterschied zur aufrechten Haltung preußischer Offiziere („Brust raus, Bauch rein"), erwächst die aufrechte Haltung von Zen-Mönchen und ihren Adepten ganz natürlich aus der Schwerpunktbildung im Unterbauch-Beckenbereich („Hara"). Sich in der rechten Mitte verankern heißt, den Schwerpunkt in das Becken zu verlagern, das den Körper wie eine Schale aufnimmt. Interessanterweise sieht man diese Haltung auch bei vielen besonders qualifizierten Orchestermusikern. Auch wenn es übertrieben wäre, aus der Sitzhaltung eines Musikers auf seine Virtuosität zu schließen, überwiegen an den vorderen Pulten der ersten und zweiten Geigen eindeutig Musiker, die mit leicht abfallenden Oberschenkeln auf der vorderen Stuhlhälfte sitzen, so dass der aufgerichtete Oberkörper frei zu schwingen vermag, während man in den hinteren Reihen immer mehr findet, die an die Stuhllehne geklebt und in sich zusammengesunken vor sich hin fiedeln. Ebenso besteht bei Eiskunstläufern und Tänzern eine positive Korrelation zwischen Haltung und Qualifikation.

Eine passende Körperhaltung benötigt man auch für eine tiefe Entspannung, so dass in den letzten Jahrzehnten eine Fülle von Methoden ausgearbeitet wurde, um dies zu vermitteln und den stressgeplagten Westeuropäern die ersehnte Ruhe zu bescheren.

Das Bedürfnis nach Stressabbau ist das wichtigste Motiv für den derzeit grassierenden Wellness-Boom. Letztlich dienen die meisten der im Wellness-Bereich angesiedelten Maßnahmen dem Erreichen einer wohligen Entspannung: Bäder werden nicht zur Säuberung, Massagen nicht zur Förderung der Hautdurchblutung, Kräuter-Schwitzbäder nicht zur Entschlackung und Ölbehandlungen mit „Body-Wrapping" nicht zur Hautpflege konsumiert, sondern – wie es in der einschlägigen Werbung heißt – „um den Lärm der Welt zu vergessen und die Leichtigkeit des Seins zu spüren". Jedenfalls ersieht man auch aus derartigen Erfahrungen den innigen Zusammenhang zwischen Körper und Seele.

In völlig anderer Weise wird dieser sichtbar an dem Heer der psychosomatisch Kranken, die fast die Hälfte aller Patienten in einer Allgemeinarztpraxis ausmachen und an undefinierbaren Schmerzen, Schlafstörungen, Reizdarm, Panikattacken oder „Umweltkrankheiten" (wie die „Elektrosensitivität", das

„Sick-Building-Syndrom" und die „multiple Chemikaliensensitivität", die auch als „Ökochondrie" zusammengefasst werden) leiden und deren körperliche Beschwerden durch Konflikte, Kränkungen, Depressionen, Ängste und andere seelische Faktoren bedingt sind. Auch in derartigen krankhaften Gegebenheiten und deren Behandlungsmöglichkeit durch Psychotherapie wird das Zusammenspiel zwischen Körperlichem und Seelischem deutlich.

Um es gar nicht erst zu psychosomatischen Erkrankungen kommen zu lassen, sollte man krankmachende Einflüsse möglichst vermeiden. So hat die Aufarbeitung negativer Emotionen und selbstquälerischer Skrupel mit allmählichem Gewinn einer positiven Lebenseinstellung einen nachweisbaren Einfluss auf die Vorbeugung bzw. den Verlauf von Krankheiten, da unsere Gedanken und Gefühle tiefgreifende Auswirkungen auf den Körper besitzen, indem sie z.B. das Immunsystem stärken, Gene ein- und ausschalten sowie die Bildung von Hormonen und Botenstoffen (Neurotransmitter und Neuropeptide) auslösen. Umgekehrt kann körperliche Aktivität – z.B. Joggen – die Bildung des Neuropeptids „Endorphin" in Gang setzen, so dass dieses im Gehirn produzierte Opiat eine Hochstimmung auszulösen vermag.

Ein weiteres Beispiel für die Beeinflussung körperlicher Vorgänge durch Überzeugungen und Emotionen ist der Placebo-Effekt. Der feste Glaube an die Heilkraft einer Arznei und die Fähigkeiten des behandelnden Arztes bewirkt eine Symptombesserung, auch wenn nur ein wirkungsloses Scheinmedikament verabreicht wurde, da die gläubige Erwartung des Patienten heilsame Effekte zur Folge hat, beispielsweise eine Ausschüttung schmerzlindernder Neuropeptide. Dasselbe gilt im Übrigen ebenso für Schein-Operationen, physikalische Anwendungen und Lebensmittel, deren Wirksamkeit und Verträglichkeit von unserer Einstellung abhängen. Ist diese negativ, insofern z.B. ein Patient ein tiefes Misstrauen gegenüber einem erprobten Heilverfahren verspürt, büßt er seine Skepsis mit einer Einbuße an Heilkraft. Gläubige bzw. skeptische Überzeugungen (Ein-bild-ungen) vermögen also sowohl positive als auch negative Einflüsse auf den Organismus auszuüben. Diese Einsicht ist übrigens in der Volksmedizin seit langem geläufig; so kennt man im Allgäu den alten Spruch: „D' Einbildung macht d' Leut' krank", was ergänzt werden muss durch die Aussage, dass Gläubigkeit die Menschen auch gesund zu machen vermag oder zumindest dazu beiträgt.

Dass sich Seelisches in Stofflichem auszudrücken vermag, zeigt sich nicht nur am menschlichen Leib, sondern auch in der Kunst. Maler und Bildhauer bearbeiten Materie in einer Weise, dass Anschauungen und Gefühle darin aufscheinen, in Formen und Farben gemischt und in Stein gemeißelt. Farben und Formen offenbaren geistige Inhalte wie Liebe und Grausamkeit, Freiheit und Unterdrückung, menschliche Größe und Niedrigkeit, und manches kann dadurch verständlicher ausgedrückt werden als durch Begriffe. Geistige Inhalte werden vom Künstler in das jeweilige Kunstwerk gelegt und erwecken im kunstsinnigen Betrachter gleichartige Empfindungen. Ebenso, wie sich in Haltung, Blick und Mimik Freude und Trauer, Hoffnung und Verzweiflung ausdrücken, schaffen Künstler dasselbe mit ihren Mitteln, so dass beispielsweise Leonardo da Vinci mittels Leinwand und Farben seiner Mona Lisa und Matthias Grünewald dem Isenheimer Altar eine unbeschreibbare geheimnisvolle Aura verleihen konnten.

Komponisten erreichen derartige Wirkungen mit ihren Partituren, sofern diese von einfühlsamen Musikern und Sängern interpretiert werden. Dabei ist Musik naturwissenschaftlich gesehen nichts anderes als ein Ineinander von Schallwellen unterschiedlicher Frequenz und Stärke, somit ein rein physikalisches Phänomen. Und dennoch ist in sie unsichtbar und unerklärlich Liebe und Hass, Glück und Traurigkeit, Sinn und Abgründigkeit, Hoffnung und Verzweiflung eingewoben und rührt die Herzen der Hörer. Die Bandbreite der in musikalischen Werken ausgedrückten Gefühle reicht von überschwänglichem Jubel bis hin zu tiefster Trauer, und Menschen, die hierfür taub sind und nur Schallwellen vernehmen, sind im Grunde bedauernswerte Geschöpfe. Das Beispiel Musik zeigt, dass durch den Komponisten eine Übertragung geistiger Inhalte auf die physikalische Ebene möglich ist, ebenso wie deren Rückübertragung auf die Zuhörer – eine zweifache Transformation, unmessbar und doch von unbezweifelbarer Realität.

Bereits die unterschiedlichen Tonarten in Dur oder Moll erwecken eine spezifische Grundstimmung, die durch „bedeutungstragende musikalische Elemente" (Wersin) überlagert wird. Wie unzureichend, ja unsinnig eine rein physikalische Musikanalyse wäre, hat Nietzsche mit deutlichen Worten klargestellt: „Gesetzt, man schätzte den Wert einer Musik danach ab, wie viel von ihr gezählt, berechnet, in Formeln gebracht werden könne – wie absurd wäre eine solche „wissenschaftliche" Abschätzung der Musik". Ebenso ungenügend wie eine derartige Analyse der Musik ist auch eine auf das Materielle beschränkte Untersuchung des Menschen. Ebenso wie Musik mehr ist als die Gesamtheit der Noten, ein Gemälde mehr als Leinwand und Farben, ein Buch mehr als die Summe seiner Blätter und Buchstaben, ist auch der Mensch mehr als die Gesamtheit seiner 60 Billionen Zellen.

Klänge, Bilder, Düfte, Berührungen lösen Emotionen aus, die ihrerseits Rückwirkungen auf körperliche Abläufe besitzen, so dass eine zweifache Transformation vom Stofflichen zum Seelischen und erneut zum Stofflichen erfolgt (sofern man dieses Ineinander notgedrungen in dualistischer Weise als Wechselwirkung beschreibt).

Nachdem der Leib die psychosomatische Einheit „Mensch" nach außen hin repräsentiert, erkennen wir in diesem am deutlichsten die altersabhängigen Veränderungen. Der Mensch als Werdender ist eben dadurch ein sich Wandelnder. Parallel zum lebenslangen Reifungsprozess vollzieht sich ein Gestaltwandel, so dass uns das Antlitz eines alten Menschen viel von seiner Biografie verrät. Paradoxerweise ist die Lebenskraft auch die Ursache des Todes – wenn sie eines Tages erlischt. Tote Materie kann nicht sterben, da sie nie gelebt hat.

Wegen der unübersehbaren Begriffsverwirrung bei Verwendung der Bezeichnungen Körper, Leib, Seele und Geist soll die hier verwendete Terminologie nochmals verdeutlicht werden. Seele oder Psyche ist die allen Lebewesen innewohnende Lebenskraft. Gemäß der Stufenordnung der Lebenswelt kann man eine den Pflanzen zukommende vegetative Seele von der animalischen Seele der Tierwelt unterscheiden, die zusätzlich einen sinnen- und triebhaften Anteil aufweist. Beim Menschen findet sich darüber hinaus eine geistige Komponente, so dass manchmal von einer Geistseele gesprochen wird, was dann missverständlich ist, wenn man ihren vegetativen und animalischen Anteil unterschlägt.

In Bezug auf die stoffliche Seite des Menschen werden die Begriffe Körper und Leib vielfach synonym gebraucht, was gleichfalls missverständlich ist. Eindeutiger wäre die Bezeichnung Körper für den materiellen Bereich, während Leib den passenden Ausdruck für den beseelten Körper, also den Außenaspekt der Körper-Seele-Einheit darstellt. Statt einen Körper zu besitzen, den man hat, gilt es, ein Leib zu sein, der man ist.

Da die inneren Organe – Lunge, Herz, Leber, Nieren, Magen-Darm-Trakt, Hormondrüsen und besonders das Gehirn – im Inneren des Organismus verborgen sind, wird unter Leib vielfach nur die sichtbare Außenseite des Menschen verstanden, was akzeptabel erscheint, wenn man sich der damit gegebenen Einschränkung bewusst ist und nicht vergisst, dass die „Innereien" die wichtigsten Bestandteile des Leibes darstellen. Leib ist in diesem eingeschränkten Verständnis die äußerliche Erscheinung, also das, wie der Mensch seinen Mitmenschen gegenübertritt und von ihnen wahrgenommen wird, aber eben nicht nur als stofflicher Körper, sondern als Außenaspekt des ganzen Menschen mit Seele und Körper.

Selbstverständlich sind jedoch die inneren Organe ebenso ein integraler Teil der psycho-somatischen Ganzheit, auch wenn deren Beteiligung an unserem seelischen Erleben den Mitmenschen verborgen bleibt und nur in der Innenansicht erfahrbar wird: Eine freudige Überraschung lässt das Herz höher schlagen, Trauer bewirkt ein Druck- und Enge-Gefühl auf der Brust, eine Aufregung kann auch den Magen-Darm-Trakt in Aufregung versetzen, und die Vorstellung von einer leckeren Mahlzeit lässt einem das Wasser im Mund zusammenlaufen.

Die Seinseinheit von Körper und Seele kann ebenso psycho-physische oder psycho-somatische Einheit, aber nicht Leib-Seele-Einheit genannt werden, da der Begriff Leib bereits die Verbindung von Körper und Seele beinhaltet – der Leib als Verkörperung, als Inkarnation der Seele.

Steht Leib vorrangig für die Außenseite des Menschen, so der Bewusstseinsraum für die Innenseite der Person. Leib ist der ganze Mensch in seinem Wahrgenommenwerden durch die Mitmenschen, während der Raum des Bewusstseins nur ihm allein zugänglich ist und er dort in der Selbstreflexion sich selbst begegnet. Dieser Raum kann nicht nur an Weite und Tiefe, Helligkeit und Schärfe, Fülle und Farbigkeit differenzieren, sondern ist gleichzeitig die Bühne, auf der unsere Gedanken, Vorstellungen, Wünsche und Gefühle agieren.

Die Schwierigkeiten der Terminologie ergeben sich daraus, dass wir nicht in der Lage sind, die komplexe psychosomatische Einheit Mensch ganzheitlich zu betrachten, sondern für die Erfassung des Seelischen und Stofflichen unterschiedliche Methoden benötigen, ähnlich wie die Physiker bei der Untersuchung des Lichts.Nach außen hin tritt die Seele-Körper-Einheit, wie oben dargestellt wurde, als Leib ganzheitlich in Erscheinung, da in diesem das Stoffliche transparent wird für das Seelische, ähnlich wie sich in einem Gemälde die Anschauung des Malers und in einem Lied die Gefühle des Komponisten ausdrücken – also Seelisches im Stofflichen, in Farben, Formen und Tönen. In der Theorie müssen wir Körper und Seele trennen, weil der methodische Zugang unterschiedlich ist; in der Praxis sind wir unreflektiert beides.

Wenn uns ein Mensch in seiner Leiblichkeit begegnet, erfassen wir über dieses Medium intuitiv den ganzen Menschen, und wenn wir unseren Partner umarmen, umfassen wir nicht nur dessen Körper, sondern den ganzen Menschen. Dessen Anblick und Berührung zählt zum Erfüllendsten in unserem Dasein, und jede Zärtlichkeit gilt nicht nur der Haut, sondern der Person des Partners in seiner Ganzheit. Mit der Haut wird die Seele gestreichelt, und in der sexuellen Vereinigung vereinigen sich die beiden Partner und nicht nur deren Körper. Die Begriffe Leib und Mensch sind in gewissem Sinn – speziell im zwischenmenschlichen Kontakt – identisch. „Leib bin ich ganz und gar, und nichts außerdem" (Nietzsche). Ich bin mein Leib und sollte mich mit diesem identifizieren, um ganz Mensch zu sein, was einem besonders bei leibbetonten Verrichtungen wie Sport, Spiel und Tanz, Rede und Gesang, Umarmung und Liebesspiel bewusst wird.

Trotz aller Leib-haftigkeit besitzt jeder Mensch auch einen nur ihm selbst in der Innenschau erfahrbaren Bewusstseinsraum, der von Gedanken, Vorstellungen, Wünschen und Gefühlen erfüllt ist. Es wäre allerdings ein Irrtum, diesen Innenraum als etwas rein Seelisches zu betrachten. Ebenso wie Lachen und Weinen das Vorhandensein von mimischer Muskulatur und Tränendrüsen voraussetzt, sind die Bewusstseinsinhalte an die Tätigkeit des Gehirns gekoppelt. Es ist daher weder zutreffend zu sagen: „Das Gehirn denkt und fühlt", noch: „Die Seele denkt und fühlt", sondern der Mensch denkt und fühlt mittels seines beseelten Gehirns. Von daher sind wir auch weder die Diener noch die Herren unseres Gehirns, sondern wir sind unser Hirn in derselben Weise wie auch der übrige Körper ein integraler Bestandteil unseres Menschseins darstellt.

Da der Mensch aufgrund seines begrenzten Auffassungsvermögens außerstande ist, sich selbst in seiner Stofflichkeit und Geistigkeit, seiner äußeren Erscheinung und seinem Bewusstsein simultan und ganzheitlich wahrzunehmen, müssen wir immer wieder auf einen „Methoden-Dualismus" zurückgreifen, d.h. Seelisches und Stoffliches getrennt betrachten, das stoffliche Geschehen mittels naturwissenschaftlicher, die seelischen Abläufe mittels psychologischer Verfahren sowie durch Introspektion. Dabei darf nie vergessen werden, dass beides nur die unterschiedlichen Seiten von ein und derselben Medaille sind, was Goethe in die Worte fasste: „Nichts ist drinnen, nichts ist draußen; denn was innen, das ist außen". Auch der Physiker Werner Heisenberg kommt zu der Einsicht, dass die übliche „Teilung der Welt in Subjekt und Objekt, Innenwelt und Außenwelt, Körper und Seele" nicht mehr angemessen sei und überwunden werden müsse durch ein die gegensätzlich erscheinenden Aspekte der Wirklichkeit umgreifendes, komplementäres Denken.

Aktuelle Hirnforschung

*Das Gehirn ist eine furchtbarere Waffe
als die Klaue des Löwen.*
SCHOPENHAUER

*Das Gehirn –
ein kaum weniger als göttliches Mysterium.*
PHILIP ROTH

Strukturen und Funktionen des Gehirns

Nachdem das Gehirn offenbar eine überragende Bedeutung besitzt, lohnt es sich, einen Blick auf dieses mit Abstand wichtigste Organ des Menschen zu werfen. Es ist nicht besonders groß, wiegt etwa 1,2 kg – also $^1/_{60}$ unseres Körpergewichts – verbraucht allerdings zehnmal so viel an Energie wie ihm gewichtsmäßig zustünde. Von außen betrachtet ähnelt es mit seinen vielen Furchen einer Walnusshälfte, ist also wenig spektakulär, so dass seine überragende Bedeutung lange Zeit im Dunkeln blieb und es z.B. vom großen Aristoteles als Kühlapparat für das Blut angesehen wurde. Von innen betrachtet ist es jedoch ein unvorstellbar komplexes Wunderwerk. Es enthält 100 Milliarden Nervenzellen, von denen jede einzelne bis zu 10 000 Verbindungen mit anderen Nervenzellen eingeht, woraus ein gigantisches Netzwerk mit 500 Billionen Kontaktstellen – sogenannten Synapsen – allein in der Großhirnrinde resultiert. Die Kommunikation zwischen den Zellen erfolgt dabei einerseits mittels elektrischer Impulse, die als sogenannte Aktionspotentiale mit einer Geschwindigkeit von bis zu 80 m/s entlang der Nervenfasern verlaufen, und andererseits durch an den Nervenenden freigesetzte Botenstoffe, die sogenannten Neurotransmitter. Die Datenmenge, die das Gehirn allein über die Sinnesorgane erreicht, ist gigantisch und liegt bei über 1 Milliarde Bytes pro Sekunde.

Außer Nervenfasern (Axonen) zur Aussendung von Signalen besitzen die Nervenzellen kürzere Fortsätze (Dendriten), die als Antennen fungieren und mit deren Hilfe eintreffende Signale empfangen werden. Die Informationsübertragung vom Gehirn zum gesamten Körper und umgekehrt die Rückmeldungen von Haut, Gelenken, Muskulatur, inneren Organen zum Gehirn erfolgen mittels elektrischer Ströme, die über die jeweiligen Nervenbahnen verlaufen. So trifft beispielsweise ein Berührungsreiz an der Hand, der über sensible Nervenfasern des Armes, des Rückenmarks und des Gehirns fortgeleitet wird, innerhalb von 20 Millisekunden im entsprechenden Großhirnfeld ein und wird von dort aus weiter verarbeitet. Durch die an den Kontaktstellen eintreffenden Impulse wird dort ein Überträgerstoff (Neurotransmitter) freigesetzt, der den winzigen synaptischen Spalt passiert und an der gegenüberliegenden (post-synaptischen) Membran des Zielortes eine Potentialänderung auslöst, wobei als Zielorte andere Nervenzellen samt deren Fortsätze und Dendriten in Betracht kommen, aber auch Muskel- und Drüsenzellen, deren Funktion über das zentrale und periphere Nervensystem gesteuert wird, sowie sämtliche inneren Organe und Blutgefäße.

Das Gehirn empfängt ständig aus allen Teilen des Organismus wichtige Informationen und wird über die Fernsinne Augen, Ohren und Riechorgan außerdem über die Beschaffenheit der Umwelt in Kenntnis gesetzt. Umgekehrt laufen von verschiedenen Hirnarealen permanent Signale zu sämtlichen Bereichen des Organismus, um Bewegungsabläufe, Atmung, Herzaktion, Blutdruck, Darmtätigkeit, Hormonausschüttungen und Stoffwechselabläufe zu steuern. Dennoch liegt die Zahl der das Gehirn verlassenden und der zuführenden Nervenfasern deutlich niedriger als die Anzahl der Verbindungen innerhalb dieses Organs, woraus einige Hirnforscher die Konsequenz zogen, das Gehirn sei vorzugsweise mit sich selbst beschäftigt. Diese seltsame Schlussfolgerung verkennt, dass beispielsweise ein einziger Seheindruck Erinnerungen auslösen, Pläne in Gang setzen und Handlungsentwürfe zur Folge haben, also vielfältige Reaktionen innerhalb des Gehirns auslösen kann. Dieses ist nicht „mit sich selbst beschäftigt", sondern verrichtet – wie jedes andere Organ auch – seine spezifischen Dienste, die sich nicht auf Informationsaufnahme und Steuerungsaufgaben beschränken, sondern ebenso die Verarbeitung der vielen Informationen im Zusammenhang mit der Erfüllung der vielfältigen individuellen Bedürfnisse und Strebungen umfassen.

Die Vielzahl der im Nervensystem wirksamen Botenstoffe (Neurotransmitter) mit teils erregender Wirkung – wie z.b. Glutamat und Adrenalin –, teils hemmendem Effekt – wie Glycin und GABA (Gammaaminobuttersäure) – bedingt ein kaum noch überschaubares Wirkungsgefüge, das noch dadurch kompliziert wird, dass ein einziger Botenstoff, wie z.b. Dopamin, in verschiedenen Hirnarealen völlig unterschiedliche Effekte erzeugt. So spielt Dopamin eine wichtige Rolle bei der Steuerung von Bewegungsabläufen, weshalb ein Mangel an diesem Botenstoff zur Symptomatik des Parkinson-Syndroms mit Erhöhung der Muskelspannung und Bewegungsverarmung führt – mit einem Blick erkennbar an der Beugestellung von Rumpf und Gliedmaßen sowie dem kleinschrittigen, schlürfenden Gang ohne Mitbewegungen der Arme. Häufig gesellt sich außerdem ein bevorzugt die Hände betreffendes Zittern hinzu, das im Unterschied zum häufigen „Alterszittern" vorwiegend in Ruhe auftritt (Ruhe-Tremor) und bei Ziel-Bewegungen nachlässt. Dopamin ist aber auch für das Gefühlsleben von einer so großen Bedeutung, dass es als „Glückshormon" tituliert wurde, wobei „Glücksbote" sachlich zutreffender wäre, da es sich nicht um ein Hormon handelt. Wegen dieser emotionalen Wirkung des Dopamins findet man bei Parkinson-Patienten vielfach eine depressive Grundstimmung, die bei versehentlicher Überdosierung des bei dieser Krankheit verabreichten L-Dopa in Euphorie umschlägt.

Dennoch ist es falsch oder zumindest einseitig, Dopamin als primäre Ursache von Wohlbefinden anzuführen, und zwar aus dem gleichen Grund, wie es unzulässig ist, Stress als Folge einer Ausschüttung von Stresshormonen zu definieren: Das Primäre ist die Stress-Situation, z.B. eine akute Bedrohung durch einen Geisterfahrer auf der Autobahn, auf die der Organismus mit der sofortigen Freisetzung von Adrenalin und Cortisol reagiert, ihn damit in einen Alarmzustand versetzt und alle verfügbaren Kräfte mobilisiert, um die Gefahr abzuwenden. Ein gleichartiger Zusammenhang besteht zwischen den Gefühlen und Neurotransmittern: Auf die Nachricht vom Tod meiner Mutter reagiere ich mit Trauer, auf die vom erfolgreich bestandenen Examen meines Sohnes mit Freude, was jeweils mit den geschilderten chemischen Abläufen im Gehirn korreliert, deren Freisetzung nicht die Ursache, sondern die Folge der traurigen bzw. freudigen Nachricht ist. In Bezug auf die Dopamin-Ausschüttung ist bemerkenswert, dass diese bereits erfolgt, wenn ein lustvolles Ereignis erwartet wird und damit zu zielgerichteter Aktivität motiviert.

Ein zweites Beispiel für die Vielgestaltigkeit der Wirkungen eines einzelnen Botenstoffs bildet der Neurotransmitter Serotonin, der an insgesamt 14 verschiedenen Rezeptoren (Sensoren) andockt und für derart unterschiedliche Funktionen wie Regulierung von Blutdruck und Körpertemperatur, Schlaf, Schmerzempfindung, Sexualverhalten und Stimmungslage bedeutsam ist. Ein Serotonin-Mangel ist eine der möglichen Ursachen für eine Depression, zu deren Therapie daher häufig Wirkstoffe eingesetzt werden, die dessen Konzentration im Gehirn erhöhen. Eine dieser Substanzen – das Fluoxetin – genießt in den USA geradezu Kultstatus und wird dort – unter dem Handelsnamen Prozak – millionenfach auch von Gesunden eingenommen, um Befinden und Leistungsfähigkeit zu verbessern (Neuroenhancement).

Die bei vielen Menschen bestehende nahezu süchtige Vorliebe für Süßigkeiten hängt damit zusammen, dass die hierdurch hervorgerufene Insulinausschüttung mehr Tryptophan ins Gehirn gelangen lässt, so dass dort aus dieser Vorläufersubstanz vermehrt Serotonin produziert und die Stimmung dadurch angehoben und ängstliche Anspannung gelöst wird.

Wie großartig sich die Effekte eines Botenstoffs ergänzen, wird an dem Transmitter Oxytocin deutlich, der am Ende einer Schwangerschaft die Wehen auslöst, danach die Produktion der Muttermilch in Gang setzt und bei jedem Säugen des Kindes ein Wohlgefühl vermittelt und auf diese Weise die emotionale Mutter-Kind-Beziehung fördert. Derselbe Wohlfühleffekt – durch Ausschüttung von Oxytocin – entsteht beim Gestreicheltwerden, bei der Partnermassage sowie beim Orgasmus, so dass auch die Partnerbeziehung durch diesen Neurotransmitter stabilisiert und die gegenseitige Bindung bestärkt wird („Treuehormon"). Als Nasenspray verabreicht fördert er Wohlbefinden und Vertrauensbildung.

Das menschliche Gehirn ist das größte Wunderwerk, das aus der Evolution des Lebens resultierte. Während der vorgeburtlichen Entwicklung wird seine

Struktur nur in groben Zügen festgelegt, während dessen Differenzierung erst danach, in Abhängigkeit von den individuellen Lebensbedingungen erfolgt. Der Schaltplan des Gehirns ist nämlich ungleich komplexer, als dies durch genetische Prägung konstruierbar wäre. Die genetische Determinierung der Hirnentwicklung umfasst nur die Grobstrukturierung der einzelnen Hirnteile sowie die Ausformung der stammesgeschichtlich ältesten, für das Überleben absolut erforderlichen Areale. Die Feinstrukturierung der übrigen Hirnregionen erfolgt in Abhängigkeit von den inneren und äußeren Daseinsbedingungen, welche das Ablesen des genetischen Kodes modifizieren. Das Gehirn wird daher durch die individuellen Erfahrungen besonders in den ersten Lebensjahren maßgeblich geprägt, d.h., seine Ausformung ist nicht starr festgelegt, sondern durch Umwelteinflüsse veränderbar, ein Phänomen, das als „neuronale Plastizität" bezeichnet wird: Die Genexpression erfolgt nicht nach fixen Mustern, sondern ist erfahrungsabhängig modulierbar, so dass die genetischen Programme lediglich ein „Repertoire von Handlungsoptionen" (Hüther) darstellen, aus dem das jeweils passende ausgewählt und realisiert wird.

Bereits einfachste Bewegungsmuster, wie z.B. das Greifen, und noch ausgeprägter motorische Fertigkeiten wie Krabbeln, Stehen, Gehen oder Sprechen, erfordern zu ihrer Einübung unzählige Wiederholungen, durch die komplexe senso-motorische Verschaltungsmuster in den somatosensiblen und motorischen Hirnzentren fixiert werden. Im Unterschied zur Tierwelt spielen beim Menschen genetisch fixierte und durch Schlüsselreize ausgelöste Handlungen nur eine untergeordnete Rolle, so dass jedes menschliche Neugeborene die gesamte Palette motorischer Fähigkeiten erst erlernen und jeden Bewegungsablauf durch langwieriges Üben einprogrammieren muss, bevor er quasi automatisch abläuft. Jeder einzelne Bewegungsversuch hinterlässt nämlich eine Spur, ein Engramm, in den betroffenen Neuronen-Netzen (etwas grobschlächtig auch als Trampelpfad tituliert), die nach jeder Wiederholung leichter begehbar werden und schließlich zur Automatisierung der Bewegung führen. Dasselbe gilt für die Repräsentanzen der diversen Sinnesmeldungen, so dass z.B. wiederholte Seheindrücke Bilder im visuellen Cortex (Sehrinde) abbilden, die nach gewisser Zeit ein Wiedererkennen, z.B. des Gesichts der Mutter, ermöglichen.

Bei Kindern ohne Förderung, wie dies in schlechten Kinderheimen die Regel ist, indem beispielsweise die Bewegungsmöglichkeiten eingeschränkt, die Sinnesreize mangelhaft und die emotionale Zuwendung dürftig bleiben, unterbleibt ein kleinerer oder größerer Teil der Entwicklungsschritte, so dass die Kinder motorisch, intellektuell und emotional verkümmern. Derartige Entwicklungsrückstände lassen sich im späteren Leben nur begrenzt nachholen, da es für jeden Entwicklungsschritt eine dafür prädestinierte „sensible Phase" gibt. Diese in der Kinderpsychologie seit langem bekannte Tatsache beruht u.a. darauf, dass besonders das Großhirn nach der Geburt einen Überschuss an Zellfortsätzen ausbildet, die bei entsprechendem Gebrauch in funktionierende Netzwerke einbezogen, bei fehlender Nutzung aber wieder ausgedünnt werden. So besitzt ein 2-jähriges Kind etwa die eineinhalbfache Menge an Synapsen (Kontaktstellen) wie ein Erwachsener, mit entsprechend hoher Lernkapazität. Je weniger diese ausgeschöpft wird, umso rascher erfolgt deren Abbau, während jeder erfolgreiche Lernprozess die Ausbildung und Effektivität neuronaler Netzwerke fördert. Die „nutzungsabhängige Stabilisierung synaptischer Netzwerke" (Hüther) ist allerdings nicht nur in der Kindheit, sondern im gesamten weiteren Leben bedeutsam, so dass jede erlernte Fähigkeit bei fehlendem Gebrauch Einbußen erleidet. So äußerte der Geiger Yehudi Menuhin, dass er bereits nach einer eintägigen Übungspause eine Verschlechterung seines Spiels beobachte, und nach einer einwöchigen Unterbrechung „merken es auch die Zuhörer".

Die erfahrungsabhängige Formung des Gehirns zeigt eine besonders starke Ausprägung in den stammesgeschichtlich jungen Regionen („Neocortex") und ganz besonders in dem beim Menschen hochentwickelten Stirnlappen („frontaler Cortex"), der am spätesten ausreift. Dieser enthält Areale für die Willkürmotorik sowie das für die Sprachproduktion wichtige motorische Sprachzentrum (Broca). Sein vorderer Anteil („präfrontaler Cortex") gilt als Exekutivzentrale, ist also von Bedeutung bei Zielsetzungen, Planungen und Aufmerksamkeitslenkung. Der auf der Schädelbasis aufliegende „orbitofrontale Cortex" ist bedeutsam für elementare moralische Bewertungen in Form von Scham- und Taktgefühlen, die zur Hemmung scham- bzw. taktloser Triebimpulse führen, wobei Affekt- und Impulskontrollen generell zu seinen Aufgaben zählen. Weiterhin sind Empathie-Empfindungen, Selbstreflexion und Selbstkritik an die Integrität frontaler Stirnhirnanteile gebunden.

Die neuronale Plastizität des Gehirns spielt nicht nur in der regulären Hirnentwicklung, sondern auch bei Erkrankungen und Verletzungen des Gehirns eine

Rolle, so dass beispielsweise eine Verletzung des – beim Rechtshänder – in der linken Großhirnhälfte lokalisierten Sprachzentrums innerhalb der ersten zehn Lebensjahre durch dessen Neubildung auf der Gegenseite vollständig kompensiert werden kann. Das Gehirn wird somit nicht nur durch die Gene, sondern in beträchtlicher Abhängigkeit von den Umweltbedingungen geprägt, weshalb sich selbst die Gehirne eineiiger Zwillinge voneinander unterscheiden.

Die nachgeburtliche Größenzunahme des Gehirns beruht nicht auf einer Vermehrung von Nervenzellen, sondern auf einer Zunahme von Stützzellen (Glia), Blutgefäßen sowie einer Verdickung von Nervenfasern durch Ummantelung mit einer Markscheide, die eine sprunghafte Beschleunigung der Impulsweiterleitung gewährleistet, so dass Aktionspotentiale in markhaltigen Nervenfasern mit einer Geschwindigkeit von bis zu 80 m/s fortgeleitet werden.

Die Ausreifung des Gehirns vollzieht sich stufenweise, wobei als erstes die lebensnotwendigen Steuerungszentren funktionsfähig werden, gefolgt von den für elementare Verhaltensweisen erforderlichen motorischen, sensorischen und affektiven Funktionen, während die Perfektionierung der höheren, spezifisch menschlichen Fähigkeiten als lebenslang fortschreitender Prozess zu verstehen ist. Die stammesgeschichtlich ältesten Hirnteile formen sich somit zuerst, die für den Menschen charakteristischen Bereiche des Großhirns zuletzt, was in ganz besonderer Weise für das Stirnhirn (frontaler Cortex) zutrifft.

Die in der zeitgenössischen Hirnforschung übliche Interpretation des Gehirns als rein stoffliches Gebilde, das ausschließlich physikalischen und chemischen Gesetzen gehorcht, ist verständlich, da die den Hirnforschern verfügbaren Methoden nur eine Untersuchung dieses Bereichs erlauben. Dies berechtigt sie allerdings nicht dazu, seelische Einflüsse zu leugnen, denn: „Nicht alles, was sich zählen lässt, zählt, und nicht alles, was zählt, lässt sich zählen" (Einstein). Menschen sind keine entpersonalisierten, naturgesetzlich determinierten Wesen, deren Denken, Fühlen und Handeln ausschließlich durch physikalische und chemische Abläufe im Gehirn bestimmt werden.

Ein unvoreingenommener Blick auf den Menschen zeigt diesen als Seele-Körper-Einheit (s. Kapitel II), und diese betrifft in ganz besonderer Weise das Gehirn, so dass man dieses in seiner Struktur und Funktion als seelisch geprägt ansehen muss, wofür die bereits erwähnten erfahrungsabhängigen Modifikationen der Hirnentwicklung sprechen, die beispielsweise bei mangelnder mütterlicher Fürsorge leiden. Das Vorhandensein oder der Mangel an Liebe – als einem seelischen Phänomen – beeinflusst somit die Gestaltung und Funktionsweise des sich entwickelnden kindlichen Gehirns – ein klassisches Beispiel für psycho-physische Zusammenhänge.

Die Gliederung des Gehirns in uralte, alte, neuere und neueste Anteile ist nichts anderes als das stoffliche Korrelat der seelischen Entwicklung der menschlichen Spezies, die in jedem Neugeborenen aufs Neue nachvollzogen wird. Demgemäß ist es keineswegs verwunderlich, sondern absolut nachvollziehbar, dass primitivere menschliche Seins- und Verhaltensweisen in stammesgeschichtlich älteren Hirnarealen verkörpert sind, während für spezifisch humane Eigenschaften wie Selbstbewusstsein, Reflexionsvermögen, Offenheit für die Gesamtwirklichkeit, Ethik und Kreativität eine Korrelation zu jüngeren Anteilen des Großhirns (Neo- oder Isocortex) besteht. Aufgrund dieser „psycho-zerebralen-Einheit" ist es ebenso selbstverständlich, dass sich seelische Fehlentwicklungen in der Feinstruktur und Funktion des Gehirns manifestieren, wie sich umgekehrt stoffliche Veränderungen, wie z.B. umschriebene Verletzungen, in psychischen Veränderungen (z.B. Charakter- oder Verhaltensauffälligkeiten) äußern können. Deshalb führt eine lieblose frühe Kindheit mit fehlender emotionaler Bindung an eine Bezugsperson ebenso zu einem Mangel an Mitgefühl und Empathie („Soziopathie") wie eine Schädigung der Stirnhirnbasis und des Mandelkerns (Amygdala); d.h., Mängel im seelischen Bereich können gleichartige Auswirkungen haben wie solche in den damit korrelierten stofflichen Anteilen, ein weiteres Indiz für die Seinseinheit aus Körper (einschließlich Gehirn) und Seele, die nur einer komplementären Denkweise zugänglich ist: Ein primär emotionales Trauma hat Rückwirkungen auf das zugeordnete Hirnareal, und dessen primäre Schädigung behindert das Erleben von Gefühlen (wobei derartige dualistische Formulierungen nur ein Notbehelf sind, der unserer Unfähigkeit geschuldet ist, Seelisches und Stoffliches ganzheitlich zu erfassen, so dass wir es in die Form von Wechselwirkungen kleiden müssen).

Für die unterschiedlichen menschlichen Fähigkeiten sind jeweils spezielle Hirnareale von besonderer Bedeutung. So existieren beispielsweise zwei Sprachzentren – ein motorisches für sprachliche Äußerungen und ein sensorisches für das Sprachverständnis – die beim Rechtshänder im linken Stirn- bzw. Schläfenlappen lokalisiert sind. Gleichfalls in der linken Großhirnhälfte ist das Rechenzentrum lokalisiert, während die Fähigkeit der räumlichen Orientierung, aber auch das intuitiv-ganzheitliche Erkennen, an eine intakte rechte Großhirnhemisphäre gebunden sind. Für unser Gefühlsleben ist das vom Mittel- und Zwischenhirn bis zur Stirnhirnbasis ausgedehnte limbische System von großer Wichtigkeit. Deshalb führen beispielsweise Schädigungen im Mandelkern und einem Teil des Stirnhirns zu einer „Affektblindheit", d.h. einer Unfähigkeit, die emotionale Bedeutung von Ereignissen, wie z.B. einem drohenden Gesichtsausdruck, zu deuten, so dass die davon Betroffenen durchs Leben gehen, ohne auf die Gefühlsäußerungen ihrer Mitmenschen adäquat zu reagieren. Im Normalfall ist die Amygdala (Mandelkern) bedeutsam für die emotionale Einfärbung von Wahrnehmungen und Vorstellungen, so dass diese Aufmerksamkeit erregen und je nach Tönung Zuwendung oder Abwendung intendieren, wobei die Kontrolle derartiger affektgesteuerter Reaktionen dem orbito-frontalen Cortex (Stirnhirnbasis) unterliegt.

Von erheblicher Bedeutung für tierisches, aber auch für menschliches Verhalten ist das in mehreren Arealen des limbischen Systems (z.B. im Nucleus accumbens) lokalisierte Belohnungssystem. Dieses reagiert auf stammesgeschichtlich erwünschtes Verhalten, z.B. Arterhaltung durch sexuelle Kontakte, mit einer Ausschüttung von Belohnungsstoffen wie Serotonin, Dopamin oder den besonders euphorisierenden Opioiden (Peptide mit opiumartiger Wirkung). Das daraus resultierende Lustgefühl stellt nicht nur die Belohnung für derartige Verhaltensweisen dar, sondern motiviert zugleich zu deren Wiederholung.

Aus dem bisher Gesagten geht hervor, dass das Gehirn und dessen Funktionen modular strukturiert sind, d.h., es gibt Areale und Kerngebiete mit klar umgrenzten Aufgaben. Die Existenz von Zentren für bestimmte menschliche Eigenschaften und Fähigkeiten wird allerdings dadurch relativiert, dass vielfach ein Verbund mehrerer Areale für das Vollbringen einer Aufgabe zuständig ist, weshalb beispielsweise Bewusstseinshelligkeit und Konzentration das gemeinsame Funktionieren von Hirnstamm und Großhirn zur Voraussetzung haben.

Da der Mensch in seinem Verhalten nicht so stark instinktmäßig festgelegt ist, wie dies für Tiere zutrifft, muss er das für seine Lebensführung nötige Wissen und Können erst erwerben. Der Mensch ist ein Lernender und Werdender und dies lebenslang, was zwar den Nachteil des mühsamen Erwerbs mit sich bringt, aber auch die Chance, sein Leben nicht in festgelegten Bahnen vollziehen zu müssen, sondern in persönlicher Freiheit neue Wege beschreiten zu können. Wir können nicht von Geburt an laufen, schwimmen, singen, uns orientieren, ein „Nest" bauen und mit Artgenossen kommunizieren, sondern müssen dies alles erlernen, und zwar nicht aus eigener Kraft, sondern durch Vermittlung der Eltern, Geschwister und Erzieher. In völliger Abgeschlossenheit aufwachsende Kinder entwickeln keine Ursprache – wie Friedrich II. erwartete – , sondern bleiben stumm. Erst durch unzählige Wiederholungen, die jeweils Spuren oder besser Bahnungen im Gehirn hinterlassen, werden derartige Fertigkeiten nach und nach beherrscht und bei genügender Ausdauer perfektioniert, so dass sie nunmehr mühelos und wie von selbst ablaufen. Die spielerische Leichtigkeit ist das Ergebnis eines langjährigen konsequenten Lernprozesses als Voraussetzung für die vollendete Meisterschaft eines jeden menschlichen Tuns.

All unser Wissen und Können ist im Gedächtnis abgespeichert, und wenn dies – wie bei einer fortgeschrittenen Alzheimer-Demenz – seinen Dienst versagt, gehen nicht nur die erworbenen Kenntnisse verloren, sondern auch die Fähigkeiten, Mitmenschen wiederzuerkennen, sich in der eigenen Wohnung zu orientieren, ein Hemd anzuziehen sowie das Essbesteck oder die Zahnbürste zweckmäßig zu gebrauchen. Selbst derartige einfachste Fertigkeiten mussten erlernt und können im Krankheitsfall auch wieder verlernt werden.

Eine Besonderheit des Gedächtnisses besteht darin, dass jede Information und jede Fertigkeit nicht in einem riesigen Gedächtnisspeicher zusammengewürfelt, sondern im jeweils passenden „Schubfach" abgelegt wird. So werden beispielsweise alle Erfahrungen unseres unmittelbaren Lebensumfeldes – Verwandte, Freunde, Lehrer, Kollegen, die wechselnden schulischen und beruflichen Stationen, Urlaubsorte, Schicksalsschläge usw. – in einem „autobiografischen Gedächtnis" aufbewahrt. Daher kann ein einziger Sinneseindruck, wie der Geruch eines Teiches, eine ganze Szenerie kindlicher Badefreuden in Erinnerung rufen und ein Spaziergang durch unseren Geburtsort viele längst vergessen geglaubte Vorstellungen von Personen, freud- und leidvollen Geschehnissen lebendig werden lassen. Obwohl Visuelles, Sprachliches, Emotionales modalitätsspezifisch abgespeichert wird, kann eine einzige Wahrnehmung oder Vorstellung das gesamte Ensemble eines früheren Geschehens zu Bewusstsein bringen.

Die wichtigste Unterteilung der Gedächtnisfunktionen ist die in ein explizites (deklaratives) und ein implizites (prozedurales) Gedächtnis. Unter ersterem wird die Speicherung allen Faktenwissens sowie der Lebenserfahrungen verstanden, also alles dessen, was uns bewusst und was sprachlich mitteilbar ist. Das implizite Gedächtnis umfasst demgegenüber die Gesamtheit erlernter Fertigkeiten, wie Anziehen, Schuhe binden, Sprechen, Singen, Radfahren, Schwimmen, Handwerken, Musizieren usw. Alle derartigen Fertigkeiten müssen eingeübt werden, aber nach ihrer Erlernung werden sie meist automatisch vollzogen, ohne dass wir darüber nachdenken müssen.

Manche Menschen haben ein exquisites Zahlen- oder Namens-Gedächtnis, andere erkennen jede Person, die ihnen einmal begegnete, wieder und andere jeden Ort, den sie auch nur einmal besucht haben. Wieder andere sind ein wandelndes Lexikon und glänzen bei Quizsendungen. Vermutlich spielt hierbei die individuelle Bedeutung des jeweiligen Bereichs eine entscheidende Rolle, so dass ein Fußball-Fan dutzende Spieler, ein Ornithologe zahlreiche Vögel und ein Musikfreund viele Kompositionen beim Namen nennen kann.

Nicht alles, was im Gedächtnis abgespeichert wird, ist uns bewusst. Dies gilt für die Erfahrungen in den ersten drei Lebensjahren („infantile Amnesie"), die einen nicht zu unterschätzenden Einfluss auf das spätere Verhalten ausüben, ohne dass wir diesen bemerken. Dasselbe gilt für eine Vielzahl späterer, unbeachtet gebliebener oder verdrängter Erlebnisse. Hieraus erklären sich so manche Vorlieben und besonders Abneigungen, für die wir keine rationale Erklärung abgeben können, obwohl sie unser Tun und Lassen in unterschiedlichem Ausmaß mitbestimmen.

Das Gedächtnis, das Augustinus etwas herablassend als „Magen der Seele" bezeichnete, ist nichts spezifisch Menschliches. Jede Festplatte kann unzählige Fakten, jede Speicherkarte hunderte farbige Bilder und jede DVD Musik und Filme speichern und wiedergeben. Im menschlichen Bewusstsein können jedoch Gedächtnisinhalte, wie Texte, Bilder oder Lieder, Gefühle wecken, Sehnsüchte oder Wehmut auslösen und zu Unternehmungen motivieren, sind also nichts Isoliertes, sondern in die Gesamtheit des individuellen Lebens eingebunden. Außerdem liefern sie das Material für jede Form von kreativer Gestaltung.

Auf welche Weise das Gehirn in der Lage ist, Begriffe und Zahlen, Bilder und Töne, Formen und Farben, Erfahrungen und Fertigkeiten aufzubewahren, ist unklar. Das hilflose Gestammel von „Trampelpfaden" im Gehirn, die nach jeder Wiederholung eines Lernvorgangs leichter begehbar würden, erklärt in keiner Weise, was sich dabei im Gehirn abspielt; außerdem erscheint ein derartiger Pfadfinderjargon im Hinblick auf die Differenziertheit des Geschehens reichlich unangemessen. Die Neuronennetze des Gehirns arbeiten mittels Aktionsströmen, Membranpotentialen und Neurotransmitter-Freisetzungen, aktivieren oder hemmen dadurch synergistische bzw. antagonistische Neuronen, aber wie durch elektrische Ströme und chemische Prozesse Begriffe, Bilder, Melodien, mathematische oder philosophische Lehrsätze ins Gehirn gelangen und dort gespeichert werden, ist rätselhaft. Auch wenn bekannt ist, dass bestimmte Neurone für die Speicherung von Formen, Farben, Gerüchen, Tönen usw. zuständig sind, bleibt unklar, auf welche Weise z.B. Gestalt, Farbe und Gesang einer Amsel repräsentiert wird, zumal Gehirnproteine lediglich eine mittlere Halbwertszeit von zwei Wochen besitzen und 98 % aller Atome – also fast der gesamte Materiebestand des Organismus – innerhalb eines Jahres ausgetauscht werden. Wie können bei einem derart raschen Stoffumsatz bestimmte Gedächtnisinhalte ein Leben lang bewahrt bleiben? Aussagen, „dass alle Phänomene… auf materiellen Prozessen beruhen, die letztlich auf physikalische Gesetze reduziert werden können… ", (Wilson), oder dass „unsere Identität… aus einem Schauer zellulärer Elektrizität" erwächst (Lehrer), sind nichts weiter als hohle Phrasen, basierend auf winzigen Wissens-Inseln in einem Meer des Nichtwissens.

Die wohl wichtigste Funktion des Gedächtnisses ist die Aufbewahrung der persönlichen Biografie: „Sum qui memini" – Ich bin, woran ich mich zu erinnern vermag (Augustinus). Die Summe der Lebenserfahrungen ist dort eingeschrieben und im Alter bleiben die Erinnerungen als Schatz eines langen Lebens und als Garant der persönlichen Identität. Ebenso, wie ein Volk seine Geschichte im kollektiven Gedächtnis bewahrt und daraus seine positive, negative oder ambivalente nationale Identität gewinnt, vollzieht sich dieser Vorgang auch in jedem individuellen Dasein, wobei in beiden Fällen Beschönigungen oder gar Verdrängungen unliebsamer Ereignisse vorkommen. Im Falle einer Demenz ist der Gedächtnisraum entleert mit der tragischen Konsequenz des Verlustes der eigenen Biografie und der persönlichen Identität. Vielleicht sind viele Demente deshalb von einer solchen Unruhe und Umtriebigkeit erfüllt, weil sie draußen suchen, was ihnen im Inneren fehlt. Im Normalfall bleiben einem allerdings zumindest die wichtigsten Ereignisse des eigenen Lebenslaufs präsent und gerade die in jüngeren Jahren gesammelten Erfahrungen treten oft besonders lebhaft in Erinnerung, was Montaigne zu einer bissigen Bemerkung über ältere Menschen animierte: „Vor allem die Greise sind gefährlich, denn die Erinnerung an die verflossenen Dinge ist ihnen geblieben, verloren aber ging ihnen die Erinnerung, wie oft sie diese schon erzählten."

Manche Schwarzmaler erschrecken unbedarfte Zeitgenossen mit der Mitteilung, dass sie tagtäglich ab dem 20.-30. Lebensjahr 100 000 Gehirnzellen einbüßen würden, was sich im Lauf eines achtzigjährigen Lebens zu der stattlichen Zahl von ca. 2 Milliarden addiert. Im Hinblick auf die Ausstattung des menschlichen Gehirns mit 100 Milliarden Zellen sind dies allerdings nur 2 % des Gesamtbestandes, womit man als älterer Mensch gut leben kann, zumal keine strikte Korrelation zwischen der Intelligenz und der Anzahl von Nervenzellen feststellbar ist.

Abschließend ist festzuhalten, dass es im zentralen Nervensystem eine Fülle von kausal determinierten Prozessen gibt, die sich mittels physikalischer und chemischer Analysen untersuchen lassen. So hat z.B. ein Nervenimpuls eine physikalisch erklärbare Wirkung im jeweiligen Erfolgsorgan. Aber: Derartige kausale Abläufe sind eingebunden in ein übergeordnetes Ganzes, wie die bedarfsgerechte Steuerung der Atmung, die Regulationen hormoneller Regelkreise oder den Ablauf des Schlaf-Wach-Rhythmus, und letztlich in den Daseinsvollzug des Menschen von seiner Entstehung, über Wachstum und Fortpflanzung bis zum Tod. Der Verwirklichung dieses übergeordneten Ziels dienen sämtliche Prozesse im Organismus, einschließlich der physikalisch-chemisch determinierten Abläufe, was sich allerdings nur einem teleologischen Denken offenbart, das sich auch größeren Zusammenhängen sowie Fragen nach dem Woher und Wohin öffnet.

Untersuchungsmethoden der Hirnforschung

Um die Experimente der Hirnforscher und die Interpretation deren Ergebnisse nachvollziehen zu können, benötigt man ein Grundverständnis der angewandten Methoden, deren Aussagekraft, aber auch deren Einschränkungen und Fehlermöglichkeiten.

Lange bevor neurophysiologische und bildgebende Verfahren für die Untersuchung des Gehirns zur Verfügung standen, wurde versucht, Beziehungen herzustellen zwischen bestimmten Leistungen (z.B. Sprache, Orientierung, Gedächtnis usw.) oder Persönlichkeitsmerkmalen und damit korrespondierenden Hirnarealen. Ihren Höhepunkt erreichten derartige Zuordnungen während der beiden Weltkriege, da die vielen umschriebenen Hirnverletzungen durch Kopfschüsse ein reiches Anschauungsgut boten. Als Resultat derartiger Untersuchungen entstanden „Hirnkarten" mit noch heute gültiger kartografischer Gliederung der gesamten Großhirnrinde in einzelne Areale (Brodmann). Hierbei zeigte sich, dass viele Leistungen – wie z.B. Konzentration und Gedächtnis – auf ein Zusammenspiel ausgedehnter neuronaler Netzwerke angewiesen sind, dass aber dabei einzelnen Arealen eine besonders große Bedeutung zukommen kann. So ist beispielsweise die Sprachproduktion bei umschriebenen Schädigungen im linken unteren Stirnlappen gestört (Broca-Aphasie), das Sprachverständnis dagegen bei Läsionen im linken oberen Schläfenlappen (Wernicke-Aphasie), die räumliche Orientierung bei Ausfall des rechten hinteren Scheitel- und Hinterhauptlappens, die Wahrnehmung und Identifizierung von Gesichtern bei Veränderungen in derselben Region, aber etwas tiefer gelegen (mit der Folge einer Gesichts-Agnosie, also einer Unfähigkeit – trotz normaler Sehkraft – bekannte Gesichter wiederzuerkennen). Weniger eindeutig ist die lokalisatorische Zuordnung von Intelligenz und Persönlichkeit, da diese an die Integrität ausgedehnterer Hirnbereiche geknüpft sind. Allerdings spielt das Stirnhirn – besonders dessen Basis – eine besondere Rolle für bestimmte Charaktermerkmale, so dass Schädigungen in diesem Bereich eine ausgeprägte „organische Wesensänderung" bewirken können, die sich beispielsweise in Form einer gestörten Trieb- und Affektkontrolle, Antriebsverlust, Reizbarkeit und Interesselosigkeit bemerkbar machen kann.

Während sich die oben beschriebenen Zuordnungen auf eine Korrelation zwischen Symptomen und örtlichen Hirnschäden beziehen, verwendeten andere Hirnforscher eine gegensätzliche Methodik, indem sie nämlich im Zusammenhang mit Hirnoperationen elektrische Reizungen an definierten Hirnarealen vornahmen. Anlässlich vorangegangener Tierversuche war nämlich gezeigt worden, dass Stimulationen in dem für Triebe und Affekte wichtigen Hypothalamus (Teil des Zwischenhirns) in der Lage waren, elementare Verhaltensweisen wie Fressen, aggressive oder sexuelle Reaktionen auszulösen und sogar – durch wiederholte Eigenstimulation des „Belohnungszentrums" im mesolimbischen System – ein Suchtverhalten zu imitieren. Hirnstimulationen beim Menschen ergaben, dass hiermit nicht nur Bewegungen und Sinnesempfindungen, sondern auch Vorstellungen und Gefühle produzierbar sind und deren lokalisatorische Zuordnung ermöglichen.

Als erste neurophysiologische Untersuchungsmethode ist die Ableitung der Hirnströme (Elektroenzephalografie = EEG) zu nennen, der eine große klinische Bedeutung besonders in der Epileptologie und Schlafforschung zukommt. Für die moderne Hirnforschung bedeutsamer sind die „Ereignis-korrelierten Potentiale", bei denen es sich um die Ableitung von Hirnströmen im zeitlichen Zusammenhang mit Reizen bzw Aktionen handelt (Gerloff). Durch die Versuche von Libet hat das Bereitschaftspotential, das einer Willkürbewegung vorausgeht, besondere Aufmerksamkeit erregt. Das Bereitschaftspotential im engeren Sinn ist eine über der Zentralregion des Gehirns ableitbare negative Potentialänderung, die etwa 1,5 s vor einer Fingerbewegung beginnt, der eine Sekunde später ein NS- (negative slope) und schließlich ein MP- (motor potential) Potential folgt. Das durch synchrone Erregung zahlreicher Neurone in der Zentralregion der Großhirnrinde bewirkte Bereitschaftspotential signalisiert Handlungsbereitschaft, aber noch nicht den definitiven Entschluss, die Handlung auszuführen, d.h., diese kann quasi in letzter Sekunde noch gestoppt werden. Die Bedeutung derartiger Messungen im Hinblick auf die Willensfreiheit wird in Kapitel III/3. erörtert werden.

Ein weiteres in der Hirnforschung gebräuchliches Verfahren ist die Positronen-Emissions-Tomographie (PET), bei der ein Positronen aussendendes Isotop von Sauerstoff oder Fluor (^{15}O oder ^{18}F) in die Blutbahn eingespritzt wird, und zwar in Verbindung mit einer für den Hirnstoffwechsel bedeutsamen Substanz, wie z.B. Glukose (Traubenzucker), die sich an Orten gesteigerter Hirnaktivität anreichert. Die beim Zerfall des Isotops frei werdenden Positronen vereinen sich mit Elektronen, was zu einer Gamma-Strahlung führt, die durch spezielle Detektoren gemessen werden kann, so dass Orte erhöhter Stoffwechselaktivität darstellbar werden. Die daraus resultierenden drei-dimensionalen Bilder besitzen eine räumliche Auflösung von 5 – 10 mm, und die Zeit zur Erstellung eines Bildes beträgt 45 – 90 s. Der größte Vorteil dieser Methode besteht in der Möglichkeit einer quantitativen Messung der Stoffwechselaktivität in den durch die jeweiligen Versuchsanordnungen aktivierten Hirnarealen.

Für die moderne Hirnforschung am wichtigsten ist die Magnetresonanztomographie (MRT), die auf folgenden Gegebenheiten basiert: Die Atome unterschiedlicher Elemente besitzen unterschiedliche magnetische Resonanzfrequenzen, so dass je nach Einstellung des Magnetfeldes Wasserstoff, Kohlenstoff, Sauerstoff, Natrium usw. „aufleuchten". Bei einer Einstellung von 42,577 Megahertz werden die Schwingungen der Wasserstoff-Atome und damit die Wasserverteilung im Gewebe messbar, dessen Strukturen dadurch gut zur Darstellung gelangen. Für Schnittbilder des Gehirns kommen dafür bis zu 12 Tesla starke Magnetfelder zur Anwendung. Um Orte erhöhter Stoffwechselaktivität innerhalb des Gehirns zu lokalisieren, bedient man sich der unterschiedlichen magnetischen Eigenschaften von sauerstoffreichem und sauerstoffarmem Blut. Eine Messung der Schwingungen von Sauerstoff-Atomen im Magnetfeld erlaubt daher eine Differenzierung von Hirnarealen mit unterschiedlich starker Durchblutung durch Sichtbarmachung von Unterschieden in der Sauerstoffsättigung des roten Blutfarbstoffs, ein Phänomen, das als BOLD- (blood oxygenation level dependent -) Effekt bezeichnet wird. Aus der messbaren erhöhten Konzentration an sauerstoffreichem Hämoglobin (roter Blutfarbstoff) wird auf eine örtliche Durchblutungssteigerung geschlossen, aus dieser auf eine erhöhte Stoffwechseltätigkeit und aus dieser schließlich auf eine lokale neuronale Aktivitätszunahme, wobei diese Rückschlüsse vermutlich meistens zutreffend, aber nicht völlig fehlerfrei sind, da z.B. eine Aktivitätssteigerung von Neuronenverbänden durch vermehrten Sauerstoffverbrauch auch zu einem anfänglichen Absinken der Sauerstoffkonzentration führen dürfte und im Zusammenhang mit umschriebenen Durchblutungsstörungen eine sogenannte Luxusdurchblutung auftreten kann, die nicht durch eine Erhöhung der Stoffwechselaktivität ausgelöst wird. Bei hirngesunden jüngeren Probanden dürfte dieses Phänomen allerdings keine Rolle spielen; es zeigt jedoch, dass Stoffwechselaktivität, Ausmaß der örtlichen Durchblutung und Sauerstoffgehalt des Hämoglobins nicht immer miteinander korreliert sind. Die Darstellung aktiver Hirnareale als „Momentaufnahmen des Geistes" zu titulieren (Damasio) ist allerdings nicht nur reichlich hochtrabend, sondern auch inkorrekt: Die Abbildung einer lokalen Aktivierung bedeutet lediglich die Sichtbarmachung einer Steigerung des Zellstoffwechsels der mit Denkprozessen, Emotionen oder Vorstellungen korreliert sein kann, ohne damit identisch zu sein.

Bei der Durchführung von Experimenten mit der funktionellen Magnetresonanz-Tomographie (f-MRT) wird zunächst ein zeitaufwändigeres, aber räumlich hochauflösendes Schnittbild zwecks detailgetreuer Darstellung der Hirnstrukturen angefertigt. Danach folgen schnelle Schnittbilder (zeitliche Auflösung ca. 1 s, räumliche Auflösung ca. 1mm) jeweils vor und nach der Darbietung von Reizen bzw. der Lösung gestellter Aufgaben. Nach Abschluss des Experiments werden die Daten aus der Versuchs- und der Ruhephase miteinander verglichen und der berechnete Unterschied farblich hervorgehoben. Diese Sichtbarmachung der Messdaten wird durch die Bildbearbeitung des Untersuchers mitbestimmt, die ihrerseits durch dessen Modell- (und damit Wunsch-) Vorstellungen beeinflusst werden kann. Unbedarfte Betrachter von f-MRT-Bildern vergessen oft, dass es sich hierbei nicht um reale Hirnbilder, sondern um Visualisierungen statistischer Unterschiede, also um rechnerische Konstrukte handelt, wobei deren Beeinflussung durch die Interpretation des jeweiligen Untersuchers meist ebenso verschwiegen wird wie mögliche Probleme bei der Datenanalyse. Da das Gehirn pausenlos tätig ist, muss die örtliche Überschreitung der Ruheaktivität durch Schwellenwerte festgelegt werden, was durchaus problematisch sein kann. Werden diese nämlich zu niedrig angesetzt, „kann man einem toten Lachs beim Rechnen zuschauen" (C. Bennett). Die Interpretation experimenteller MRT-Befunde sollte daher möglichst vorurteilsfrei und selbstkritisch erfolgen, um nicht auf falsche Fährten gelockt zu werden. Auf alle Fälle müssen zufällige, versuchsabhängige Schwankungen durch Wiederholungen der Versuche – möglichst durch andere Untersucher – ausgeschlossen werden, bevor die Ergebnisse derartiger Experimente akzeptabel sind.

PET und f-MRT-Untersuchungen erlauben die Sichtbarmachung von örtlichen – oder auch an mehreren Orten auftretenden – Aktivitätssteigerungen im Zusammenhang mit einem Experiment. Was diese umschriebenen Aktivierungen in unterschiedlichen Hirnarealen zu bedeuten haben, lässt sich aus den gewonnenen Bildern nicht ablesen, sondern ist eine Sache der Interpretation. Diese ist abhängig von Mitteilungen der Versuchspersonen, weshalb diese über ihre Erfahrungen während des Versuchsablaufs zu befragen sind, also ob beispielsweise Angst-, Ekel- oder Lustempfindungen auftraten. Diese auf Selbstbeobachtung (Introspektion) beruhenden Auskünfte sind subjektiv gefärbt, stellen somit eine psychologische und keine naturwissenschaftliche Weise des Erkenntnisgewinns dar, woraus sich neue Unsicherheiten ergeben. So könnte eine lokale Aktivierung bei Darbietung erschreckender Bilder einerseits mit Angstgefühlen korrelieren, andererseits aber auch mit einem Verdrängungsprozess – also Angstabwehr – in Verbindung stehen. Schließlich ist bei allen Versuchen zu bedenken, dass Menschen in der Realität anders reagieren könnten als in der experimentellen Situation, in der die existenzielle Bedeutung fehlt, so dass größte Zurückhaltung bei der Deutung derartiger Untersuchungsergebnisse nötig erscheint.

Kritik des mechanistischen Menschenbildes in der Hirnforschung

*Nicht alles, was sich zählen lässt, zählt,
und nicht alles, was zählt, lässt sich zählen.*

E<small>INSTEIN</small>

Mit der Überschrift zu diesem Kapitel soll nicht behauptet werden, dass sämtliche Hirnforscher Anhänger eines mechanistischen Menschenbildes sind, sondern nur, dass dieses bei weitem überwiegt, zudem besonders lautstark in die Öffentlichkeit dringt und daher die öffentliche Meinung prägt.

Die Kernaussage der weltweit agierenden Gruppe von Hirnforschern mit mechanistischem Menschenbild lautet: Das Gehirn ist ein rein stoffliches Gebilde, das ausschließlich physikalischen und chemischen Gesetzen gehorcht. Alles Seelische ist nur ein Epiphänomen, eine Begleiterscheinung der Materie und besitzt keine eigenständige Realität. Nur wenige Hirnforscher, wie Libet und Eccles, unterstellen einen eigenständigen Geist, der auf den Körper wirkt, und Letzterer postuliert hierfür sogar „einen göttlichen Ursprung."Auch Damasio betont: „Wir dürfen die Korrelate nicht mit dem Geist verwechseln."

In einem zwischen selbstkritischer Bescheidenheit und hybrider Selbstüberschätzung hin und her wechselnden Manifest führender Hirnforscher (Elger et al 2004) heißt es: „Nach welchen Regeln das Gehirn arbeitet …, all dies verstehen wir nach wie vor nicht einmal in Ansätzen. Mehr noch: Es ist überhaupt nicht klar, wie man dies mit den heutigen Mitteln erforschen könnte." Umso mehr wundert man sich über die spätere Aussage: „Auch wenn wir die genauen Details noch nicht kennen, können wir davon ausgehen, dass all diese Prozesse (gemeint sind Phänomene wie Empfindungen, Imagination, Empathie, Entscheidungen und Planungen) grundsätzlich durch physikochemische Vorgänge beschreibbar sind." Die Ausführungen gipfeln in der Prophezeiung, dass sich künftig „unser Gehirn ernsthaft anschickt, sich selbst zu erkennen."

Tatsächlich existieren eine ganze Reihe von Argumenten, welche die materialistische Ansicht unterstützen: So lassen sich beispielsweise durch elektrische Reizung einzelner Hirnareale nicht nur Bewegungen oder Sinnesempfindungen auslösen, sondern auch Gefühle oder Vorstellungen, d.h., diese können durch einen physikalischen Mechanismus erzeugt werden. Allgemein bekannt ist außerdem die Abhängigkeit unseres Befindens von chemischen Stoffen, wie Drogen und Psychopharmaka. Sind also Gefühle wirklich nur ein Produkt unseres Gehirns und beruhen ausschließlich auf materiellen Prozessen? Zumindest muss man konstatieren, dass physiko-chemischen Faktoren eine erhebliche Bedeutung für das Seelenleben zukommt. Aber nicht nur von außen zugeführte Stoffe beeinflussen unser Seelenleben, sondern auch die im Gehirn als Signalübermittler wirksamen chemischen Botenstoffe, die ganz ähnliche Effekte erzielen können – die bereits erwähnten Neurotransmitter und Neuropeptide.

Aus derartigen Beobachtungen ziehen viele Hirnforscher den Schluss, dass Gefühle nichts anderes sind als Produkte des durch Botenstoffe oder Drogen manipulierten Hirnstoffwechsels.

Außer diesen hirnaktiven Stoffen besitzen auch einige im gesamten Organismus wirksame Hormone einen erheblichen Einfluss auf das Seelenleben. So führt die stressbedingte Ausschüttung von Adrenalin und Cortisol nicht nur zu körperlichen Reaktionen, wie Zunahme der Herzfrequenz und Blutdruckanstieg, sondern auch zu einer Steigerung des Wachheitsgrades und zu seelischer Anspannung. Noch gravierender ist der Einfluss der Sexualhormone, wie er besonders bei Pubertierenden oft so drastisch zutage tritt, dass Eltern ihre Kinder kaum wiedererkennen. Durch Hormonausschüttung veränderte biochemische Reaktionen sind also in der Lage, die gesamte Persönlichkeit und Interessenausrichtung zu beeinflussen. Psychische Effekte resultieren jedoch nicht nur aus chemischen Prozessen, sondern – wie das Beispiel der elektrischen Hirnstimulation zeigt – auch aus physikalischen Einwirkungen. Wenn ein elektrischer Reiz im limbischen System Wünsche oder Affekte weckt, müssen diese im stofflichen Substrat des Gehirns verankert sein, denn physikalische Vorgänge finden ausschließlich in der Materie statt. Aber auch bei ganz alltäglichen Ereignissen, wie beim Hören von Musik, beim Anblick von Blumen oder beim Kosten von Wein, sind es Schallwellen, Lichtwellen bzw. Geschmacksstoffe, also physiko-chemische Reize, die nicht nur Sinneswahrnehmungen, sondern darüber hinaus Freude, Trauer, Wehmut oder Hoffnung auslösen. Ebenso beruhen die zahlreichen Wellness-Methoden letztlich nur auf Berührungs- und/oder Temperaturreizungen der Haut, also wiederum auf physikalischen Einwirkungen, und führen dennoch zu seelischer Entspannung und Wohlbefinden. Jede Sinnesempfindung „hat ein physisch Koexistentes zum Gegenstand" (Jonas). Da nach einem gängigen naturwissenschaftlichen Postulat physikalische und chemische Reize nur auf Stoffliches wirken können, wird aus den aufgezählten Beispielen der Schluss gezogen, dass Gefühle, Vorstellungen, Wünsche usw. etwas der Materie Innewohnendes sein müssen.

Bei derartigen Aussagen erhebt sich die kritische Frage: Sind wir wirklich bloße Marionetten, die an den Nervenfasern ihrer Gehirne zappeln, genetisch kodierte Automaten mit einem Gehirn als Steuerungszentrale, oder aber Personen mit der Fähigkeit, sich von den biologischen Abhängigkeiten zu distanzieren und ein selbstbestimmtes Leben zu führen? Von der Mehrzahl der Hirnforscher wird diese Alternative verneint, da in ihrem mechanistischen Menschenbild kein Platz ist für ein autonomes, zu freien Entscheidungen befähigtes Subjekt.

Zweifel an der Richtigkeit dieser Aussage kommen einem spätestens, wenn man die Kehrseite der Medaille betrachtet, nämlich die ebenso mögliche Einflussnahme seelischer Vorgänge auf den Körper, wie sie bereits in Kapitel II dargestellt wurden und die im Extremfall sogar zum Tod führen können (Voodoo-Tod).

Wie Seelisches – also Immaterielles – auf Materie wirken kann, ist ebenso unklar, wie die stofflichen Effekte auf die Psyche. Hans Jonas vermutet, dass „im Raume quantenmechanischer Vorgänge der Ort sein muss, wo die geheimnisvolle Schaltung stattfindet – vom Geist zum Stoff und vom Stoff zum Geist", so dass Seelisches sehr wohl mit „mechanischer Kausalität" zusammen bestehen könne. Ob diese Ansicht zutrifft oder ob man „die geheimnisvolle Schaltung" bis auf weiteres als Geheimnis stehen lässt, ist Ansichtssache. Tatsache ist allerdings, dass jeder unvoreingenommene Mensch die Koexistenz von Seelischem und Stofflichem feststellen kann, sofern er nicht durch die Scheuklappen der materialistischen Doktrin an einem freien Blick auf die Wirklichkeit des Menschen gehindert wird. Bedauerlicherweise ist dies bei vielen Hirnforschern der Fall, wobei es Ausnahmen gibt, wie Benjamin Libet, der äußerte, „dass bewusste mentale Prozesse bestimmte Gehirnprozesse kausal steuern können", und der damit ein Zusammenspiel von Seelischem und Stofflichem anerkennt.

Andere Hirnforscher enthüllen zwar viele faszinierenden Leistungen des Gehirns, beschreiben, welche Hirnareale durch bestimmte Reize oder Aufgaben – in welcher Reihenfolge – aktiviert werden, verkennen aber, dass ihre Aufzeichnungen nur die stoffliche Seite des Geschehens repräsentieren. Selbstverständlich unterliegt jeder Naturwissenschaftler einer methodischen Selbstbeschränkung, aber er muss sich dieser auch bewusst sein und muss seine Behauptungen auf den dadurch abgesteckten Rahmen begrenzen, wie dies Martin Kurthen vom Epilepsiezentrum Zürich unmissverständlich zum Ausdruck brachte: Die Neurowissenschaft kann nur „das zerebrale Korrelat des Selbst zu beschreiben versuchen; zur Art der Beziehung zwischen diesem Korrelat und möglichen nicht physischen Aspekten des Selbst kann die Neurowissenschaft keine empirischen Daten, insofern auch keine Erkenntnisse liefern". Nur insoweit ein Phänomen messbar ist, stellt es ein Objekt für naturwissenschaftliche Untersuchungen dar, so dass Hirnforscher, welche die Möglichkeit der Existenz eines freien Ichs leugnen, ihre Kompetenz überschreiten. Die Wissenschaft darf ebensowenig behaupten, dass nur das Messbare existiere, sonst hätte sie selbst auf ihrem ureigensten Gebiet noch vor einigen Jahrzehnten die Existenz von Quarks und Leptonen – den Grundbausteinen der Materie – verneinen müssen. Die fehlende naturwissenschaftliche Nachweisbarkeit bedeutet noch lange nicht, dass etwas nicht existiert. Leider wird gegen diesen Grundsatz selbstkritischen Denkens ständig verstoßen, indem der stoffliche Teilaspekt eines Geschehens für das Ganze ausgegeben wird. Da das Gehirn als rein stoffliches Gebilde angesehen wird, in dem sich unübersehbar komplexe physikalische und chemische Abläufe ereignen, deren reizspezifische Verortung durch die f-MRT sichtbar gemacht werden kann, gelten mit Lustgefühl verbundene Aktivierungen des Nucleus accumbens (eine Nervenzellanhäufung im limbischen System) nicht nur als deren stoffliches Korrelat, sondern als das Gefühl selbst, „was ein spekulativer Glaube und keine wissenschaftlich bewiesene Aussage ist" (Libet). Auch täuschen Aussagen über das Bewusstsein als ein Zustand, „der vom Gehirn eingesetzt wird, wenn es sich mit komplexen Problemen konfrontiert sieht",eine Autonomie der Hirnfunktionen vor, die diese nicht besitzen.

Man kann diese Vorgehensweise mit der Textanalyse beispielsweise eines Briefes vergleichen: Ein Brief ist das Werk eines denkenden Verfassers und einer Schreibmaschine und damit eine Einheit aus unstofflichen Gedanken und mechanischer Niederschrift. Man kann nun analysieren, wie der Brief zustande kam, welche Tasten in welcher Reihenfolge gedrückt wurden, welche Farbe, Buchstabengröße und welcher Zeilenabstand gewählt wurden und wie lange das Schreiben gedauert hat. Die eigentliche Bedeutung des Schriftstücks entzieht sich einer derartigen Analyse. Auf das Gehirn übertragen sehen viele Hirnforscher nur die Schreibmaschine, denn die Gedanken und Gefühle können sie nicht messen, sondern nur deren Chiffren in Neuronennetzen. Da das nicht Messbare nicht existiert, hat die Maschine den Brief geschrieben bzw. der Nucleus accumbens Lustgefühle verspürt. Derartige Aussagen sind einerseits korrekt, denn in materieller Hinsicht ist der Brief tatsächlich ausschließlich ein Produkt des Schreibcomputers. Aber gleichzeitig sind solche Feststellungen dadurch fehlerhaft, dass sie den immateriellen Teil des Geschehens verschweigen. Nur wenn man das Gehirn als stofflich-seelische Einheit betrachtet, kann man zu Recht das Gehirn als Träger von Gefühlen und anderem seelischen Erleben akzeptieren.

Wenn sich eine unserer Ansichten und Verhaltensweisen durch ein überzeugendes Argument ändert, beruht dies wohl nicht auf einem Paradigmenwechsel von neuronalen Netzwerken, sondern auf der Einsichtsfähigkeit unserer Vernunft, die zwar an die Existenz von Neuronen gebunden, aber damit nicht identisch ist. Argumente sind geistige Entitäten, deren Verständnis und Wirksamwerden einen geistbegabten Adressaten voraussetzt, wie dies bei einer Definition des Gehirns als seelisch-stofflicher Seinseinheit der Fall ist, nicht aber bei dem rein materiellen Gehirn der Hirnforscher.

Die zentrale Quelle der modernen Hirnforschung sind Experimente mittels f-MRT und PET. Damit lassen sich die zum Untersuchungszeitpunkt aktivierten Hirnareale nachweisen, wobei auf Fehlermöglichkeiten bereits in Kapitel III/2. hingewiesen wurde. In Abhängigkeit von den Versuchsbedingungen erlauben derartige Messungen die Zuordnung von motorischen Aktionen, Gedächtnisleistungen, Gefühlen, Vorstellungen, Wünschen usw. zu den jeweiligen Aktivitätszentren. Zeigt man einer Versuchsperson beispielsweise ein begehrenswertes Objekt, erfolgt eine Aktivierung des Nucleus accumbens, eines Teils des limbischen Systems, dem für das menschliche Verhalten eine überragende Bedeutung beigemessen wird, denn dieses „bewertet alles, was wir tun, nach gut oder lustvoll und damit erstrebenswert bzw. nach schlecht, schmerzhaft oder nachteilig und damit zu vermeiden" (Roth). Man kann zu Recht vermuten, dass dieses Kerngebiet etwas mit Wünschen und Begierden zu tun hat. Sichtbar machen kann man diese Wünsche nicht – auch wenn Derartiges immer wieder großspurig geäußert wird. Messbar ist lediglich die damit korrelierte örtliche Stoffwechselaktivierung, und um zu erfahren, was die Versuchsperson denkt, fühlt oder wünscht, muss diese befragt werden. Es könnte ja durchaus sein, dass der verlockende Sportwagen keine Begierde, sondern Angst hervorruft, weil damit Erinnerungen an einen schweren Unfall verknüpft sind. Nur wenn zahlreiche Versuchspersonen den sehnlichen Wunsch nach dem Erhalt des gezeigten Objekts berichten und dabei immer dasselbe Hirnareal aktiv wird, lässt sich eine zuverlässige Aussage treffen. Ohne das subjektive Erleben der Probanden und dessen Mitteilung an den Versuchsleiter wären viele derartige Untersuchungen wenig aussagekräftig. Jedes Experiment umfasst somit eine messbare stoffliche und eine erlebbare seelische Komponente, und das seelische Korrelat des beobachteten Aktivierungsmusters ist nur aus der subjektiven Perspektive des Untersuchten feststellbar.

Ein seriöser Wissenschaftler wird aus solchen Untersuchungen die wenig spektakuläre Konsequenz ziehen, dass Wahrnehmungen, Wünsche, Gefühle, Gedanken und Gedächtnisleistungen an Vorgänge im Gehirn gekoppelt sind, was seit langem bekannt ist. Auch dass für Wahrnehmungen – wie z.B. Seheindrücke – andere Hirnareale zuständig sind als für Triebregungen oder Gefühle, zählt längst zum Allgemeinwissen. Neu sind lediglich die genauere Lokalisierung und besonders die wechselseitigen örtlichen und zeitlichen Beziehungen zwischen verschiedenen Hirnarealen. Bescheidenheit zählt allerdings nicht unbedingt zu den Vorzügen der öffentlichkeitswirksam agierenden Gruppe von Hirnforschern. Vielmehr erfolgen vielfach Befund-Interpretationen, die weit übers Ziel hinausschießen, wie an einem Beispiel veranschaulicht werden soll: Man zeigt der Versuchsperson einen Werbeprospekt mit der verlockenden Aussicht, durch den Einsatz von 10 € eine Traumvilla zu gewinnen. Dies führt zu einer Aktivierung des bereits erwähnten Nucleus accumbens, der bekanntlich etwas mit Begierden zu tun hat. Kurz danach wird der vordere Teil des Stirnhirns aktiv, der bei Entscheidungen eine wichtige Rolle spielt und zuletzt die sogenannte Insula – der hirneigene Bedenkenträger. In der Sprache der Hirnforscher heißt dieser Vorgang: Der Nucleus accumbens verspürt den dringenden Wunsch nach dem Gewinn der Villa und appelliert an das Stirnhirn, das Los zu kaufen, während die Insula zu bedenken gibt, wie gering die Gewinnchance ist. Hirnteile werden also wie Personen behandelt, die in einen Dialog miteinander eintreten. Ein weniger borniert Mensch würde sagen: Die betreffende Person verspürt den Wunsch nach Gewinn der Villa, macht sich Gedanken, ob sich der Kauf eines Loses lohnt, und dieses seelische Geschehen geht selbstverständlich mit parallel laufenden Prozessen in den hierfür zuständigen Teilen des Gehirns einher – wie jedes andere seelische Geschehen auch. Im Denken moderner Hirnforscher ist es somit nicht mehr ein Postulat der praktischen Vernunft, Siemens-Aktien zu kaufen, wenn diese Firma gut aufgestellt ist, sondern der Impuls eines Triebzentrums. Auch ist es das Gehirn, das „unerwartete Genüsse eher belohnt als erwartete", und Geschenke erfreuen nicht länger die beschenkte Person, sondern versetzen „Hirnareale in Verzückung". Derartige Aussagen sind nichts anderes als ein Ausfluss des plattesten Materialismus.

Wenn G. Roth eine Auslösung aller Handlungen durch subkortikale (= unter der Großhirnrinde befindliche) neuronale Systeme unterstellt, und zwar ganz besonders Verhaltensweisen, die in der Vergangenheit erfolgreich verliefen und daher durch positive Gefühle belohnt wurden, so ist dies nur akzeptabel, sofern man diese Gehirnareale als beseelt ansieht. Besonders die überlebenswichtigen Bereiche Nahrungszufuhr, Sexualität und Selbsterhaltung werden dadurch gelenkt, und die Bedeutung der Lust-Unlust-Steuerung vieler menschlicher Verhaltensweisen ist nicht erst seit der zeitgenössischen Hirnforschung bekannt. Dies rechtfertigt allerdings in keiner Weise die Ausweitung von derartigen, eher zwanghaften Verhaltensweisen auf alle menschlichen Handlungen, samt Leugnung eines freien Ichs. Selbst im Hinblick auf das elementare Bedürfnis nach Nahrung und Sexualität gelingt eine gewisse Kontrolle, z.B. durch Einhaltung von Fastentagen und Zeiten sexueller Abstinenz. Selbst der fast übermächtige Wunsch nach der leckeren Schokoladentorte kann im Hinblick auf den Body-Maß-Index von 33 bezähmt werden und die Liebesnacht mit der verführerischen Sekretärin aus moralischen Gründen unterbleiben. Selbst in diesen elementaren Bereichen sind wir somit nicht die Sklaven sinnlicher Triebe, sondern verfügen über Kontrollmöglichkeiten.

Das wichtigste Argument für die Existenz eines autonomen Ich mit der Fähigkeit zu freien Entscheidungen ist die Möglichkeit, „Nein" zu sagen: Wir haben zwar genetisch determinierte Antriebe, die der Selbst- und Arterhaltung dienen und uns drängen, Nahrung aufzunehmen, Gefahren zu vermeiden, Nachkommen in die Welt zu setzen, und wenn wir diesen Antrieben folgen, werden wir durch Lustgefühle belohnt. Aber wir sind diesen nicht ohnmächtig ausgeliefert, sondern in der Lage, zu fasten oder gar in den Hungerstreik zu treten und sexuelle Abstinenzzeiten einzuhalten. Manche Menschen riskieren um einer gerechten Sache willen sogar ihr Leben. Wir können also selbst den mächtigsten und elementarsten Trieben den Gehorsam versagen und das Gegenteil dessen tun, was diese von uns fordern.

Derartige Erfahrungen sprechen gegen eine generelle Verhaltenssteuerung durch lustverheißende bzw. vor Unlust warnende subkortikale Neuronennetze, es sei denn, man würde dies als Kampf zwischen dem vernünftigen Stirnhirn und dem genusssüchtigen limbischen System interpretieren, was manchen Hirnforschern durchaus zuzutrauen wäre. Völlig verfehlt ist die Ansicht einer neuronalen Verhaltenssteuerung bei der Ausrichtung auf geistige Ziele. Welches Interesse sollten subkortikale Netzwerke an der Abfassung philosophischer Werke, an künstlerischer Betätigung oder an religiösen Ritualen besitzen, zumal diese keinerlei Überlebensvorteile bieten? Ebensowenig sollte sich ein als stoffliches Konstrukt konzipiertes Gehirn mit Recht und Ethik befassen und über Tugend und Laster, Gott und Satan, Himmel und Hölle nachsinnieren. Wäre es an der Berufswahl beteiligt, würde es sich wohl für einen Brotberuf entscheiden und gegen ein Hungerleider-Dasein als mittelloser Künstler oder Lyriker. Die Erforschung des Mikro- und Makrokosmos mit den darin waltenden Naturgesetzen, die sich in abstrakten mathematischen Formeln niederschlagen, sowie selbstkritische Reflexionen über das persönliche Verhalten lägen völlig abseits der auf Selbst- und Arterhalt festgelegten und durch Lustgewinn gesteuerten Programmierung. Geradezu absurd wäre ein derartiges Verständnis des Gehirns für jegliches altruistisches Verhalten, das dem Akteur keinerlei Nutzen verschafft, manchmal sogar schadet oder gar für den Vollzug eines wohlüberlegten Bilanzselbstmords, der selbst den tief verwurzelten Selbsterhaltungstrieb überwindet.

Heftige Diskussionen und eine vorschnelle Leugnung der Willensfreiheit hat das erstmals von B. Libet durchgeführte Experiment ausgelöst, welches zeigte, dass einem als frei empfundenen Entschluss zu einer Fingerbewegung ein sogenanntes Bereitschaftspotential in der Zentralregion der Großhirnrinde vorausging, das durch synchrone Erregung zahlreicher kortikaler Neurone (Nervenzellen) entsteht. Hieraus wurde der Schluss gezogen, dass das Gehirn bereits die Entscheidung getroffen hat, während die Versuchsperson noch unschlüssig ist. Dass sich diese dennoch als freier Entscheidungsträger fühlt, wurde damit begründet, dass ihr das Gehirn diese Illusion vorgaukle, während in Wirklichkeit der Entschluss zur Fingerbewegung auf die Tätigkeit neuronaler Netzwerke rückführbar sei, die Fingerbewegung also einer Initiative des Gehirns entspringt. Dabei signalisiert bereits der Begriff Bereitschaftspotential lediglich Handlungsbereitschaft und nicht Handlungsentschluss, und demgemäß zeigten Versuche von Ch. Hermann den Nachweis eines derartigen Potentials, bevor die Versuchsperson überhaupt wusste, ob sie den rechten oder linken Knopf drücken sollte. Hierzu passt der Befund, dass der Nachweis eines Bereitschaftspotentials nicht obligat von einer Fingerbewegung gefolgt wird, dass diese also im letzten Moment noch gestoppt werden kann, sofern die Versuchsperson ein Veto einlegt. Schließlich sind derartige simple Versuchsanordnungen prinzipiell ungeeignet, Aufschlüsse über die Freiheit menschlicher Entscheidungen zu liefern: Die für die Versuchsperson völlig belanglose Entscheidung zu einer Fingerbewegung gehört in eine andere Kategorie als die Entscheidung für einen bestimmten Beruf, einen bestimmten Partner oder dafür, ein behindertes Kind auszutragen. Weiterhin wurde kritisch eingewandt, dass motorische Fertigkeiten im prozeduralen Gedächtnis gespeichert würden, während für moralische Entscheidungen ein Rückgriff auf Inhalte des episodischen Gedächtnisses nötig sei. Diese Unterscheidung ist weniger banal, als sie zunächst klingt, da motorische Abläufe und damit über das prozedurale Gedächtnis laufende Prozesse in großem Umfang automatisiert werden und somit kein großes Nachdenken darüber nötig machen. Libet selbst äußerte kürzlich, „dass die Existenz eines freien Willens zumindest eine genauso gute, wenn nicht bessere wissenschaftliche Option ist als ihre Leugnung…". Nichtsdestotrotz fantasieren andere Hirnforscher von einer Entlarvung des Phantoms eines freien Ich, das buchstäblich ein „Hirngespinst" sei. Nach G. Roth ist das Ich „ein virtueller Akteur in einer von unserem Gehirn konstruierten Welt" und der freie Wille nichts anderes als eine „sozio-kulturelle Fiktion", was ihn nicht daran hindert, diese fiktiven und daher eigentlich überflüssigen Begriffe „Ich" und „Wille" zu gebrauchen, wie z.B. in der Aussage, das „wollende Ich ist nicht im moralischen Sinne verantwortlich für dasjenige, was das Gehirn tut…". Auch von Singer wird die Existenz eines Ich geleugnet, weil „keine Kommandozentrale", sondern nur „distributiv organisierte Systeme" feststellbar seien, und Lehrer äußert lapidar – ohne sich überhaupt um eine Begründung zu bemühen: „Mein Kopf enthält 100 Milliarden elektrische Zellen, aber nicht eine davon ist ich oder kennt mich oder interessiert sich für mich. Tatsächlich existiere ich gar nicht. Das Gehirn ist eben bloß eine endlose Regression von Materie und auf knallharte physikalische Gesetze reduzierbar." Bei einer derart primitiven Aussage kann man nur hoffen, dass sie nicht der – ohnehin geleugneten – Vernunft des Autors, sondern den Windungen seines Gehirns zuzuschreiben ist. Ist es nicht absurd, wenn jemand äußert: „Ich existiere gar nicht", wenn er leibhaftig vor einem steht? Selbst wenn er sich nur als Träger seines Gehirns versteht, existiert er, wenn auch angeblich nicht als autonome Persönlichkeit, wobei Nietzsche über „eine sich selbst leugnende Persönlichkeit" vermutlich zu Recht urteilte, sie „taugt zu keinem guten Dinge mehr…".

Das „Ich" ist die Fähigkeit des Individuums, sich von sich selbst zu distanzieren, um einen prüfenden Blick darauf zu werfen, darüber zu reflektieren und zu urteilen, aber auch das Vermögen, über sich zu verfügen, unter den aktuellen

Antrieben und Bestrebungen zu wählen, deren Realisierung zu planen und in die Tat umzusetzen – das Ich als kritisch prüfende, entschlussfähige und exekutive Instanz der Person. Die Leugnung eines „Ich" und die Verneinung menschlicher Freiheit hängen zusammen, da Gedanken- und Entscheidungsfreiheit an die Existenz eines autonomen Ichs gebunden sind. Zur Begründung dieser Aussage muss kurz auf den „Aufbau der Person" (Ph. Lersch) eingegangen werden. Nach diesem Autor sind der Person einige Anlagen unverfügbar vorgegeben: sinnliche und geistige Antriebe, Sinneswahrnehmungen, Erkenntnis- und Vorstellungsfähigkeit sowie das Gewissen. Diese Eigenschaften besitzen daher „pathischen Charakter". Aktive Tätigkeiten sind demgegenüber Konzentration, Denken und Handeln, die vom Ich initiiert und gelenkt werden und in denen sich der Mensch als autonome Person erfährt. Denken und Handeln sind Instrumente des Ichs, um mittels seines freien Willens eigenverantwortlich tätig zu werden und das Verhalten zu steuern. Dabei macht es sich die sinnlichen und geistigen Antriebskräfte, welche die Wesensdynamik ausmachen, zunutze. Um den Vorgang bildlich zu beschreiben, könnte man formulieren: Das Ich öffnet dem Begehren – nach vorheriger Prüfung – die Schleuse und benützt die freigesetzte Strömung, um die jeweiligen Wünsche und Strebungen ans Ziel kommen zu lassen, allerdings ohne sie blindlings dahintreiben zu lassen, sondern indem es durch kluge Steuerung den Kurs bestimmt. Menschliche Freiheit ist an die Existenz eines autonomen Ichs gebunden, und wenn dieses geleugnet wird, wird gleichzeitig die Freiheit geleugnet.

Was schließlich die Behauptung betrifft, das Gehirn würde uns die Gewissheit, frei handeln zu können, vorgaukeln, so ist diese Aussage geradezu absurd: Warum sollte ein allmächtiges Gehirn einem nur in der Einbildung existierenden Ich vortäuschen, *es* sei der Träger aller Entscheidungen? Wenn das Gehirn eine autonome Instanz wäre, bräuchte es niemandem Rechenschaft abzulegen und schon gar nicht das Ich über den wahren Entscheidungsträger zu belügen, zumal es ja angeblich gar kein Ich gibt, das man belügen könnte. Schon Hans Jonas hat diesen intellektuellen Gauklertrick durchschaut und als einen Täuschungsversuch entlarvt, der „auch den Getäuschten noch vortäuscht": Eine im Bewusstseinsraum ablaufende Farce, in der einem imaginären Zuschauer Identität und Entscheidungsmacht zugesprochen wird, obwohl er angeblich gar nicht existiert. Das Ich als Fiktion des Gehirns, als nebulöse Erscheinung – welchen biologischen Zweck sollte ein derartiger Trick verfolgen?

Habermas widersetzt sich einer derartigen Ich-Leugnung, versteht das Ich allerdings als „soziale Konstruktion", was bei jedem mit Kleinkindern konfrontierten Menschen auf Unverständnis stoßen dürfte, da die erzieherische Einflussnahme auf Kinder das genaue Gegenteil bezweckt, indem versucht wird, die ausufernde und in der Trotzphase einem Höhepunkt zustrebende Egozentrik zu dämpfen, nicht aber in den Kindern ein „Ich" zu konstruieren. Schlüssiger wirkt diesbezüglich die Argumentation des Philosophen Wilhelm Schmid bezüglich der Existenz eines „Ich" und eines „freien Willens": „Vorbehalte erscheinen daher angebracht gegen neurobiologisch begründete Aussagen der Art: „Es gibt kein Ich". Denn wer spricht hier? Wenn ein Ich, so ist die Aussage über das Ich widerlegt; wenn kein Ich, so ist sie irrelevant, denn niemand hat etwas gesagt. „Es gibt keinen freien Willen". Spricht der, der hier spricht, freiwillig oder nicht? Wenn freiwillig, so ist die Aussage über den nicht gegebenen freien Willen hinfällig; wenn unfreiwillig, so tendiert der Wahrheitswert der Aussage gegen null, denn wer den freien Willen nicht kennen kann, kann darüber auch nichts aussagen." Welche Probleme Hirnforscher damit haben, ihre lebensfremden Konzepte durchzuhalten, zeigt sich exemplarisch in einer Diskussionsbemerkung von Wolf Singer: „Ich sage jetzt einmal „ich" stellvertretend für mein Gehirn." Obwohl er die Existenz eines Ich leugnet, kann er, um sich verständlich zu machen, auf dessen Gebrauch nicht verzichten.

Paradoxerweise wird das nicht existierende Ich in der Hirnforschung keineswegs ausgeklammert, sondern sogar noch in acht Ich-Teile aufgegliedert: Körper-, Verortungs-, perspektivisches, Erlebnis-, Autorschafts-, autobiografisches, selbstreflexives und ethisches Ich. Dabei sind Zweifel angebracht, ob eine derartige Aufsplitterung in ein „Bündel unterschiedlicher Zustände" – wie das Ichbewusstsein von G. Roth umschrieben (und zugleich unkenntlich gemacht) wird – sinnvoll ist. Dass sich ein Mensch leibhaftig an einem bestimmten Ort befindet, die Welt aus seiner eigenen Perspektive betrachtet, Gedanken und Handlungen als seine eigenen erlebt und verantwortet, zur Selbstreflexion fähig ist und sich von der Kindheit bis zum Tod als identisch erfährt, gehört zur Bestimmung des Menschen als autonomem Subjekt und rechtfertigt keine künstliche und lebensfremde Zergliederung eines organischen Ganzen.

Jeder Mensch existiert als eigenständiges, selbstbewusstes und selbstverantwortliches Individuum. Alles Wahrnehmen, Denken, Fühlen und Wollen ist mein eigen. In einem erweiterten Sinn gehören auch mein Partner, meine Kinder, meine Kleider, meine Wohnung, mein Beruf, meine gesellschaftliche Rolle zu mir und sind äußerliche Teile meiner Identität. Mein ganzes Sein und Tun, alle Entscheidungen und Handlungen und Widerfahrnisse sind mir zugehörig. Die Ich-Bezüglichkeit ist ein Merkmal meines gesamten Erlebens, so dass es keineswegs verwundert, wenn Singer kein isoliertes „Kontrollzentrum", sondern nur „distributiv organisierte Systeme" festzustellen vermag. Die Ichhaftigkeit ist die durchgängige Konstante, das einzig Dauerhafte in unserer Biografie, die alle Erfahrungen zu einer individuellen Lebensgeschichte zusammenschließt.

Das Ich ist das Zentrum jedes Individuums, der „Ort" des Selbstbewusstseins, der Grund der Einzigartigkeit jedes menschlichen Wesens, die sich auch in einer einzigartigen Weltsicht äußert, der ganz persönlichen Ich-Perspektive. Es besitzt darüber hinaus die Fähigkeit, sich von sich selbst zu distanzieren, sich gewissermaßen – wie in einem Spiegel – von außen betrachten und beurteilen zu können (Dritte-Person-Perspektive). Die Begegnung mit anderen Individuen verstärkt einerseits das Bewusstsein der persönlichen Einzigartigkeit, erlaubt andererseits aber auch, sich – durch Empathie – in einen Mitmenschen hineinzuversetzen und damit eine Du-Perspektive gewinnen zu können, die Welt mit den Augen des Anderen zu sehen. Ein derartiger willentlicher Wechsel der Perspektive, der einen Freiheitsspielraum des Ich voraussetzt, ist eine großartige Hilfe, sich aus egozentrischen Verhaftungen zu lösen.

Das individuelle Selbstbild ist meist das schlüssige Ergebnis der lebenslangen Erfahrungen mit sich sowie deren persönliche Interpretation. Dabei kann die Ich-Einschätzung je nach Stimmung und Situation Schwankungen unterliegen und bei Zustimmung und Beifall von außen eine positivere Tönung annehmen.

Das Ich-Bewusstsein ist keine Funktion wie Wahrnehmen, Denken, Fühlen, Wollen, sondern das Wissen, dass der Körper mit seinen Funktionen und das gesamte seelische Erleben mir zugehörig sind und dass diese psycho-somatische Ganzheit mich ausmacht. Dabei bin ich sowohl die Summe dessen, was ich in meinem Dasein verwirklicht habe, als auch von allem, was noch als Potential, als Möglichkeit in mir schlummert – reales und potentielles So-Sein. Demgegenüber hat das Ich als Steuerungszentrale die Aufgaben der Aufmerksamkeitslenkung auf aktuelle Wahrnehmungen, Vorstellungen, Gedanken, Pläne, um diese in voller Bewusstseinshelligkeit aufscheinen zu lassen, sowie die der Bewertung, Koordination und Lenkung der aktuellen Neigungen und Absichten, und zwar unter Berücksichtigung des persönlichen Wertekanons und der äußeren Umstände: Selbstbewusstsein, Selbstreflexion und Selbstverfügung als integrale Bestandteile des personalen Subjekts. Zu den wichtigsten Aufgaben des Ich zählt die willentliche Steuerung der Aufmerksamkeit auf wesensgemäße Ziele, statt diese nur durch Triebe und egoistische Strebungen bestimmen zu lassen. Dabei ist die alleinige Lenkung der Aufmerksamkeit nicht ausreichend; hinzukommen muss die Fähigkeit, diese auf längere Sicht festzuhalten, so dass es möglich wird, eine wichtige Tätigkeit, ein Gespräch, die Lektüre eines Buches, einen Konzertabend oder eine Meditation in gesammeltem Bewusstsein zu vollziehen.

Die Leugnung menschlicher Freiheit und Ichhaftigkeit durch viele Hirnforscher beruht nicht auf Beweisen, sondern stellt ein Glaubensbekenntnis dar, auch wenn es noch so selbstgewiss und mit aufklärerischem Pathos vorgetragen wird. Im Grunde handelt es sich lediglich um eine Weiterschreibung der materialistischen Doktrin, wonach nur existiert, was mittels naturwissenschaftlicher Methoden nachgewiesen werden kann. Schopenhauer kommentierte dieses Dogma mit den Worten: Naturforscher meinen oft, „Tiegel und Retorte seien die wahre und einzige Quelle aller Weisheit". Sie sind „ganz in ihre Empirie verstrickt, lassen nichts gelten, als was ihre Augen sehen". Phänomene wie Leben, Seele, Ichhaftigkeit und Freiheit sind aber damit nicht nachweisbar und werden damit folgerichtig geleugnet, wobei die Leugnung einer menschlichen Seele ebenso ein Akt des Glaubens ist wie deren Akzeptanz. Wissenschaftlich beweisbar ist weder die eine noch die andere Ansicht, so dass der aufklärerische Habitus vieler Naturforscher – die alle anderen für dumm verkaufen – völlig unangebracht ist, sondern als Ausdruck von Borniertheit, von „selbstherrlicher Beschränktheit" (Tolstoi) anzusehen ist. Die alte materialistische Vorstellung vom „l'homme machine" wird wieder aufgewärmt, weil sich der gravierende Unterschied zwischen Lebewesen und Maschinen ihrem Blick entzieht. Auch eine Einbeziehung moderner Computertechnologie in das mechanistische Bild vom Menschen als einer Maschine ändert nichts Grundsätzliches an dieser Aussage. Obwohl rein stoffliche Gebilde wie Festplatten in ähnlicher Weise wie das menschliche Gedächtnis Worte und Bilder zu speichern vermögen, beschränkt sich dieser Vorgang z.B. auf die Worte eines Gedichts, ohne dass der darin ausgedrückte geistige Sinn erfasst wird, ohne dass eine emotionale Reaktion erfolgt, ohne dass der Text Anlass gibt, darüber zu reflektieren oder deshalb gar sein Leben zu ändern.

Die aberwitzige Vorstellung, ein physikochemischen Gesetzen unterliegendes Gehirn sei in der Lage, zu philosophieren, zu dichten, Sinfonien zu komponieren, kranke Menschen zu pflegen und die Toten im Rahmen religiöser Riten zu bestatten, ist schlichtweg unverständlich. Einen Überlebensvorteil für die Spezies Homo sapiens sapiens bieten derartige Tätigkeiten mit Sicherheit nicht. Noch abstruser ist die Annahme, das Gehirn gäbe seinem Träger die Anweisung, andere Gehirne zu vermessen, zu sezieren und verschiedenen Experimenten zu unterziehen, um Auskünfte über sich selbst zu erlangen.

Physikalische Messungen und chemische Analysen sind großartige Mittel, um die stoffliche Welt und die darin herrschenden Gesetze zu erforschen. Bereits auf dem Gebiet der Biologie sind diese Methoden unzureichend, und auf der Ebene des Humanen sind sie nur noch von untergeordneter Bedeutung. Unter den Hirnforschern gibt es sicher viele kluge Köpfe, aber alles Nicht-Messbare wird ignoriert. Zur Erfassung der menschlichen Seele benötigt man keine Hochtechnologie, sondern etwas viel Großartigeres, nämlich unsere Vernunft, allerdings nur, wenn diese nicht durch das Dogma von der Alleinexistenz der Materie vernebelt wird. „Jedes Denken…, das alles auf eins zurückführt, ist Ideologie, weil das, was sich nicht fügt, durch die Idee so lange gebogen wird, bis es die Idee bestätigt. Wenn Wirklichkeit, um begriffen zu werden, vorher durch eine Idee verändert werden muss, begreift man nachher nicht die Wirklichkeit, sondern die durch die Idee präparierte Wirklichkeit. Das heißt, die Idee begreift sich selber" (M. Walser).

Es klingt zwar plausibel, wenn argumentiert wird, jedes Sprechen, Handeln, Fühlen und Denken sind Leistungen des Gehirns, da alle diese Fähigkeiten bei einer Zerstörung der entsprechenden Hirnareale entfallen:

- Ein Ausfall des motorischen Sprachzentrums durch einen Schlaganfall bedingt einen Verlust der Sprechfähigkeit.
- Eine Zerstörung des sensorischen Sprachzentrums führt zu einer mehr oder minder massiven Einbuße des Sprachverständnisses.

- Läsionen im Bereich des Stirnlappens und der Mandelkerne können zu völliger Gefühllosigkeit führen.
- Selbst eng umschriebene Zerstörungen von Hirngewebe haben teilweise erhebliche Auswirkungen auf Charakter, Antriebsverhalten und sittliches Niveau (Takt- und Schamgefühl, Empathie, Triebkontrolle).
- Eine diffuse Hirnschädigung durch Unfälle, Vergiftungen, Sauerstoffmangel, Entzündungen oder Hirnerkrankungen wie die Alzheimer-Demenz, führt schließlich zu Einbußen auf allen Gebieten, so dass die Betroffenen teilnahmslos dahinvegetieren, selbst ihre nächsten Angehörigen nicht mehr erkennen, sich in der eigenen Wohnung nicht mehr zurechtfinden und die Schmutzwäsche in den Geschirrspüler verfrachten. Im Falle eines frühkindlichen Hirnschadens oder angeborener Krankheiten, wie dem Down-Syndrom, werden Intelligenz, Gedächtnis, Emotionalität, Sprache, motorische Fertigkeiten gar nicht erst – oder nur mangelhaft – ausgebildet.

Aufgrund dieser Tatsachen erscheint es durchaus naheliegend, alle durch derartige Hirnschädigungen mangelhaft entwickelten bzw. verloren gehenden Leistungen als Leistungen des Gehirns zu betrachten, aber es sind nicht Leistungen eines rein stofflichen, sondern eines beseelten Gehirns. Selbstverständlich benötigt der Mensch ein funktionsfähiges Gehirn, um denken, fühlen, entscheiden und handeln zu können, aber – da man diese Dinge nur dualistisch auszudrücken vermag – er benötigt ebenso eine zum Denken, Fühlen, Entscheiden und Handeln begabte Seele, die das Gehirn entsprechend funktionieren lässt, d.h., die in innigem Einklang mit dem stofflichen Anteil des Gehirns zusammen wirkt.

Über Jahrtausende hinweg wurden alle diese menschlichen Vermögen als rein seelische Fähigkeiten betrachtet, wobei diese Sichtweise ebenso einseitig ist, wie wenn sie als bloße Leistungen des rein stofflich interpretierten Gehirns gewertet werden, so dass man letztere Ansicht als berechtigte, aber überspitzte Reaktion auf das idealistische Bild der menschlichen Natur bewerten sollte. In beiden Fällen wird ein Teil für das Ganze genommen. Es ist ebenso falsch zu sagen: „Die Seele fühlt", wie zu äußern: „Das Gehirn fühlt". Fühlen, Denken, Entscheiden usw. sind Eigenschaften des Menschen als Seinseinheit von Körper (einschließlich Gehirn) und Seele, so dass es nur heißen kann: „*Ich* fühle, denke und entscheide als psycho-physische Einheit". Weder ist das Gehirn eine seelenlose Materie noch die Seele eine vom Stofflichen losgelöste Substanz. Wenn Singer meint, das Bewusstsein von der Freiheit persönlicher Entscheidungen sei „mit den deterministischen Gesetzen, die in der dinglichen Welt herrschen, nicht kompatibel", so zeigt er sich blind für die Tatsache, dass das Gehirn nicht „dinglich", sondern beseelt ist. Und wenn Roth argumentiert: „Wenn mir jemand die Gründe für sein Handeln erläutert, so dringen lediglich Schalldruckwellen, aber keine Bedeutungen an mein Innenohr…", dann kann man diese Äußerung nur mit dem bedauernden Hinweis kommentieren: Schade, dass die Leitungen vom Innenohr zum Großhirn ausgefallen sind.

So übertrieben die von vielen Hirnforschern betriebene Hirnmythologie auch ist, haben sie doch das Verdienst, das Gehirn als mit Abstand wichtigstes Zentralorgan der Körper-Seele-Einheit Mensch hervorzuheben. Dessen Bedeutung wird in der Psychologie und Soziologie vielfach unterbewertet, so dass ein sachlicher Dialog zwischen diesen Fachrichtungen und der Hirnforschung für beide Seiten besser wäre als die auf gegenseitigem Unverständnis basierende aktuelle Polemik. Von Seiten der Hirnforscher wurde dabei von Birbaumer mehr Bescheidenheit „bei der Generalisation und Interpretation neurobiologischer Daten" angemahnt, während den Psychologen detailliertere neurobiologische Kenntnisse nicht schaden dürften.Birbaumer kritisierte außerdem die durch Hirnforscher vorgenommene terminologische Umformung psychologischer in neurologische Begriffe: „Anstelle des „Ich" rutschte der Neocortex, anstelle des „Es" das limbische System und anstelle des „Über-Ich" der mediale Präfrontalcortex", ohne damit einhergehenden Erkenntniszuwachs. Auch in dieser Hinsicht gilt das oben Gesagte, nämlich dass die „hirnbezüglichen" Begriffe ebenso legitim sind wie die „psychologischen", nachdem komplexe psycho-somatische Beziehungen zugrunde liegen. Allerdings sprechen die kulturelle Tradition, der Primat des Seelischen über das Stoffliche und der allgemeine Sprachgebrauch doch eher für die „seelische Version", solange keine psychosomatischen Alternativbegriffe vorliegen, die es vermutlich aufgrund der menschlichen Unfähigkeit, derart komplexe Gebilde ganzheitlich zu erkennen, nie geben wird.

Am Ende dieses Kapitels soll ein kurzer Exkurs auf die Konsequenzen hinweisen, welche ein Sieg der materialistischen Dogmen der Hirnforscher zur Folge hätte. Seitdem das letzte Jahrzehnt des 20. Jahrhunderts zur „Dekade des Gehirns" deklariert wurde, agieren die Neurobiologen immer lautstärker auf der Bühne der Wissenschaft, beanspruchen den Status der Leitwissenschaft und versuchen andere Disziplinen auf die Seite zu drängen, insofern sie sich deren ureigenste Wissensgebiete anmaßen und sich als von den Medien hofierte Wortführer bei allen anthropologischen Fragestellungen gebärden. Begriffe wie Neuro-Pädagogik, Neuro-Ethik, Neuro-Leadership, Neuro-Philosophie und sogar Neuro-Theologie enthalten den Anspruch, diesen Bereichen grundlegende neue Einsichten vermitteln zu können, „als mache nur noch unter der Perspektive der Neurowissenschaften das Geschäft der klassischen Disziplinen Sinn" (Aldebert). Dabei ist das zugrundeliegende mechanistische Welt- und Menschenbild, auf das viele Naturforscher so stolz sind, eher antiquiert und dürfte mit der sich anbahnenden Überwindung der rationalen Bewusstseinsstufe – als deren Exzess der Materialismus zu verstehen ist – demnächst in der Versenkung verschwinden, nachdem er bereits von Nietzsche als „dumm", wenn nicht sogar als „Idiotismus" tituliert wurde.

Ein bemerkenswertes Phänomen ist die eklatante Diskrepanz zwischen dem Erscheinungsbild vieler Hirnforscher in der Öffentlichkeit und ihren Thesen: Publicity-süchtige Stars der Hirnforschung leugnen das „Ich" und erstreben gleichzeitig eine Glorifizierung der eigenen Person. Sie agieren selbstbewusst und lautstark bei Vorträgen und Diskussionsrunden und bezeichnen gleichzeitig die Vorstellung eines menschlichen Subjekts als Illusion – wirken jedoch keineswegs als gespensterhaft-blasse virtuelle Wesen. Außerdem sollte das Selbstverständnis als Sklave des eigenen Gehirns zu einer eher depressiven Grundstimmung sowie zur selbst-losen Bescheidenheit und Dienstbarkeit eines Roboters führen, der automatenhaft die Ansichten seines Gehirns kundtut, während die provokanten Aussagen, ganz im Gegenteil, selbstbewusst und mit aufklärerischem Pathos der gläubigen Wissenschaftsgemeinde verkündet werden. Die lauthals vorgetragenen Forschungsergebnisse und das daraus abgeleitete Menschenbild stimmen somit mit der Art und Weise des öffentlichen Auftretens ihrer Protagonisten in keiner Weise überein. Besonders verwunderlich ist dabei der unter Hirnforschern verbreitete Personenkult. Sie sprechen unentwegt von „ich", „mein", „mir" und erklären in denselben Texten, dass Ich sei eine Fiktion. Wie kann jemand, der seine eigene Subjektivität bestreitet, persönliche und besitzanzeigende Fürwörter verwenden? Durch ihre Wortwahl führen sie die eigenen Thesen ad absurdum, durch ihre Selbstinszenierung, zu der ein fiktives Subjekt unfähig wäre, ihre angebliche Ichlosigkeit.

Die genüsslich aufbereitete Leugnung der Existenz einer selbstbestimmten Person verrät eine dunkle Lust bei der Zertrümmerung des tradierten abendländischen Menschenbildes. Äußerungen wie „Wir sind Sternenstaub" oder „Wir sind Gehirnmaschinen" (M. Brooks) verraten eine geradezu masochistische Lust, sich im Staub zu aalen und den Menschen als „Krone der Schöpfung" zu entthronen. Die zur menschlichen Natur gehörige Freude an allem Guten und Schönen, das Verpflichtetsein gegenüber ethischen Normen und die Befriedigung, diesen entsprochen zu haben, werden in einer die menschliche Natur pervertierenden Weise negiert und durch physikalisch-chemische Abläufe zu ersetzen versucht.

Die Ursache dieser dunklen Lust an der Zerstörung aller den Menschen überhöhenden Eigenschaften, die aus dem Besitz geistiger Seelenkräfte herrühren, ist schwer nachzuvollziehen. Anstelle von liebender Zuwendung zur Wirklichkeit und deren Gutheißung erfolgt deren Reduktion auf die materielle Ebene, ohne Sinn und ohne Schönheit. Das Pathos der Verkündigung trägt die Züge einer negativen Prophetie, die anstelle von Heil Unheil verkündet, anstelle von Sinn Sinnlosigkeit, anstelle von Erfüllung Vergeblichkeit und Vergänglichkeit. Dieses Produkt eines borniertem Materialismus ist nicht von sachlich-kühler Argumentation geprägt, sondern von einer lustvoll ausgekosteten destruktiven Tendenz, die alles Großartige und Bewundernswerte leugnet und als Illusion zu enttarnen versucht.

Viele Hirnforscher fühlen sich offensichtlich wohl bei dem Gedanken, nicht als autonome Persönlichkeiten durchs Leben zu gehen, sondern fremdgesteuert durch neuronale Netzwerke, als Sklaven ihrer allmächtigen Gehirne, als Marionetten spontaner und reaktiver Hirnaktivitäten. Leider betrachten sie nicht nur sich selbst in dieser Weise, sondern vermitteln auch ihren Mitmenschen das Bild eines durch mechanische Kräfte, dunkle Triebe und gesellschaftliche Konditionierungen gesteuerten Bio-Roboters ohne Entscheidungsfreiheit und ohne Verantwortung. Als Anhänger und Vertreter eines Menschenbildes, der das Individuum als hirngesteuerte Marionette betrachtet, müssten die Hirnforscher eine derartige Existenzform exemplarisch vorleben. Dies würde den Verzicht auf einen persönlichen Namen (einen Eigen-Namen) bedeuten, der bei einer ich-losen Marionette keinerlei Sinn macht; außerdem müssten sprachliche und schriftliche Äußerungen konsequenterweise ohne persönliche und besitzanzeigende Fürwörter auskommen. Einzige Triebfeder für Aktivitäten bliebe die Lustverheißung durch das limbische System als biologischem Köder, und die einzigen Motive, ein Verhalten zu unterlassen oder abzubrechen, wären Unlust und Schmerz. Als ich-lose, lustgesteuerte und Unlust meidende Träger ihrer Gehirne wären sie unfähig, mühsame Aufgaben wie Broterwerb und Kinderaufzucht zu erledigen, was einen klaren Selektionsnachteil darstellen und daher zum raschen Aussterben dieser Spezies führen müsste.

Die Thesen der Hirnforscher würden bei ihrer gesellschaftlichen Akzeptanz einen Umbruch unserer gesamten Gesellschaftsordnung zur Folge haben. Die Bereiche Recht und Ethik müssten konsequenterweise verschwinden: Ohne Freiheit gibt es keine Schuld, und ohne Schuld darf niemand bestraft werden. Ohne Freiheit gibt es außerdem keine sittlichen Entscheidungen, so dass moralische Normen unsinnig würden. Erziehung würde sich auf die Vermittlung von Faktenwissen und praktischen Fertigkeiten reduzieren, da sonstige pädagogische Einflussnahmen beim Fehlen moralischer Normen einerseits, einem dafür unzugänglichen, von physiko-chemischen Gesetzen beherrschten Gehirn andererseits entfallen müssten. Jedoch könnten sich Dressurmaßnahmen hinzugesellen, um sozialkonformes Verhalten einzuüben und einer gesellschaftlichen Destabilisierung entgegenzuwirken. Statt des möglicherweise Anstoß erregenden Ausdrucks „Dressur" wäre der unverfänglichere Terminus „operantes Konditionieren" vorzuziehen, obwohl eigentlich ein physiko-chemischen Gesetzen unterliegendes Gehirn keine derartigen Empfindlichkeiten aufweisen sollte.

Einer geradezu revolutionären Umgestaltung würden Konversation und literarische Produktion unterliegen, denn mit der Auslöschung des Subjekts entfielen Personennamen sowie sämtliche persönlichen und besitzanzeigenden Fürwörter. Die daraus resultierende Umwälzung ist gewaltig, wie an zwei Kurzbeiträgen veranschaulicht werden soll, die sicherlich ungewohnt, vielleicht sogar grotesk anmuten, aber nur eine konsequente Umsetzung der Thesen der zeitgenössischen Hirnforschung darstellen.

Die simple Aussage: „Elfriede Meyer freute sich über den Anblick der ersten Krokusse" wäre selbstverständlich obsolet, da es das Subjekt Elfriede Meyer nicht gibt, sondern nur dessen Gehirn. Um dieses von anderen Gehirnen unterscheiden zu können, kommt ein Personenname nicht in Frage – da es keine

Personen mehr gibt – so dass am besten die Ortschiffre in Kombination mit einer Zahlenfolge, wie z.B. die Kreditkartennummer, hierfür geeignet wäre. Der Satz könnte somit in die hirnforschungskonforme Version „Das limbische System des Gehirns A3677443855003864 gerät in Entzücken über die ersten Krokusse und entlädt sich in einem Neuronengewitter".

Die bislang so poetische Schilderung der Anbahnung einer Liebesbeziehung würde total versachlicht und könnte lauten: „Der männliche Bio-Roboter A6328221076664344 bewegte sich von der Maximilianstraße Richtung Rathausplatz, um Lebensmittel zu besorgen, als ihm sein visuelles System die Nähe eines gutgebauten weiblichen Bio-Roboters meldete. Das daraufhin aktivierte limbische System entwickelte sexuelles Verlangen, sandte sofortige Depeschen an das Stirnhirn, das durch Anfeuerung der motorischen Großhirnrinde die Beine in Bewegung setzte, um diesem zu folgen. Beim Näherkommen geriet auch das Riechhirn durch Wahrnehmung der von AIC7366220013315564 ausgesandten Duftstoffe in Erregung, so dass hemmende Einflüsse der Insula keine Chance mehr hatten und durch Aktivierung der Sprachzentren der Erstkontakt hergestellt wurde. Nach einigen weiteren Kontakten erreichte sein Hypothalamus das heiß ersehnte Ziel: die Weitergabe der eigenen Gene." Ob das literarische Niveau und die Lesefreude durch derartige Texte gehalten werden könnten, darf bezweifelt werden, ist aber vielleicht nur eine Sache der Gewöhnung.

Abschließend lässt sich die Situation der zeitgenössischen Hirnforschung in drei Aussagen zusammenfassen:

- Die Mehrzahl der Hirnforscher ist einem materialistischen Welt- und Menschenbild verpflichtet, das vor 2 ½ Jahrhunderten entstand, zwischenzeitlich reichlich antiquiert anmutet und von führenden Naturforschern, insbesondere aus der theoretischen Physik, längst verlassen wurde. In der modernen Medizin wurde es durch empirische Daten der Psychosomatik überwunden, und viele Anzeichen deuten darauf hin, dass die Epoche der rationalen Bewusstseinsstufe sich ihrem Ende zuneigt und sich deren Transformation in die nächsthöhere Bewusstseinsstufe anbahnt. Geisteswissenschaftler wie Jean Gebser und Enomya-Lassalle diagnostizierten schon vor Jahren den Beginn einer neuen, das rationale Denken nicht verneinenden, aber transzendierenden Geistesstufe – das integrale Bewusstsein.

- Sowohl das Verhalten als auch die mündlichen und schriftlichen Aussagen der Hirnforscher stehen im Widerspruch zur eigenen Theorie. Die Leugnung eines autonomen verantwortlichen Subjekts und damit der Geistesfreiheit und der Moral wird nicht einmal gedanklich, geschweige denn im eigenen Verhalten konsequent umgesetzt, sonst wären Personennamen sowie Begriffe wie „ich", „mein", „Wille", „Moral" längst aus ihrem Sprachschatz verschwunden, und das selbst-bewusste Auftreten wäre durch das sklavische Verhalten des „Dieners seines Hirns" ersetzt worden.
- Es bleibt zu hoffen, dass die Theorien der Hirnforschung das öffentliche Bewusstsein nicht nachhaltig tangieren; die Konsequenzen hinsichtlich Selbstverständnis, Ethik, Recht, gesellschaftlicher Ordnung und Kultur wären unabsehbar.

Im Grunde ist die Geisteshaltung materialistischer Hirnforscher nicht „aufgeklärt", sondern durch das Dogma von der Alleinexistenz der Materie auf das Stoffliche beschränkt; der geistige Anteil der Wirklichkeit und damit das Wertvollste, was diese Welt zu bieten hat, bleibt ihnen verschlossen.

Der Mensch zwischen Abhängigkeit und Freiheit

Freiheitserfahrungen

Frei ist nur der Mensch, der innerlich frei ist und nur das tut, was seine Vernunft wählt.

ZENON

Freiheit zählt zu den zentralen Begriffen in der abendländischen Geistesgeschichte und zu deren fundamentalen und daher unverzichtbaren Werten. Jedermann glaubt zu wissen, was unter Freiheit zu verstehen ist, aber macht man die Probe aufs Exempel und befragt seine Mitmenschen, folgt in der Regel betretenes Schweigen oder hilfloses Gestammel. Offensichtlich geht es vielen ähnlich wie Augustinus, der in seinen „Confessiones" äußerte: „Ich weiß es nur, solang mich niemand fragt; sobald ich es einem, der danach fragt, erklären will, weiß ich es nicht". Vielleicht liegt dies daran, dass es sich bei der Freiheit um keinen inhaltlichen Wert – wie Wahrheit oder Gerechtigkeit – handelt, sondern um etwas Formales, man könnte auch sagen Atmosphärisches. Mit der Freiheit verhält es sich nämlich ähnlich wie mit der Atemluft: Ist sie vorhanden, merken wir meist nichts davon, und erst wenn sie knapp wird, bekommen wir ihre Lebensnotwendigkeit schmerzlich zu spüren. Ebenso besteht eine Analogie zur Gesundheit, die – solange präsent – als selbstverständlich erscheint, während sich die unzähligen Spielarten von Krankheit nur allzu deutlich bemerkbar machen. In ganz ähnlicher Weise bleibt das Vorhandensein von Freiheit vielfach unbemerkt, und erst ihr Fehlen macht uns ihre Unverzichtbarkeit bewusst.

In der Antike galt ausschließlich der auf Erkenntnis der Wirklichkeit gerichtete Geist als frei, wobei der bedeutsame Zusatz gemacht wurde, dass es dabei nur um das Erkennen an sich gehen darf und keinesfalls um eine daraus abzuleitende Nutzanwendung. Die „Nicht-Verfügbarkeit für Zwecke" (Pieper) galt somit als zentrales Element. Auf die Neuzeit übertragen wären demgemäß die theoretischen Physiker frei, denen es um nichts anderes geht als um die Erforschung der im Makro- und Mikrokosmos herrschenden Naturgesetze. Sobald praktische Zwecke ins Spiel kommen, wie z.B. der Gebrauch atomarer Kräfte zur Energiegewinnung, handelt es sich nicht mehr um freies, sondern um zweckgebundenes Denken. Diese Anschauung hat sich mit gewissen Einschränkungen bis in die Gegenwart gehalten, so dass z.B. Grundlagenwissenschaftlern Forschungsmöglichkeiten zur Verfügung gestellt werden, auch wenn diese für die Gesellschaft nicht den geringsten Nutzen abwerfen. Die Möglichkeit, sich ungehindert und rein um der Erkenntnis willen seinem Studium bzw. seiner Forschung widmen zu können, hat auf allen Wissensgebieten nach wie vor einen derart hohen Stellenwert, dass die Freiheit der Wissenschaft („akademische Freiheit") kaum angetastet wird; sie ist in sich selbst sinnvoll und steht außerhalb von jeglicher Nutzanwendung (was nicht ausschließt, dass sich diese nicht irgendwann unbeabsichtigt ergibt).

Dieser Einsicht gemäß unterschied man an den hochmittelalterlichen Universitäten und ihren antiken Vorläufern die freien Künste (artes liberales) von den dienenden Künsten (artes serviles). Jene waren ausschließlich auf den Erwerb von Wissen hingeordnet, also z.B. auf das Erfassen logischer, sprachlicher, mathematischer, musikalischer oder kosmischer Gesetzmäßigkeiten, und wurden aus reinem Interesse, um ihrer selbst willen betrieben. Zu ihnen zählten Grammatik, Rhetorik und Dialektik („Trivium") sowie Arithmetik, Geometrie, Musik und Astronomie. Dagegen vermittelten die artes serviles Kenntnisse, die im praktischen Leben von Nutzen waren und mit denen man z.B. als Jurist, Arzt oder mit einer Pfründe bedachter Weltgeistlicher seinen Lebensunterhalt verdienen konnte, so dass auch von artes lucrativae gesprochen wurde. Ein aus reinem Interesse erfolgender Wissenserwerb stand rangmäßig über dem Studium nützlicher Kenntnisse, weil er frei von jeder Bindung an irgendwelche praktischen Zwecke erfolgte und die Einsicht vorherrschte, dass jede Nutzanwendung einer Idee oder einer Tätigkeit diese in ihrem Wert mindert. Der Freie sollte „kein Lehrfach unter Zwang lernen" (Platon), auch nicht unter der Nötigung späteren Gebrauchs.

Diese unserem Nützlichkeitsdenken zunächst fremd anmutende Bewertung ist durchaus nachvollziehbar. Wenn sich ein Student der Biologie zur Beobachtung von Pflanzen und Vögeln in die Natur begibt, nur um das nächste Examen zu bestehen, ist sein Bewusstsein fixiert auf die Beachtung bestimmter Merkmale, die eine Identifikation der Pflanzen oder Tiere erlauben, während ein Naturfreund, der dies aus reinem Interesse tut, mit freiem und weit geöffnetem Bewusstsein die Schönheit der Natur beobachtet, die Vogelstimmen belauscht und seine Freude daran hat, ohne aus seinen Beobachtungen einen Nutzen ziehen zu wollen. Aus reiner Freude an der Natur ist er ganz hingegeben an das Schauen, Lauschen und Empfinden der Umwelt, sei es im Wald, auf einem Berggipfel, am Meer oder auch beim Blick in den Sternenhimmel oder eine eben erblühte taufrische Rose. Es ist jedoch nicht nur die Schönheit und Sinnhaftigkeit der Natur, der man auf diese Weise begegnen kann; in der gleichen Geisteshaltung werden auch die großen Werke der Kunst, Musik und Literatur am ehesten zugänglich. Wer sich völlig einlässt auf die Betrachtung von Bildern Botticellis, Boschs oder Cézannes, auf das Hören der großen Werke Händels, Schuberts, Mahlers oder Dvoráks, auf die Lektüre des Glasperlenspiels von Hermann Hesse, auf die gelungene Inszenierung von Lessings „Nathan der Weise", wird den Alltag mit seinen Forderungen für eine Weile hinter sich lassen und sich aus einer Welt der Notwendigkeiten in einen Raum der Freiheit begeben. Hat man das Glück, eine Osterliturgie mit gregorianischen Chorälen in einer romanischen Klosterkirche oder einen getanzten javanesischen Mythos in einem Sultanspalast miterleben zu dürfen, werden solche unvergesslichen Erlebnisse einen noch nach Jahren immer wieder in den damaligen Bewusstseinszustand versetzen. Umgekehrt wird freiheitliches Erleben durch jede Konzentration auf etwas Bestimmtes – sei es ein Termin, eine Aufgabe, ein Problem, etwas Bedrohliches oder Schmerzhaftes – beeinträchtigt, so dass Thomas von Aquin sagen konnte, dass bei Zahnschmerzen das Bewusstsein ausschließlich damit erfüllt sei und keinen Raum für anderes übrig lasse: statt freier Weite des Bewusstseins beengende Bewusstseins-Einschränkung.

Ein entscheidendes Element von freiheitlichem Tun ist anscheinend dessen Zweckfreiheit, was in utilitaristisch geprägten Gesellschaften mit ihrer Absolutsetzung der Ökonomie Ärgernis erregt. In diesen muss sich alles und jedes positiv auf Wirtschaftswachstum, Kaufkraft und Bruttosozialprodukt auswirken, um anerkannt zu werden, was zu derart absurden Konsequenzen führen kann, dass die Musik Mozarts geschätzt wird, weil deren Abspielen in Kuhställen die Milchproduktion steigert. Nur was Nutzen verspricht, wird als Wert anerkannt. Wie weit diese Merkantilisierung des Bewusstseins bereits vorangeschritten ist, erkennt man daran, dass selbst die Güte literarischer Werke an den in Bestsellerlisten dokumentierten Verkaufserfolgen, die Qualität zeitgenössischer Maler am Preis ihrer Bilder und die von Opernsängern an der Höhe ihrer Gagen gemessen wird.

Das hohe Gut der Freiheit von Wissenschaft und Kunst ist in allen von Zweckhaftigkeit und Nutzerwägungen dominierten Gesellschaften äußerst gefährdet, und so mancher Grundlagenforscher, Philosoph, Poet oder Mönch musste sich schon die kritische oder gar aggressiv vorgetragene Frage gefallen lassen: „Was für einen Zweck soll das haben?". Das Gespür für die enorme Bedeutung eines zweckfreien und in sich selbst sinnvollen Tuns ist vielen vom Nützlichkeitsdenken infizierten Zeitgenossen verloren gegangen. Dabei ist die Nichtverfügbarkeit für Zwecke ein unverzichtbares Attribut jeder Freiheit. Bedauerlicherweise hat das Zweckdenken bereits Einzug in die Köpfe mancher Wissenschaftler gehalten, die über eine Theorielastigkeit der Studiengänge und mangelnden Praxisbezug klagen. Dabei ist die Studienzeit für die meisten die einzige Gelegenheit, sich intensiv auf die theoretischen Fundamente ihres Fachs einzulassen, während sie Jahrzehnte ihres Lebens für den Praxisvollzug zur Verfügung haben.

Um die rechten Maßstäbe zurückzugewinnen, hilft vielleicht eine kurze Überlegung. Angenommen, wir lebten in einem wirtschaftlich prosperierenden Land, in dem für alle unsere Bedürfnisse bestens gesorgt wäre. Wir hätten Nahrung, Kleidung, Wohnraum, Luxusgüter im Überfluss und bräuchten uns keinerlei Zukunftssorgen zu machen. Wäre ein solcher Zustand für ein wahrhaft menschliches Leben ausreichend? Oder ist die Sicherung der materiellen Bedürfnisse lediglich dessen Basis? Sind es nicht gerade die nutzlosen Beschäftigungen, die unserem Leben Sinn und Freude vermitteln: Spaziergänge, Gespräche, Konzerte, Reisen, Spiele, Lektüre, Musik, Tanz und Meditation? Statt die Welt auszubeuten, sich am Wunder der Schöpfung erfreuen, statt die Urwälder abzuholzen, sich für die Fülle von Lebensformen interessieren und statt die Meere leerzufischen, die Aussicht auf deren majestätische Weite und Urgewalt sowie auf die zauberhaften Korallenriffe genießen? Diese von jedem Gedanken an praktische Zwecke weit entfernte Geisteshaltung, die nichts ist als reine Schau, ist gelebte Freiheit und bereichert unser Dasein durch die Einsichten in natürliche und kulturelle Schönheiten. Je mehr sich der Mensch auf das Erkennen der Wirklichkeit ausrichtet, umso freier ist er.

Umgekehrt fördert die Seichtheit des kommerzialisierten, rein zweckhaften Daseinsvollzugs die Entfremdung zwischen Mensch und Natur sowie die Auflösung metaphysischer Beziehungen mit der häufigen Folge von Ungeborgenheit, Existenzangst und Sinnverlust, dem durch ameisenhafte Geschäftigkeit und Betäubung durch Medienkonsum und Drogen begegnet wird. Die geläufige Orientierung an materiellen Werten wird von diversen alternativen Bewegungen in Frage gestellt, indem Lebenssinn anderweitig gesucht wird, so z.B. in einer Wertschätzung der Natur mit „Bewahrung der Schöpfung", in mitmenschlicher Solidarität und kreativer Selbstverwirklichung.

In terminologischer Hinsicht bleibt zu ergänzen, dass der im engeren Sinn optische Begriff „Schau" in einem erweiterten Sinn jegliches Empfangen von Wirklichkeit umfasst, also nicht nur Sehen, sondern ebenso Hören, Riechen, Schmecken, Empfinden, rationales und intuitives Erkennen. Mit allen Sinnes- und Geisteskräften sich der Wirklichkeit aufschließen, um durch deren Schönheit, Sinn- und Werthaftigkeit bereichert und gesättigt zu werden. Dies ist die wohl höchste und freieste Weise menschlichen Verhaltens.

Bei aller Bedeutung, die der reinen Schau der Wirklichkeit in der philosophischen und theologischen Tradition beigemessen wird, darf nicht vergessen werden, dass es nicht nur ein zweck-freies Erkennen, sondern auch ein zweckfreies Tun gibt. Dessen Inbegriff sind Kult und Spiel. Kultische Rituale zum Frühlingsbeginn oder nach eingebrachter Ernte, bei Hochzeiten oder Begräbnissen, Initiationsriten nach Erlangung der sexuellen Reife, Opferfeiern, um den Göttern zu huldigen, sind in allen Kulturen anzutreffen, als dem Alltag mit seinem Getriebe entzogen, in sich ihren Sinn findenden Vollzügen. In christlichen, muslimischen und jüdischen Gesellschaften wird jeweils ein Wochentag freigestellt, um den Menschen einen Rückzug von den „knechtlichen Arbeiten" – wie jedes zweckhafte, geschäftsmäßige Tun früher genannt wurde – zu ermöglichen und ihren Sinn vom Irdischen auf das Göttliche, vom Nützlichen auf in sich selbst sinnvolle Werte zu lenken. Kirchen, Tempel und Moscheen als zweck-freie Räume, in denen Gottesdienst gefeiert wird, um den Sinn der Gläubigen vom geschäftigen Alltag abzuwenden und – durch geistliche Lesungen und Lieder unterstützt – zum Transzendenten zu führen, wodurch eine den Alltag überhöhende Daseinsform ermöglicht wird.

Auch außerhalb des religiösen Bereichs findet sich eine Fülle nutz-loser, in sich selbst sinnvoller Tätigkeiten: Weltliche Feste, wie Geburtstage, Hochzeiten, Jubiläen, gehören ebenso dazu wie erotische Begegnungen, vertraute Gespräche mit Freunden, Konzert- und Theaterbesuche, Ausflüge und Reisen, Spiele oder sportliche Aktivitäten. Bereits ein kleiner besinnlicher Spaziergang am ersten schönen Frühlingstag, ein Bad in einem stillen Waldsee, ein Bummel durch den Park, eine Strandwanderung am Meer, der Blick in den Wolkenhimmel, ein fließendes Gewässer oder einen herbstlich verfärbten Laubwald sind Möglichkeiten, dem Trubel und der Hektik des Alltags zu entfliehen und zu sich selbst zu finden.

Im fernöstlichen Kulturkreis wurden derartige Möglichkeiten vertieft und verfeinert durch die Anlage kunstvoll gestalteter Gärten, Teezeremonien und besonders auch durch meditative Praktiken, wie Za-Zen, die eine Einkehr in sich selbst bei gleichzeitiger totaler Öffnung zur Welt im Ganzen ermöglichen und im Satori – der Einswerdung von Ich und Welt – ihren Höhepunkt finden.

Eine weitere Form eines in sich selbst sinnvollen Tuns ist die künstlerische Gestaltung von Figuren, Bildern, musikalischen oder literarischen Werken, aber auch deren Nachvollzug durch Betrachten, Lesen, Musizieren, Singen und Tanzen. Selbst alltägliche Tätigkeiten wie Kochen, Gärtnern, Handwerken, Nähen, Autofahren, sportliche Aktivitäten und sogar elementare Funktionen wie Sitzen, Gehen, Essen, Schreiben, Teetrinken können zur Kunstfertigkeit entwickelt werden und nicht nur Funktionslust bewirken, sondern darüber hinaus zur Basis einer souveränen Lebensgestaltung avancieren. Jedes gekonnte und mit spielerischer Leichtigkeit vollzogene Tun bringt einen Hauch von Freiheit in den Alltag, was wiederum in fernöstlichen Kulturen viel bewusster gepflegt wird: Haltungsschulung zur Förderung der inneren Haltung, zeremonieller Teegenuss, Steigerung des Schreibens zur Kalligraphie und des Bogenschießens zur Meisterung des Lebensweges. Auch die alltäglichste Tätigkeit kann bis zur „Exzellenz" (W. Schmid) perfektioniert werden und zum Gelingen eines selbstbestimmten Lebensweges beitragen.

Marcuse postuliert eine Gesellschaft, in der „das Sinnliche, das Spielerische, die Muße Existenzformen und damit zur Form der Gesellschaft selbst werden" und er besteht darauf, „dass eine sozialistische Gesellschaft leichtfüßig und spielerisch sein kann und sollte, dass diese Qualitäten wesentliche Elemente der Freiheit sind", was selbstverständlich auch für nicht-sozialistische Gesellschaften Gültigkeit besitzt.

In diesem Zusammenhang ist darauf hinzuweisen, dass derartige Aktivitäten eine Einübung verlangen, um wirklich frei vollzogen werden zu können. Das Einüben einer Klaviersonate ist über weite Strecken ein mühsames und frustrierendes Unterfangen, und erst die souveräne und mühelose Wiedergabe durch einen Könner erscheint wirklich frei. Ebenso sind die ersten verbissenen Laufversuche auf Schlittschuhen Schwerstarbeit und mit der meisterhaften Eleganz einer gekonnten Eislaufkür nicht zu vergleichen. Schließlich handelt es sich bei der Zen-Meditation keineswegs um die Erweckung erhabener Gefühle, sondern buchstäblich um Knochenarbeit, und erst nach jahrelanger Praxis entwickelt sich die Leichtigkeit und Freiheit des Könners, die in der Erleuchtung ihren Höhepunkt findet. Eugen Herrigel berichtet in seinem Buch „Zen in der Kunst des Bogenschießens" von der Notwendigkeit eines jahrelangen harten Trainings bis zur Beherrschung der Technik mit Erlangung von traumhafter Sicherheit, und erst in diesem Stadium ist alles „so einfach wie ein Spiel, und man ist nun im Vollbesitz souveräner Freiheit".

Die gleiche Vollendung zeichnet Dichter, Wissenschaftler, Komponisten und Künstler auf dem Höhepunkt ihrer Entwicklung aus; auf diesem angelangt, strömen die Gedanken und Kreationen nahezu mühelos aus ihnen heraus, so dass Rilke seine Duineser Elegien, Picasso zahlreiche Gemälde oder Mozart etliche Konzerte und Opern in kürzester Zeit vollendeten. Im Hinblick auf die Freiheit eines solchen Tuns berichtet E. Herrigel von einem begnadeten japanischen Schauspieler, „der die Technik souverän beherrscht und dadurch wahrhaft befreit ist".

Allen diesen zweckfreien, in sich selbst sinnvollen Verhaltensweisen, sei es passives Empfangen in „liebender Betrachtung" (wie J. Pieper Kontemplation übersetzt) oder sei es aktives Tun, ist eines gemeinsam: Sie benötigen einen Freiraum sowie ein Entbundensein von Pflichten und Zwängen, mit anderen Worten, sie brauchen Muße.

In einer durch ökonomische Interessen geprägten Arbeitswelt ist bereits der Begriff „Muße" zum Fremdwort geworden und die aristotelische These „Man arbeitet, um Muße zu haben" ruft vielfach Unverständnis hervor. Dabei ist schlicht und einfach ein Mangel an Muße für die Hauptübel unserer Zivilisation, wie Hektik, Zeitdruck und Stress verantwortlich. Als einfachstes Beispiel kann das Essverhalten herangezogen werden. Statt die täglichen Mahlzeiten als höchst erfreuliche Ruhe- und Gesprächspausen zu schätzen, werden sie vielfach als notwendiges Übel angesehen und möglichst rasch hinter sich gebracht, was den Siegeszug der unseligen Fast-Food-Ketten erst ermöglichte.

Im Zusammenhang mit der Erlangung von persönlicher Freiheit und Unabhängigkeit ist entscheidend, dass diese durch jedes Verhaftetsein in ökonomische Zwänge, durch hektisches Getriebensein, das nicht nur die Arbeitswelt beherrscht, sondern in die Freizeit hinübergenommen wird, sowie durch Lärm, Trubel und Informationsflut unmöglich gemacht oder zumindest erheblich erschwert wird. Jedes zweckgerichtete Verhalten und jeder optische oder akustische Außenreiz fixieren unsere Aufmerksamkeit darauf und begrenzen damit unser Bewusstsein, während nur ein weit geöffneter, unabgelenkter Bewusstseinsraum als frei gelten kann. Auch im chinesischen Denken wird eine derartige Kombination von Offenheit, Absichtslosigkeit und selbstvergessener Hingabe als hohes Ziel propagiert („wu-wei").

Eine Befreiung aus dem Räderwerk der Pflichten und dem Netz aus Gewohnheiten birgt allerdings auch Gefahren, da das Ausbrechen aus den gewohnten Gleisen und das Sich-Einlassen auf Neues ein mit Risiken verbundenes Verlassen des sicheren Hafens bedeutet. Gelegentlich mündet die Freiheitsbewegung auch in irrationalem Schwärmertum, insofern die Freiheit im Reich der Phantasie, in virtuellen Träumen und rauschhaften Zuständen gesucht wird. Schließlich führt der selbstgewählte Ausbruch aus der Gesellschaft durch nonkonformistische Aussteiger zwar zu der ersehnten Ungebundenheit, nicht selten aber auch zu gesellschaftlicher Ausgrenzung. Das Freiwerden von beengenden Abhängigkeiten und Zwängen, wie z.B. die Loslösung aus konventionellen Verhaftungen, muss daher ergänzt werden durch die Gewinnung autonomer (d.h. selbst-gesetzter) Ansichten und Ziele, um nicht in Orientierungslosigkeit und Sinnkrisen zu enden.

Freiheit ist für die meisten Menschen weniger ein abstrakter philosophischer Begriff als vielmehr ein existenzielles Grundgefühl. Erfahrungen von Freiheit kennt bereits jedes Kind, so z.B., wenn sich am letzten Schultag eine lange, schulfreie Zeit auftut, wenn es in den Ferien nicht um 20 Uhr ins Bett muss oder wenn es sich am ersten warmen Frühlingstag von den dicken Winterkleidern befreien darf. Als Erwachsener ist es der Freitagabend und vor allem der erste Urlaubstag, der einen spürbar entlastet, ebenso der erfolgreiche Abschluss eines Examens oder einer belastenden Aufgabe. Die überraschende Genesung nach schwerer Krankheit, die Befreiung von einer Schuldenlast durch ein unerwartetes Erbe, aber auch die Erlösung von quälenden Schuldgefühlen durch Sühnung oder der erfolgreiche Abschluss einer Entziehungskur vermitteln Freiheitsgefühle als Reaktion auf den Fortfall von Pflichten, Lasten oder Abhängigkeiten.

Ganz anderer Art sind die Freiheitsgefühle, die nicht durch Entlastung, sondern in Verbindung mit einer Verrichtung der oben genannten freiheitlichen Verhaltensweisen entstehen, also z.B. bei der hingebungsvollen Betrachtung natürlicher oder kultureller Werte bzw. bei der selbstvergessenen Ausübung künstlerischer oder spielerischer Aktivitäten. Ganz besondere – gleichsam elementare – Freiheitserlebnisse ergeben sich beim Empfinden der Schwerelosigkeit des in einem Salzsee oder Solebecken schwimmenden Körpers oder in der schwebenden Leichtigkeit eines dahingleitenden Fesselballons oder Drachenfliegers, wobei derartige Erlebnisse durch ein Vergessen der Zeit noch intensiviert werden.

Gemeinsam sind allen Freiheitsgefühlen die Elemente von Weite, Offenheit, Gelöstheit und Schwerelosigkeit, während umgekehrt Gefühlen von Unfreiheit die Merkmale Druck, Enge, Schwere, Getrieben- und Gebundenheit anhaften, außerdem das dumpfe Bewusstsein, äußeren oder inneren Mächten ausgeliefert und nicht Herr im eigenen Haus zu sein.

Bei all den Hymnen an die Freiheit in Philosophie und Dichtung erhebt sich angesichts der vielen Abhängigkeiten und Zwänge in unserem Leben manchmal die Frage: Sind das nicht bloße Hirngespinste weltfremder Geister? Können wir überhaupt freie Entscheidungen treffen? Existieren nicht zahlreiche Normierungen unseres Verhaltens, die uns nur deshalb unbewusst bleiben, weil sie uns in frühester Kindheit andressiert und dadurch zu unreflektierten Gewohnheiten wurden? Und schließlich: Wollen die Menschen überhaupt frei sein?

Bei derartigen kritischen Anfragen dürfte es am besten sein, zu überprüfen, ob es in unserem konkreten Alltag Freiheitserfahrungen gibt. Entsprechende Umfragen in der Bevölkerung zeitigen recht variable Ergebnisse, die man überwiegend zwei Gruppen zuordnen kann:

- Eine überraschend hohe Zahl von Befragten definiert Freiheit positiv, also als Möglichkeit, sein Leben selbst gestalten, Beruf, Partner und Wohnort frei wählen zu können. Hierzu zählen auch die freie Wahl der Freizeitgestaltung, der Reiseziele und des Lebensstils. Etwas anspruchsvollere Zeitgenossen legen besonderen Wert auf ihre Meinungsfreiheit und die Chance, ihre Persönlichkeit in einem selbstbestimmten Leben frei zu entfalten.
- Eine zweite Personengruppe kommentiert die eigenen Freiheitserfahrungen eher „negativ", d.h. als Fortfall von Unfreiheit. Diese Menschen erleben sich als frei (oder genauer befreit), wenn die Abhängigkeit vom Elternhaus in Folge eines eigenen Einkommens und einer eigenen Wohnung entfällt, wenn sie sich beruflich selbstständig machen und nun ihr eigener Herr sind, wenn sie infolge Berentung der Verpflichtung zur Arbeit entronnen sind oder wenn sie sich aus den Fesseln einer konfliktreichen Partnerschaft oder einer quälenden (Alkohol-, Drogen-, Computer-) Abhängigkeit lösen konnten. Personen der zweiten Gruppe scheint offenbar die Abwesenheit von allen Formen der Unfreiheit zu genügen.

Die Postulierung menschlicher Freiheit bedeutet in keiner Weise, dass wir bei unseren alltäglichen Verrichtungen laufend freie Entscheidungen treffen würden. Müsste man sich jeden Morgen entscheiden:

- Gehe ich erst unter die Dusche oder frühstücke ich als Erstes?
- Rasiere ich mich vor- oder nachher?
- Trinke ich Tee oder Kaffee, eine oder zwei Tassen?
- Nehme ich Weiß-, Schwarz- oder Vollkornbrot?

käme man vor lauter Überlegen keinen Tag pünktlich zur Arbeitsstelle. Für die meisten dieser alltäglichen Abläufe haben wir einmal eine Entscheidung gefällt und behalten diese bei, d.h., sie ist zur Gewohnheit geworden und läuft nahezu automatisch ab. Ohne eine derartige Alltagsroutine wären wir nicht lebenstauglich.

Ernst zu nehmende Entscheidungen treffen wir normalerweise nur in Ausnahmefällen:

- Soll ich eine höhere Schule besuchen oder eine handwerkliche Ausbildung anstreben?
- Soll ich studieren und gegebenenfalls welches Fach?
- Bevorzuge ich ein Single-Dasein oder ein Familienleben?
- Soll ich eine problematische Partnerschaft weiterführen oder beenden?
- Auf welche Schule schicken wir die Kinder?
- Besorgen wir uns ein Theaterabonnement?
- Wann kaufen wir ein neues Auto und welches Modell?
- Welche Partei wähle ich bei der nächsten Wahl?
- Soll ich mir ein neues Hüftgelenk einsetzen lassen und gegebenenfalls wo und von wem?
- Gebe ich meine Wohnung auf und ziehe ins Altenheim?
- Ertrage ich die unheilbare schmerzhafte Erkrankung oder wende ich mich an eine Sterbehilfe-Organisation?

Es sind somit existentiell bedeutsame Situationen, die uns zu Entscheidungen herausfordern. Ein erheblicher Teil unserer Alltagsroutine läuft demgegenüber fremdgesteuert oder gewohnheitsmäßig ab, was die Abläufe beschleunigt und glättet, aber uns nicht der Notwendigkeit enthebt, immer wieder einmal Besinnungspausen einzulegen und die Richtigkeit früherer Entscheidungen zu überdenken und diese gegebenenfalls zu revidieren.

Auf die Frage „Wollen die Menschen überhaupt frei sein?" lässt sich zumindest antworten, dass es wohl kaum einen Menschen geben dürfte, der Tyrannei, Knechtschaft, Unterdrückung, Indoktrinierung, Rede- und Reise-Verbot einer freiheitlichen Lebensweise vorziehen würde. Ob dagegen die Befreiung von sinnlichen und ich-haften Abhängigkeiten sowie freiheitliches Denken und Tun für die Mehrzahl der Menschen bedeutsam ist, erscheint eher zweifelhaft. Vermutlich genügt vielen ein sattes, bequemes, gesichertes Leben in Kombination mit Gesundheit, gutem Auskommen, nettem Bekanntenkreis sowie einem „Lüstchen für den Tag" und einem „Lüstchen für die Nacht" (Nietzsche). Einige wenige, wie Jean Paul Sartre, betrachten die Freiheit gar als Zumutung, zu der man verurteilt sei, anstatt als großartige Chance, sich zur eigenen Wesensbestimmung zu bekennen und zu dem Menschen zu werden, der in einem angelegt ist. Überraschenderweise gibt es – außer unter Hirnforschern – kaum Menschen, die ihre Freiheit leugnen, auch wenn der Freiheitsspielraum gelegentlich nicht sehr geräumig zu sein scheint.

Trotz der zweifelsfreien Existenz von Freiheitserfahrungen muss man konstatieren, dass im Leben der meisten Menschen Pflichten, Abhängigkeiten und Zwänge dominieren und dass Zustände der Unfreiheit intensiver und konkreter erlebt werden, was sich auch im Sprachschatz widerspiegelt. So stehen dem Adjektiv frei eine ganze Reihe dazu konträrer Begriffe gegenüber, nämlich nicht nur unfrei, sondern darüber hinaus gezwungen, eingeschränkt, behindert, gehemmt, abhängig, gebunden, gefangen, gegängelt, verhaftet, verpflichtet, genötigt, belastet, bedrückt, beengt, gefesselt, versklavt, fremdbestimmt, unterdrückt, beherrscht. Zudem sind einige Begriffe, die dem Bedeutungsbereich von Freiheit zugehören, keine eigenständigen Wortschöpfungen, sondern bloße Verneinungen ihres Gegenteils, wie z.B. un-abhängig, un-gezwungen, un-behindert, un-gebunden. Somit weist uns bereits der alltägliche Sprachgebrauch auf die vielfältigen Einschränkungen der menschlichen Freiheit hin. Im Laufe eines gelingenden Lebens mit zunehmender Selbstwerdung vergrößert sich jedoch der Freiheitsspielraum bis hin zur weitestgehenden Selbstbestimmung einer reif gewordenen Persönlichkeit – frei von Abhängigkeiten, frei zur Selbstverwirklichung.

Zwang und Freiheit im Raum der Politik

Zu Beginn der Neuzeit wurde vorrangig die Befreiung aus politischen, kirchlichen und gesellschaftlichen Abhängigkeiten und Zwängen gesucht, wobei die angewandten Mittel von einer Aufklärung der Bevölkerung bis hin zu Aufständen und Befreiungskriegen reichten. Menschenrechte wie Meinungsfreiheit, Redefreiheit, Reisefreiheit und Religionsfreiheit mussten in langwierigen Kämpfen errungen werden, bis sie wenigstens von einem Teil der Staaten respektiert wurden. Die bis in die Gegenwart reichende Befürchtung eines zerstörerischen Potentials aller Freiheitsbewegungen, die zur Rechtfertigung autoritärer staatlicher Ordnungen dient, ist zwar nicht von der Hand zu weisen, zumal wenn subversive Elemente die Oberhand gewinnen, wird aber hinfällig, wenn die bürgerlichen Freiheiten vernunft- und moralgeleitet gebraucht werden. Im Übrigen verbleiben jedem Staatswesen genügend Möglichkeiten, um einem Missbrauch gewährter Freiheiten entgegenzutreten, ohne dass deshalb die prinzipielle Gültigkeit der Menschenrechte angetastet werden muss.

Manche Historiker, wie z.B. Egon Friedell, sind der Meinung, dass hinter den Befreiungsbewegungen weniger ein „unstillbarer Freiheitsdurst des Volkes" als vielmehr soziale Notlagen mit Armut, Hunger und Chancenlosigkeit standen, besonders wenn diese durch üppiges Leben, maßlose Ausschweifungen und Günstlingswirtschaft einer reichen Oberschicht kontrastiert wurden und den Unmut schürten. Was die Menschen empört, ist weniger Unfreiheit als Ungerechtigkeit, Willkür, Korruption, Unrechtsjustiz, Armut und fehlende Zukunftsperspektiven, wobei eine derartige Motivation bekanntlich auch den 2011 vollzogenen Aufständen in mehreren arabischen Ländern zugrunde lag. Man muss allerdings konstatieren, dass für viele Menschen auch Mitbestimmung sowie die freie Ausübung ihrer Religion wichtige Motive für Erhebungen waren und dass sich in Ländern bzw. Landesteilen, die unter einer Fremdherrschaft standen, auch der Wille nach Rückgewinnung der nationalen Souveränität auswirkte, wie dies im 20. Jahrhundert bei vielen Kolonialländern der Fall war. Der Wunsch nach einer Verbesserung der wirtschaftlichen und rechtlichen Situation konnte somit mit dem Verlangen nach Religionsfreiheit sowie nach Befreiung aus Bevormundung und Unterdrückung durchaus Hand in Hand gehen.

Gegenüber Tyrannen mit ihrem Machtrausch gibt es nur zwei Verhaltensweisen: Unterwürfigkeit und Willfährigkeit, d.h. selbstgewählte Sklaverei um irgendwelcher Vorteile willen, und sei es nur dem des Überlebens, oder Widerstand und Rebellion. Seelische Verkrüppelungen sind die Folgen sowohl bei den Opfern als auch bei den Handlangern solcher Regimes. Welche Auswirkungen die Unmoral einzelner Machthaber auf das Wohlergehen des gesamten Volkes hat, ist durch unzählige Beispiele von Nero bis Trujillo dokumentiert.

In Bezug auf die sogenannten Religionskriege bleibt anzumerken, dass diese ihren Namen nicht immer zu Recht führen, sondern dass diese des Öfteren dadurch ausgelöst werden, dass die Angehörigen einer Religion bzw. Konfession systematisch benachteiligt werden, wie dies beispielsweise bei den Katholiken in Nordirland der Fall war. Deren Rebellion wurde nicht durch Glaubensgegensätze ausgelöst, sondern durch die permanente Unterprivilegierung.

In einer freiheitlichen Demokratie spielt politische Unterdrückung der Bürger nur noch eine untergeordnete Rolle, obwohl die Fälle Steinbach und Sarrazin zeigten, dass unter Meinungsfreiheit vielfach nur die Redefreiheit der Ja-Sager verstanden wird, welche lediglich die herrschenden Ansichten wiederkäuen. Insbesondere stellt die „political correctness" – wie andere aus den USA importierten „epidemischen Geisteskrankheiten" (K. Lorenz) – vielfach nur den Versuch dar, unbequemen Mahnern einen Maulkorb zu verpassen und politische Tabus zu sanktionieren. So ist beispielsweise die Tabuisierung des Begriffs „Rasse" unverständlich, da es nun einmal bei allen Säugetieren und ebenso beim Menschen unterschiedliche Rassen gibt und der Ersatzbegriff „Ethnien" etwas anderes aussagt, nämlich Gesellschaften mit einer einheitlichen Kultur. Verwerflich ist nicht die Verwendung des Begriffs „Rasse" – dieser ist unentbehrlich –, sondern lediglich dessen diskriminierender bzw. glorifizierender Gebrauch. Statt den geschwollenen Terminus „political correctness" zu gebrauchen, dem E. Fleig eine „pestartige Virulenz" bescheinigt, sollte man das wirklich Gemeinte besser als „Maulkorb-Doktrin" bezeichnen. Dabei zählt es zu den höchsten demokratischen Errungenschaften, dass jeder Bürger offen und öffentlich seine Meinung äußern darf, solange er nicht zur Anwendung von Gewalt oder anderen Straftaten aufruft, denn Freiheit bedeutet „das Recht, den Leuten zu sagen, was sie nicht hören wollen" (George Orwell). Außerdem sollte klar sein, dass unter Meinungsfreiheit nicht die Freiheit des konformistischen Nachplapperers der sogenannten öffentlichen Meinung verstanden wird – diese ist nie und nirgendwo bedroht – ‚sondern die des Andersdenkenden. In dieser Hinsicht hat unser Staat durchaus Nachholbedarf.

Der frühere Bundesminister Clement sieht die Freiheit des Bundesbürgers auch noch durch weitere staatliche Maßnahmen eingeschränkt. So werden durch eine ungebremste Regelungswut samt zugehöriger Gesetzesflut viele unternehmerischen Initiativen im Keim erstickt. Dies betrifft nicht nur unzählige Kleinunternehmer und potentielle Existenzgründer, die allein durch den Wust an bürokratischen Formalitäten abgeschreckt oder gar kaputt gemacht werden, sondern durchaus Weltkonzerne, wie den früheren Pharmakonzern Hoechst. Diesem in der Insulinproduktion führenden Unternehmen wurde von dem damaligen hessischen Umweltminister Joschka Fischer zehn Jahre lang – aus verbohrter ideologischer Gesinnung heraus – die innovative gentechnische Produktion von Human-Insulin verboten, obwohl damit endlich ein allergiefreies Mittel für unzählige Diabetiker zur Verfügung gestanden hätte. Diese Chance ließen sich ausländische Firmen nicht entgehen, und die Firma Hoechst existiert heute nicht mehr. Auch in anderen Bereichen wird die Freiheit von Wissenschaft und Forschung durch Verbote sowie – auf unauffälligere Weise – durch Mittelverknappungen bedroht.

Obwohl in einer Demokratie das Volk als Souverän gilt, wird von den sogenannten Volksvertretern aller Parteien über die Köpfe der Bürger hinweg entschieden, so dass man zutreffender von einer „Politokratie" sprechen sollte. Diese Bevormundung beginnt bereits bei den angeblich freien Wahlen, bei denen man letztendlich nur den in den Hinterzimmern der Parteizentralen nach vielem Gemauschel vorselektierten Kandidaten seine Stimme geben kann und wo viele der Einflussreichsten schon vor der Wahl ihr Mandat gewonnen haben – durch Platzierung auf den vordersten Listenplätzen.

Durch starre gesetzliche Laufbahn-Regelungen im öffentlichen Dienst wird der Aufstieg intelligenter und kreativer Köpfe massiv behindert. Die Karriere eines Bill Gates wäre in Deutschland als Studienabbrecher undenkbar gewesen; vermutlich wäre er ohne Diplom nicht einmal als Ingenieur bei Siemens eingestellt worden.

Ein generelles Manko aller Regierungen ist der Erlass immer neuer Gesetze, anstatt den Bestand des Vorhandenen zu lichten und in jeder Legislaturperiode einige zu eliminieren. Dabei hatten schon die alten Römer erkannt, dass Gesetze nutzlos sind, um Sittenlosigkeit auf allen Gebieten – einschließlich Wirtschaft, Politik und Finanzwesen – Einhalt zu gebieten: „Quid leges sine moribus" („Was nützen Gesetze ohne Sitten")? Dieselbe Einsicht veranlasste Konfuzius zu dem Ausspruch: „Wenn man durch Erlasse leitet und durch Strafen ordnet, so weicht das Volk aus und hat kein Gewissen", woraus er die Schlussfolgerung zog, dass an die Stelle der unzähligen Gesetze ein für alle verbindlicher gesellschaftlicher Verhaltenskodex zu treten habe. Auch Tacitus zweifelte am Wert der vielen Gesetze und klagte: „Wie einst die Verbrechen, so machen uns jetzt die Gesetze zu schaffen".

Je mehr Bestimmungen und Verbote in einem Staat existieren, umso höher werden die Barrieren für bürgerschaftliche Initiativen. Zwischenzeitlich sind wir so weit, dass selbst hochwillkommene ehrenamtliche Aktivitäten dadurch eingeschränkt werden. So wurde beispielsweise die geplante Mithilfe von Ruheständlern bei der Pflege öffentlicher Anlagen untersagt, da bei fehlendem Arbeitsverhältnis kein Versicherungsschutz vorläge – als ob Unkraut jäten und Rasen mähen unfallträchtige Beschäftigungen wären.

Bei aller berechtigten Kritik an unserem in mancherlei Hinsicht nicht sonderlich freiheitlichen Staatswesen und daraus ableitbaren Forderungen nach einem Zuwachs an bürgerlichen Freiheiten muss man betonen, dass selbst in mustergültigen Demokratien gewisse Einschränkungen des Freiheitsspielraums der Bürger unumgänglich sind. Schulpflicht, Meldepflicht, Steuerpflicht, Versicherungspflicht usw. entspringen nämlich nicht staatlicher Willkür, sondern sind in einem geordneten Staat unentbehrlich. So lästig derartige Verpflichtungen auch sein mögen, entkleiden wir sie durch Einsicht in deren Notwendigkeit ihres Zwangscharakters. Die dazu passende innere Einstellung wurde von den weisen Chinesen bereits vorformuliert: „Was wir ohnehin tun müssen, sollten wir am besten gerne tun."

Die Gesellschaft als Ort der Abhängigkeiten und Befreiungen

Gönne dir einen Augenblick der Ruhe,
und du begreifst, wie närrisch du herumgehastet bist.

LAOTSE

Die Einbindung unseres Daseins in die Gesellschaft geht mit zahlreichen Einschränkungen unseres Freiheitsspielraums einher, was Schopenhauer zu der Aussage veranlasste: „Zwang ist der unzertrennliche Gefährte jeder Gesellschaft; …nur wenn man allein ist, ist man frei." Dieselbe Erfahrung machte Kleist, der in einem Brief schrieb: „…froh kann ich nur in meiner eigenen Gesellschaft sein, weil ich da ganz wohl sein darf." Der Grund dafür sind die zahlreichen ungeschriebenen Gesetze, welche die Beziehungen zwischen den Mitgliedern einer Gesellschaft regeln und gegen die man nicht verstoßen darf, ohne unangenehm aufzufallen oder gar als „enfant terrible" geächtet zu werden. Derartige Konventionen sind teilweise generell gültig; daneben existieren aber auch zahlreiche spezielle Verhaltensregeln, die nur für bestimmte Gruppen Gültigkeit haben, wie z.B. Jugendgangs, kirchliche Kreise, Beamte, Militärs und sogar Mafiosi („Gaunerehre"). Eine besonders starre Etikette fordert die sogenannte feine Gesellschaft mit ihren Kleidungsvorschriften, Tischsitten, Verhaltensregeln und der dort üblichen Beschränkung des Denkens auf konventionelle Ansichten, so dass nicht nur ein steifes Benehmen, sondern auch ein starres Gedankenkorsett jede Spontaneität und Freizügigkeit blockieren.

Viele Verhaltensregeln werden uns im Umgang mit den Mitmenschen gar nicht als solche bewusst, da sie uns bereits in der Kindheit anerzogen wurden und daher als selbstverständlich erlebt werden. Dass es auch ganz anders sein kann, erfahren wir meist beim erstmaligen Aufenthalt in einem fremden Land, in dem andere Sitten und Umgangsformen herrschen, die der dortigen Bevölkerung als die einzig gültigen erscheinen. Die Vermittlung derartiger gesellschaftlicher Regeln erfolgt vielfach durch Konditionierung, d.h. durch Belohnung erwünschten und Bestrafung unerwünschten Verhaltens, wobei solch ein Verstärkungs- bzw. Vermeidungslernen am wirksamsten zu sein pflegt, wenn Lohn bzw. Strafe möglichst rasch auf das erwünschte bzw. unerwünschte Tun folgen. Auf diese Weise wird man besonders in der Kindheit zum Opfer normierender gesellschaftlicher Bedingungen, von denen man sich allerdings durch Einsicht in deren Beliebigkeit zu befreien vermag.

Je zwanghafter das Verhalten in einer Gesellschaft abläuft, umso wohltuender ist dann das völlig ungezwungene Beisammensein unter Freunden, wo man nicht jedes Wort auf die Waagschale legen muss. Aber auch außerhalb eines solchen vertrauten Kreises kann man sich durch freiwillige Übernahme akzeptabler Konventionen und innerliche Distanzierung von inakzeptablen Regeln einen gewissen Freiheitsraum bewahren.

Eine besondere Freiheitserfahrung wurde der Generation der heute über Sechzigjährigen zuteil. Viele Angehörige dieser Altersgruppe erlebten in ihrer Kindheit eine von puritanischen Moralvorstellungen geprägte, stickige Atmosphäre mit leib- und sexualfeindlichen Tendenzen, falsch verstandener Demut und Autoritätshörigkeit. Aus dem beengenden moralischen Korsett wurden sie durch die 68er-Revolution befreit, wobei diese leider nur das verlogene moralische Gerüst zum Einsturz brachte, ohne dafür dem Wesen des Menschen gemäßere Spielregeln bereitzustellen, so dass ein moralisches Vakuum entstand, an dem unsere Gesellschaft bis heute krankt.

Außer durch Konventionen wird das Leben in der Gesellschaft durch die bereits erwähnten staatsbürgerlichen Pflichten eingeschränkt, aber auch durch Verpflichtungen gegenüber dem Partner, den Kindern, Eltern und Geschwistern. Die alltäglichen Frondienste im Beruf und Haushalt stellen eine derart massive Einschränkung des persönlichen Freiheitsrahmens dar, dass in der Antike jeder, der für seinen Lebensunterhalt arbeiten musste, als Unfreier galt, eine Ansicht, der sich Nietzsche anschloss: „Wer von seinem Tage nicht zwei Drittel für sich hat, ist ein Sklave". Die „Versklavung" durch den Zwang zur Arbeit kann allerdings gemildert werden, wenn man diese aus Einsicht in ihre Notwendigkeit nicht widerwillig, sondern freiwillig verrichtet. Darüber hinaus werden nur arbeitswütige Workaholics völlig von der Arbeit in Anspruch genommen, während den meisten Freiräume in Form des Feierabends und der freien Wochenenden offenstehen, um sich ihrer Freizeit zu erfreuen, also über einen Zeitraum, der nicht für irgendwelche Zwecke verplant ist, frei zu verfügen. B. Russell sah in der geleisteten Arbeit sogar insofern den Vorteil, „dass die Freizeiten umso köstlicher sind". Nach Beendigung des Berufslebens gewinnt man endgültig die Verfügungsgewalt über den eigenen Lebensvollzug zurück und wird definitiv in die Lage versetzt, ein selbstbestimmtes Leben als autonome Persönlichkeit zu führen – ein wunderbares Gefühl, sofern man nicht von der calvinistischen Gleichsetzung von Arbeit mit Leben infiziert ist und sich ohne Arbeit unnütz vorkommt.

In Gesellschaften mit hoher Kriminalitätsrate besteht eine meist wenig beachtete Form einer Einbuße an Bewegungsspielraum, insofern abendliche Spaziergänge, nächtliche Benutzung öffentlicher Verkehrsmittel oder Fahrten in bestimmte Stadt- und Landesteile wegen des zu hohen Risikos unterbleiben müssen und somit unsere Handlungsfreiheit behindern.

Eine gleichfalls wenig beachtete Determinante unseres gesellschaftlichen Lebens ist der Zeitgeist, dem sich kaum jemand entziehen kann. So galt in der ersten Hälfte des 20. Jahrhunderts eine außereheliche Beziehung als Skandal, und wer einem solchen Paar eine Wohnung vermietete, konnte wegen Kuppelei angeklagt werden. Unverheiratete schwangere Frauen ertränkten oder erhängten sich nicht selten, da sie diese Schande nicht ertragen konnten, während man heute froh ist, wenn überhaupt noch Kinder auf die Welt kommen. Die Frauen gingen vor hundert Jahren von oben bis unten verhüllt zum Badestrand, während heutzutage gerade noch die Brustwarzen und der Genitalbereich bedeckt sind – wenn überhaupt. Man kann diese Entwicklung nicht als Ausdruck zunehmender Sittenlosigkeit verstehen, denn im Rokoko waren die Reifröcke so geschnitten, dass einstudierte Drehbewegungen den nackten Unterleib sichtbar werden ließen, Damen ohne Liebhaber nicht als tugendhaft galten, sondern als reizlos und Ehemänner, die sich keine Mätressen hielten, als impotent oder bankrott. Der Siegesmarsch der Prüderie begann erst nach dem Abklingen dieser hemmungslosem Lebensgenuss verfallenen Periode, um zweihundert Jahre später erneut einem schrankenlosen Lebensgenuss zu weichen – unserer heutigen Spaßgesellschaft.

Das Leben in der Gesellschaft wird aber nicht nur durch Konventionen, Pflichten und Einflüsse des Zeitgeistes geprägt, sondern in ständig wachsendem Ausmaß auch durch die Medien, die zu einem unverzichtbaren Bestandteil unseres Daseins avancierten. Während frühere Generationen ihre Bildung vorwiegend durch Elternhaus, Schule und Kirche erhielten, übernehmen diese Rolle heutzutage in beträchtlichem Umfang die Medien. Nachdem echte Bildung durch Einsicht in die Wahrheit der Dinge zustande kommt, ist das durch die Medien vermittelte Wissen vielfach nur ein zusammenhangloses Konglomerat aus den Ansichten der Meinungsbildner: Journalisten, Redakteure, Politiker, Gewerkschafter, Arbeitgebervertreter, Wissenschaftler usw. Das daraus resultierende Welt- und Menschenbild ist daher oft nicht ein stimmiges Resultat eigener Überlegungen, sondern ein Mischmasch aus Parolen, Parteiprogrammen und Ideologien, die den geistigen Horizont auf das einengen, was die Allgemeinheit denkt. Ein derartiges Denken ist jedoch unfrei, führt zur Herdenbildung und behindert die Entwicklung zu einer eigenständigen Persönlichkeit. Die in früheren Zeiten durch Unwissen und Aberglauben bedingte geistige Beschränktheit wurde abgelöst durch Ideologien, die den offenen und freien Blick auf die Wirklichkeit ebenfalls verstellen. Die Berechtigung der Medien zu einer oftmals suggestiven Meinungsbildung durch ideologisch gefärbte Berichterstattung und Propaganda wird abgeleitet aus der gesetzlich garantierten Pressefreiheit. So unternimmt die Bild-Zeitung seit Jahrzehnten tagtäglich den leider äußerst erfolgreichen Appell an die niederen Instinkte der Bundesbürger und gewinnt damit Millionen von Lesern – vom Bauarbeiter bis zum Spitzenpolitiker –, wobei die Leser an dieser Misere beteiligt sind, denn: „Der Käufer eines Blattes ist wesentlich mitschuldig" (Kierkegaard). Dasselbe gilt für unzählige Film- und Fernsehproduktionen, wobei „... die Verteidigung der Menschenwürde gegen die Pressefreiheit... ,, (H. M. Enzensberger) am wirkungsvollsten mittels Boykott durch die potentiellen Adressaten erfolgen könnte. Es ist geradezu paradox, wenn die Freiheit der Medien vielfach missbraucht wird, um den Erwerb von geistiger Freiheit bei den Konsumenten zu behindern. Statt im Dienste der Aufklärung die von Kant geforderte Befreiung der Bürger aus der Unmündigkeit zu fördern, wird der Indoktrination konventioneller Meinungen und der Volksverdummung vielfach Vorschub geleistet. Die multimediale Gehirnwäsche mit Aufoktroyierung der jeweils gängigen „öffentlichen Meinung" ist deshalb so problematisch, weil die Manipulationen äußerst schwer durchschaubar sind und meistens – wenn überhaupt – erst nach vielen Jahren aufgedeckt werden. Beispielsweise wird die Innen- und Außenpolitik befreundeter Staaten durch eine rosarote Brille betrachtet, indem inhumane Praktiken beschönigt oder verschwiegen werden und generell ein möglichst positives Bild gezeichnet wird, während angebliche Schurkenstaaten durch Verleumdungen und völlig einseitige Berichterstattung diskriminiert werden. Teilweise betreffen diese Praktiken auch Deutschland, dessen Bild in Großbritannien, Israel und den USA bis heute so stark durch den Nazismus geprägt wird, dass englische Schüler kürzlich ihren Geschichtslehrer anflehten: „Nicht schon wieder Hitler". Außerdem werden dort vereinzelte neonazistische Umtriebe in der BRD in einer Weise aufgebauscht, als ob bereits ein allgemeiner Rückfall in die nationalsozialistische Ideologie drohen würde.

Ein vehementer Kritiker in Bezug auf die Aneignung konventioneller Ansichten war Bertrand Russell: „Man soll es sich zur Regel machen, die öffentliche Meinung nur insoweit zu respektieren, als es einen der Gefahr des Verhungerns und der Einkerkerung enthebt; jedes weitere Zugeständnis wäre Unterwerfung unter eine vermeidbare Tyrannei und beeinträchtigte das persönliche Glück in jederlei Hinsicht". Diese Forderung ist zumindest insofern gültig, als man keinesfalls unreflektiert in der dumpfen kreatürlichen Geborgenheit des Behausten verweilen sollte, da es einer kritischen Distanz bedarf, um normierende Konventionen zu überblicken, zu hinterfragen und sich von unangemessenen Reglementierungen zu befreien.

Gezielte Fehlinformationen über ein Land können ebenso wie Informationslücken infolge gezielter Auswahl „passender" (d.h. negativer) Geschehnisse zum allmählichen Aufbau von Feindbildern in unseren Gehirnen führen, die einem in ihrer Fragwürdigkeit vielfach erst bewusst werden, wenn man die entsprechenden Länder bereist und mit der dortigen Bevölkerung in Kontakt kommt. Das daraus ersichtliche Ausmaß an eigener Indoktrination ist erschreckend und offenbart einem die langjährige Vernebelung des eigenen Blicks auf die dortige Wirklichkeit infolge einer planvoll gesteuerten Informationspolitik. Wem das unglaubliche Ausmaß dieser globalen Täuschungsmanöver – die bis zur Bestechung maßgeblicher Journalisten und Politiker reicht – übertrieben erscheint, sei die Lektüre des mit dem Pulitzer-Preis ausgezeichneten Buches über die weltweiten Aktionen der CIA von Tim Weiner empfohlen, das spannender ist als jeder Kriminalroman und zugleich erschreckender als jeder Horrorfilm.

Hat man durch derartige Enthüllungen oder durch persönliche Erfahrungen das Ausmaß des Meinungsterrors, dem wir tagtäglich ausgeliefert sind, klar erfasst, wird man fortan gegenüber sämtlichen Medienberichten eine kritische Distanz aufbauen, um sich einer derartigen Meinungsmache zu entziehen und zu versuchen, authentischere Informationen zu gewinnen, z.B. durch ausländische Freunde und Medien oder auch durch die Jahrbücher von Gerhard Wisnewski.

Eine völlig andersartige und raffinierteste psychologische Beeinflussungsmethoden benutzende Form von Gehirnwäsche ist die Verführung ahnungsloser Wohlstandsbürger durch die Werbeindustrie, die damit versucht, Wünsche zu erwecken, die ohne sie nie aufgetaucht wären, und durch deren Erfüllung Glücksverheißungen zu versprechen, die umso illusorischer erscheinen, je wesensfremder die geweckten Begierden tatsächlich sind. Der dadurch in Gang gesetzte Kaufrausch, der unzählige Menschen in die Schuldenfalle treibt, lässt sich jedes Wochenende und besonders eindrucksvoll in der Vorweihnachtszeit beobachten.

Schließlich besitzen auch die in unserer Gesellschaft grassierenden Ideologien einen nicht zu unterschätzenden Einfluss. Jede Ideologie verengt den Blick auf die Realität, geht mit einem starren Festhalten an der jeweiligen Doktrin einher, neigt zum Dogmatismus, macht daher geistig unflexibel, intolerant und dialogunfähig. Die Welt wird in ein Schema gepresst, dem sie zu genügen hat – ansonsten wird sie manipuliert. Eine zunehmende Belastung stellen in dieser Hinsicht die fundamentalistischen Strömungen innerhalb verschiedener Weltanschauungen und Religionen dar, die sich jedem Dialog entziehen und starrsinnig an ihren jeweiligen Dogmen festhalten – seien es Islamisten, christliche Fundamentalisten, Marxisten, Rechtsradikale, Globalisierungsgegner, militante Tierschützer, dunkelgrüne Öko-Aktivisten oder gläubige Anhänger verschiedenster Heilslehren, die mit Parolen, zunehmend auch Tätlichkeiten anstatt mit Argumenten, agieren und sich den Spielregeln einer freiheitlichen Demokratie widersetzen, aber deren Privilegien für sich beanspruchen. Die aus Unzufriedenheit mit der eigenen verkorksten Existenz gespeiste „Empörungskultur", die neuerdings den „Wutbürger" hervorbrachte, entzündet sich an den verschiedensten, teilweise banalen Anlässen, wobei man manchmal eher den Eindruck gewinnt, dass nicht die Anlässe zu Agitationen führen, sondern dass die Bereitschaft dazu sich Anlässe sucht, um agieren zu können. Wenn dabei zwei Dutzend Polizisten krankenhausreif geschlagen werden, ist dies kaum noch eine Pressemitteilung wert, während die Verletzung eines unbelehrbaren Demonstranten ein wochenlanges Echo in den Medien findet.

Derartige Entwicklungen gab es in früheren Jahrhunderten vorwiegend auf der Basis etablierter Religionen – als fanatisierte sektiererhafte Abspaltungen –, während in neuerer Zeit außerdem Weltanschauungen wie Marxismus, Kapitalismus sowie Nationalismus eine nahezu religiöse Bedeutung als Heilslehre erlangten, aber ebenso wie die Wissenschaftsgläubigkeit und der Glaube an den „allmächtigen Gott Fortschritt" (Küng) als beherrschende Ideologien abgedankt haben. Gegenwärtig ist es die Öko-Bewegung, die als eine Art verweltlichter Natur-Religion verstanden werden kann und ein durch den Glaubensschwund im Christentum entstandenes spirituelles Vakuum ausfüllt. Ihr Gott ist die Natur, während die Zivilisation das Reich des Bösen bildet, mit Atom- und Gentechnik als dessen Höllenschlund. Der religiöse Charakter dieser Bewegung wird ersichtlich aus dem schwärmerischen Gebaren und der religiösen Inbrunst mancher „Ökofundis" sowie durch das prophetische Gebaren ihrer Protagonisten mit ihren apokalyptischen Untergangs-Visionen, aber ebenso Heilsverheißungen für die gläubige Gemeinde. Selbst „Glaubenszeugen" existieren innerhalb der Bewegung in Form von öffentlichkeitswirksam an Bahngleise oder Bäume geketteten grünen „Märtyrern". Die fundamentalistischen Vertreter dieser Geistesrichtung imponieren durch die typisch sektiererhafte Überzeugung von ihrer Rechtgläubigkeit, woraus sich die fehlende Dialogbereitschaft und Einsichtsfähigkeit erklärt, denn: Warum sollte jemand, der sich im Vollbesitz der Wahrheit wähnt, einen Dialog mit anderen führen? Ideologischer Fanatismus in Verbindung mit hybrider Selbstüberschätzung blockieren die Kritikfähigkeit in Bezug auf die eigenen Positionen, obwohl sich beispielsweise die Bio-Sprit-Initiative zu einem weltweiten Desaster mit verstärkten Urwaldrodungen und Lebensmittelverknappung entwickelt hat, ohne korrigiert zu werden.

Einer der schlimmsten Tyrannen unserer Gesellschaft ist die Zeit, die viele Zeitgenossen vom frühen Morgen bis zum späten Abend versklavt. Der dem Menschen gemäße Biorhythmus von Wachsein und Schlaf, Arbeit und Muße, ist vielfach einer Daueranspannung gewichen, indem viele Zeitgenossen ständig auf Hochtouren laufen und durch ihren Tagesablauf hasten. Die Hetze des modernen Lebens findet ihren klassischen Ausdruck an den Börsen als den Dreh- und Angelpunkten der Finanzwirtschaft, man könnte auch sagen, der globalen Geld-Gier. In diesen Hexenkesseln jagen von Gewinnverheißungen und Verlustängsten getriebene Börsianer von einem Bildschirm zum nächsten, um die aktuellsten Kursbewegungen zu erfassen, und von einem Telefon zum anderen, um darauf durch Kauf oder Verkauf von Depotbeständen zu reagieren, wobei viele Privatanleger dieses Verhalten in kleinerem Maßstab kopieren und bis in die Nacht hinein vor ihrem PC sitzen, um das Neueste von der Wallstreet nicht zu verpassen. Bei zahllosen anderen Zeitgenossen ist es der Terminkalender, der sie in ein enges Zeitkorsett presst, das kaum noch Atempausen erlaubt. Seine Verfügungsgewalt über die Menschen erhält dieser aus unterschiedlichen Gründen; bei manchen ist es ein ausgeprägtes Pflichtbewusstsein, bei anderen Raffgier und bei einer zunehmenden Zahl besonders auch älterer Menschen die Angst, etwas zu versäumen, so dass sie von einer Veranstaltung zur nächsten hetzen und sogar unfähig werden, um prinzipiell erfreuliche Ereignisse, wie gemeinsame Mahlzeiten, in Ruhe zu genießen. Bei geltungsbedürftigen Personen spielt außerdem Wichtigtuerei eine Rolle, so dass es für sie fast unvorstellbar ist, bei einem wichtigen gesellschaftlichen Ereignis zu fehlen – was Wilhelm Busch in seinem Gedicht „Wirklich, er war unentbehrlich…" so treffend karikierte und Laotse zu der Mahnung bewegte: „Gönne dir einen Augenblick der Ruhe und du begreifst, wie närrisch du herumgehastet bist".

Hetze ist immer Ausdruck eines Getriebenseins durch Wünsche oder Ängste, beispielsweise dem drängenden Wunsch nach Erfolg, gesellschaftlichem Ansehen oder Genuss bzw. der Angst vor Kündigung, Konkurs oder Versäumnissen. Sie kann sich aber auch in einer Weise verselbstständigen, dass dem Betreffenden gar nicht mehr klar ist, warum er sich beeilt. Bei einem Gedränge vor dem Stand mit Sonderangeboten im Kaufhaus oder vor dem eben eröffneten kalten Büffet ist es eindeutig die Gier nach einem Schnäppchen bzw. nach den leckersten Bissen, welche einen antreibt. Und wenn Menschen zum Bahnhof oder zur Bushaltestelle eilen, tun sie dies aus der Befürchtung, den nächsten Anschluss zu verpassen, was noch nachvollziehbar ist. Aber wenn man sich nach einer dreistündigen Opernaufführung an der Garderobe vordrängelt, um 30 Sekunden eher in den Besitz seines Mantels zu kommen, oder wenn ein vom Tempowahn besessener Rentner mit dem Auto, wie vom bösen Geist getrieben, über die Landstraße jagt, obwohl er gar nicht weiß, was er mit seiner vielen Freizeit anfangen soll, dann ist die grundlos gewordene Gehetztheit so in Fleisch und Blut übergegangen, dass der Betreffende gar nicht mehr anders kann. In derartigen Fällen ist die rastlose Aktivität vielfach eine Flucht vor sich selbst, vor der inneren Leere und der Begegnung mit unangenehmen oder ungeklärten existenziellen Fragen.

Hetze kann auch ansteckend sein, so dass ein gemütlicher Bummel über den Markt vor lauter Gedränge und Geschiebe in eine Hetztour ausartet und man nur noch möglichst schnell mit seinen Einkäufen fertig werden möchte. Einem derartigen Übergang von müßigem Dahinschlendern zu ameisenhafter Geschäftigkeit kann man nur dadurch abhelfen, dass man stets aufs Neue Besinnungspausen einlegt und sich möglichst auch vom Ort des Geschehens distanziert, indem man sich z.B. in einem nahegelegenen Park, einem Straßencafé oder einer benachbarten Kirche eine Ruhepause gönnt und die Gehetztheit abklingen lässt. In solchen Oasen der Stille und der Ruhe vermag man dem allgegenwärtigen Lärm und der permanenten Hetze zu entrinnen. Paradoxerweise sind hierzu auch Warteschlangen bestens geeignet, sofern man sich darüber nicht aufregt, sondern diese als Chance für eine kurze Entspannung benützt und sich an der längsten Schlange anstellt.

Viele Zeitgenossen sind von der Hetzerei schon derart infiziert, dass sie diese nicht einmal mehr im Urlaub ablegen können, indem sie diesen mit allen erdenklichen Aktivitäten und allen sich bietenden Möglichkeiten vollstopfen, um ja nichts zu versäumen. Dabei versäumen sie das Wichtigste, was ein Urlaub zu bieten hat, nämlich endlich zur Ruhe zu kommen und zu sich selbst zu finden. Für alle diejenigen, die dies nicht schaffen, wird das Geschenk der Freizeit zum Problem.

Keiner ist der Tyrannei der Zeit hilflos ausgeliefert, sondern kann dieser einen selbstbestimmten Lebensrhythmus entgegensetzen und eine Entschleunigung seines Daseinsvollzugs in die Wege leiten, die ihm hilft, zur Besinnung zu kommen und die Verfügungsgewalt über den Tagesablauf nicht mehr der Uhr und dem Terminkalender zu überlassen, sondern den persönlichen Neigungen und dem eigenen Tagesrhythmus. Ein guter Anfang wäre ein Ersatz von Fast-Food durch Slow-Food. Auch ein tägliches 30-minütiges Achtsamkeits- und Entspannungs-Training – wie es Britta Hölzel am Massachusetts General Hospital mit gestressten Zeitgenossen einübte – wirkt nicht nur subjektiv wohltuend, sondern führt bereits innerhalb von 8 Wochen zu einer kernspintomographisch messbaren positiven Veränderung der Hirnstruktur.

Außer vermeidbaren Formen gesellschaftlicher Unfreiheit durch Konventionen, Pflichten, unkritischen Medienkonsum, Werbung, Zeitgeist und Diktat der Uhr existieren auch noch schicksalhafte Abhängigkeiten, in die einzelne gesellschaftliche Gruppen verstrickt sind: Kinder brauchen Fürsorge, kranke und gebrechliche ältere Menschen benötigen vielfältige Unterstützung, Obdachlose ein Dach über dem Kopf, Hungernde eine Mahlzeit, Einsame einen Mitmenschen, verkannte Künstler einen verständnisvollen Kunstfreund, sprachunkundige Ausländer einen Lehrer und Leidende einen Tröster. Das Heer der Arbeitslosen und der durch andere Umstände in wirtschaftliche Bedrängnis Geratenen ist gefangen im Kampf ums alltägliche Auskommen und ist auf die Hilfe des Staates bzw. der diversen Hilfsorganisationen angewiesen und damit in gewisser Weise unfrei, denn eine Sicherung der Grundbedürfnisse ist eine der Voraussetzungen menschlicher Freiheit.

In Bezug auf das Bedürfnis nach Freiheit in der Gesellschaft hat der Kulturhistoriker Egon Friedell die provokante These aufgestellt, dass dieses nur sehr eingeschränkt vorhanden sei: „Das Volk will niemals die Freiheit, erstens, weil es gar keinen Begriff von ihr hat, und zweitens, weil es mit ihr gar nichts anzufangen wüsste. Die Freiheit hat nämlich nur für zwei Klassen von Menschen einen Wert: für die sogenannten privilegierten Stände und für den Philosophen. Die Ersteren haben sich das Talent, Freiheit angenehm oder nutzbringend zu verwenden, durch ein generationenlanges Training mühsam erworben; der Letztere hingegen hat die Freiheit immer und überall, in jeder Lebenslage und unter jeder Regierungsform. Die große Majorität der Menschheit jedoch, die weder durch Züchtung noch durch Philosophie in den Stand gesetzt ist, frei zu sein, würde der trostlosesten Langeweile verfallen, wenn sie nicht durch tausend Zwangsmaßregeln von sich selbst und ihrer inneren Leere abgelenkt würde. Man gebe einem Hafenarbeiter, einem Kommis, einem Turnlehrer oder einem Briefträger die volle Verfügung über seine Zeit und seine Person, und er wird trübsinnig oder zum Schurken werden."

Diese These ist in einer Hinsicht vermutlich zutreffend, insofern Freiheit für die Mehrzahl der Menschen nicht zu den vorrangigen Zielen zählt. So haben viele einen ausgesprochenen Hang zur Konformität und fühlen sich in einer Gruppe Gleichgesinnter – z.B. in einem Verein, einer Jugendgang oder als Fan irgendeiner Fußball- oder Eishockey-Mannschaft – am wohlsten. Der damit einhergehende Gruppenzwang wird keineswegs als störend, sondern eher als wohltuend im Sinne eines Zugehörigkeitsgefühls (bis hin zur Kumpanei) empfunden. Vielleicht handelt es sich bei einem derartigen Verhalten teilweise um ein Relikt aus der menschlichen Stammesgeschichte, in der über lange Zeiträume hinweg eine enge Gruppenbildung überlebensnotwendig war, vielleicht auch nur um die Unfähigkeit, es mit sich selbst auszuhalten. Individuelle Freiheit scheint jedenfalls für viele Menschen weniger bedeutsam zu sein als eine Einbindung in gesinnungskonforme Gruppen. Das Bedürfnis, sich der Allgemeinheit anzugleichen, zeichnet den sogenannten Spießbürger aus, der alles Fremde und Neuartige hasst, vielleicht weil er es insgeheim fürchtet, da es die Fundamente der eigenen kleingeistigen Lebenseinstellung erschüttern könnte. Dieser Hang zur Konformität spiegelt sich auch im Sprachgebrauch, in der Kleidermode, im Kunstgeschmack, in literarischen Vorlieben und anderen Modeerscheinungen. Alles, was gerade „in" ist, wird von Konformisten jeglicher Couleur sklavisch imitiert, wobei die Gleichförmigkeit in Kleidung, Frisur, Schmuck usw. auch auf kleinere Gruppen – wie z.B. orthodoxe Juden oder Hells Angels – beschränkt sein kann und dann sowohl die Zugehörigkeit zu diesen dokumentiert als auch die Abgrenzung gegenüber dem Rest der Welt. Sogar in Gruppierungen vermeintlicher Non-Konformisten zeigt sich nicht selten eine gewisse Gleichmacherei und Uniformierung in Bezug auf Kleidung, Anschauungen und Verhalten.

Für alle Menschen von existentieller Bedeutung ist demgegenüber die Abwesenheit von äußerer Unfreiheit. Jede Form des Zwangs – von Sklaverei über politische Unterdrückung durch ein diktatorisches Regime bis hin zur Bevormundung im Lebensvollzug – ist verhasst und neben Armut, Hunger und Chancenlosigkeit ein wichtiges Motiv bei der Auslösung von Aufständen und Revolutionen. Persönliche Freiheitsberaubung in der Form von Gefangenschaft, Entmündigung oder Zwangseinweisung in eine geschlossene psychiatrische Klinik zählen zu den Horrorvorstellungen eines jeden Menschen.

In westlichen demokratischen Ländern wird immer wieder hervorgehoben, welche Privilegien die dortigen Bürger durch die freiheitliche Verfassung genießen würden. Wie wir gesehen haben, gilt dies nur in beschränkter Weise, insofern wir weiterhin zahlreichen Abhängigkeiten und Zwängen unterliegen, die nur weniger offensichtlich sind als in diktatorischen Staaten. Jedoch ist die Bewusstseinslenkung und Verhaltenssteuerung der Bürger durch die subtileren Methoden der Massenkommunikationsmittel und der Werbeindustrie nicht weniger anstößig als deren direktere Inanspruchnahme im Rahmen staatlicher Zwangsmaßnahmen. Dennoch sollte man die Privilegien freier Berufswahl und Religionsausübung, Rede-, Meinungs-, Versammlungs- und Reise-Freiheit sowie garantierter Rechte gegenüber staatlicher Willkür nicht geringschätzen und sie gegen drohende Einschränkungen verteidigen.

Jeder Zuwachs an bürgerlichen Freiheiten birgt allerdings auch Herausforderungen, insofern diese mit einer Zunahme an Risiken einhergehen, was an einem Beispiel veranschaulicht werden kann: Vor zwei bis drei Generationen war es nahezu selbstverständlich, dass der Sohn die väterliche Bäckerei, Anwaltspraxis oder Landwirtschaft übernahm und eine aus dem passenden Milieu stammende Frau heiratete. Die Frage, ob man Kinder haben wollte, wurde gar nicht gestellt, da dies ebenso selbstverständlich war wie der lebenslange Bestand der Ehe. Demgegenüber wählen heutzutage viele Kinder einen anderen Beruf als der Vater, was das Risiko eines Scheiterns vergrößert. Des Weiteren entpuppen sich die gängigen Liebesheiraten nicht selten als Fehlgriff, da die erotische Attraktivität über kurz oder lang verblasst, während Übereinstimmungen in Bildung, Interessen, Bekanntenkreis usw. dauerhaft bestehen. Ein Verzicht auf Kinder oder eine Ehescheidung kann gut begründet sein, beeinträchtigt aber in jedem Fall die früher selbstverständliche familiäre – und damit auch die persönliche – Stabilität. Der Zuwachs an Freiheit birgt somit einen Zuwachs an Risiken in sich, der nur durch ein Mehr an Eigenverantwortung kompensiert werden kann.

Ein interessantes Phänomen ist die Tatsache, dass die Gewährung von Freiheiten in neue Zwänge führen kann. So resultierte beispielsweise aus der liberaleren Kindererziehung eine Zunahme von Gewalt unter Kindern und Jugendlichen, bis hin zur Terrorisierung Einzelner, ein Hinweis darauf, dass Freiheit nur denen gewährt werden darf, die damit verantwortungsvoll umgehen. Ein eher belustigendes Beispiel der Einmündung einer Befreiung in neue Zwänge betrifft die Kleidung. Bekanntlich herrschten im viktorianischen Zeitalter prüde Kleidervorschriften, die sich bis hin zur Badekleidung erstreckten. Obwohl Männern und Frauen getrennte Badezonen zugewiesen waren, mussten sich diese schamhaft vom Hals bis zu den Knöcheln verhüllen. Als Reaktion hierauf entstand die Freikörperkultur mit FKK-Einrichtungen. Anstatt nun die Textil-Freiheit zu genießen, wurde daraus ein neuer Zwang, nämlich ein Nackt-Zwang, insofern man in den betreffenden Bereichen nicht einfach nackt sein durfte, sondern nackt sein musste. Der gesellschaftliche Zwang, sich zu bekleiden, wurde vom ideologischen Zwang zur Nacktheit abgelöst.

Ein ähnliches Phänomen bietet der Karneval, der ursprünglich in streng reglementierten Ländern die zeitlich befristete Chance bot, über die Stränge zu schlagen, und zwar in Verkleidung. Auch diese Möglichkeit eines befreienden Ausbruchs aus den normalerweise geltenden einengenden Regeln – die in vielen Kulturen dokumentiert ist – wird immer wieder in ihr Gegenteil verkehrt, und zwar durch den Kostüm-Zwang sowie durch strikte Verhaltensregeln innerhalb der Zünfte und Gesellschaften. Offensichtlich bereitet ein Zuviel an Freiheit manchen Menschen Unbehagen, dem sie durch neue Reglementierungen abhelfen.

Auch in freiheitlichen Gesellschaften existiert somit eine Fülle auferlegter oder selbstverschuldeter – jedoch nicht vom Gehirn diktierten Abhängigkeiten und Zwänge, aber auch ein Maß an Freiheitsspielraum, um jedem darum Bemühten die Chance eines weitgehend selbstbestimmten Lebensvollzugs zu gewähren.

Zur Bedeutung biologischer Abhängigkeiten

*Man soll die Lüste bändigen,
aber nicht ihr Feind sein.*

SOKRATES

Von noch größerer Bedeutung als die politischen und gesellschaftlichen Zwänge und Abhängigkeiten sind die in unserer eigenen Person liegenden. Das beginnt auf der elementaren Stufe der menschlichen Natur mit ihren genetisch determinierten biologischen Notwendigkeiten: Wir müssen essen und trinken, wir müssen schlafen, wir müssen uns vor Kälte, Hitze, Nässe und äußeren Gefahren schützen, was einen weiteren Zwang nach sich zieht: Wir müssen arbeiten, um Nahrung, Kleidung und Wohnraum beschaffen zu können. Aufgrund der biologischen Gegebenheiten ist es uns nicht möglich, frei und unbeschwert zu leben „wie die Lilien auf dem Felde", sondern wir sind gezwungen, für unseren Lebensunterhalt zu sorgen.

Sowohl die für das individuelle Dasein als auch die für die Erhaltung der Art überlebenswichtigen Verhaltensweisen sind unserer freien Entscheidung weitgehend entzogen, so dass wir in triebhafter Weise zu Nahrungsaufnahme, sexuellen Beziehungen und lebensfreundlichen Umweltbedingungen gedrängt werden. Das Triebleben, das der Mensch „von seinen noch nicht vernunftbegabten Vorfahren mitbrachte" (Enomya-Lassalle), spielt in jedem menschlichen Wesen eine gewichtige Rolle und dominiert nicht selten über das Geistige.

Derartige lebens- und arterhaltende Ziele sind genetisch festgelegt, was allerdings nicht bedeutet, dass wir keinerlei Einfluss darauf hätten. Vielmehr wird von Jahr zu Jahr deutlicher, dass die von der Umwelt und vom Verhalten des Einzelnen abhängigen epigenetischen Mechanismen eine erhebliche Bedeutung in Bezug auf das Wirksamwerden genetischer Merkmale besitzen, so dass kein Grund mehr besteht, einem genetischen Fatalismus zu huldigen. Epigenetische Schalter – die sich durch Lebensweise, Ernährung, Stress, seelische Verletzungen, klimatische Bedingungen usw. beeinflussen lassen – steuern die Erbanlagen und modifizieren die Entwicklung in erheblicher Weise. Ein typisches Beispiel aus dem Tierreich ist die Bienenkönigin, die sich trotz eines identischen Genoms anders entwickelt als die Arbeiterinnen, da sie im Larvenstadium anders gefüttert wird. Beim Menschen sind epigenetische Mechanismen nicht nur für das generelle seelische und körperliche Gedeihen von Bedeutung, sondern auch für die Entstehung bzw. Vorbeugung von Krankheiten, wie Diabetes, Schlaganfall, Herzinfarkt und Krebs, so dass wir auch derartigen biologischen Abläufen nicht zwanghaft ausgeliefert sind. Verhaltensforscher und Entwicklungspsychologen betonen stets aufs Neue die im Vergleich zu anderen Primaten deutlich geringere Instinkt-Steuerung des Menschen, die einen Freiraum lässt für Selbstbestimmung und kulturelle Modifikation.

Triebe und Triebziele stehen zueinander in einem komplementären Verhältnis: Nur für den Hungrigen ist ein reich gedeckter Tisch ein Objekt der Begierde, während sich der Übersättigte angeekelt davon abwendet. Für präpubertäre Jungen sind gleichaltrige Mädchen „doof" oder gar „blöde Gänse", während sie ein bis zwei Jahre später zum begehrenswertesten Wunschziel avancieren. Es gilt jedoch nicht nur die Gesetzmäßigkeit, dass ein Objekt nur dann zum Wunschziel wird, wenn ein entsprechender Antrieb vorhanden ist, sondern es besteht darüber hinaus eine Abhängigkeit von dessen Stärke: Je hungriger wir sind, umso geringer muss der Reiz sein, um unser Begehren zu wecken, und desto einfacher kann das Wunschobjekt sein, um uns zu befriedigen. „Selbst Brot und Wasser spenden höchste Lust, wenn einer sie aus Mangel zu sich nimmt" (Epikur).

Unsere genetisch determinierten, der Selbst- und Arterhaltung dienenden Antriebe drängen uns, Nahrung aufzunehmen, Gefahren zu vermeiden, täglich zu schlafen, Nachkommen in die Welt zu setzen, und sofern wir diesen Geboten folgen, werden wir durch Lustgefühle belohnt. Biologische Zwecke werden uns also durch Lustverheißung schmackhaft gemacht, so dass es uns leichtfällt, diesen zu genügen. Dennoch sind wir nicht die Sklaven dieser Triebe, sondern können diese mäßigen, sublimieren, deren Erfüllung verzögern oder völlig unterbinden. Indem wir diesen nicht blindlings folgen, sondern sie in ihrer naturhaften Zweckmäßigkeit erkennen und prinzipiell akzeptieren, gelingt uns eine

Distanzierung und relative Befreiung von der eigenen Triebhaftigkeit. So sind wir beispielsweise in der Lage, zu fasten, zeitweise auf Schlaf zu verzichten, und in vielen Kulturen existieren Menschen, die durch eine zölibatäre Lebensweise den Sexualtrieb relativieren. Wie u.a. die katholische Religionsgeschichte zeigt, ist die vollständige Unterdrückung des mächtigen Sexualtriebs allerdings ein gewagtes Unterfangen, das zwar zu einer Befreiung aus den Fesseln der Sexualität führen kann, aber auch zum genauen Gegenteil – der Sexualisierung der gesamten Umwelt, die von realen und noch mehr von eingebildeten Sex-Attributen bevölkert wird. Jeder unbefriedigte Trieb lenkt nämlich die Aufmerksamkeit auf das jeweilige Ziel, das umso verlockender wird, je mehr der Drang anwächst, so dass Lüsternheit und Voyeurismus resultieren können oder gar traumhafte Halluzinationen sexueller Szenen, wie sie in manchen Heiligenlegenden – fehlinterpretiert als Versuchungen des Satans – auftauchen. Eine andere Gefahr besteht in der Verdrängung mit der Folge von Sexualneurosen oder eine Verlagerung des Triebziels auf erreichbare Personengruppen mit hieraus resultierenden homoerotischen oder pädophilen Kontakten. Anstelle der intendierten Befreiung vom Sexualtrieb entstehen dadurch neue Zwänge und widernatürliche Abartigkeiten, so dass von mehreren Seiten eine Lockerung des bisherigen rigiden Zölibatsgebotes gefordert wird.

In Bezug auf den naturhaften Drang nach Nahrung haben immer wieder Menschen – wie z.B. Mahatma Gandhi – sogar anlässlich eines Hungerstreiks den Tod riskiert, um einer humanitären Forderung Nachdruck zu verleihen und damit selbst den mächtigen Selbsterhaltungstrieb bezwungen, wie dies auch bei jeder bilanzierten Selbsttötung der Fall ist. Wir können somit selbst den elementarsten und mächtigsten Trieben den Gehorsam versagen und das Gegenteil dessen tun, was diese von uns fordern.

Einerseits sind wir wie Tiere den elementaren Bedürfnissen nach Nahrung, Fortpflanzung und Selbsterhaltung unterworfen, andererseits sind wir uns aber dessen bewusst und vermögen die Bedürfniserfüllung unserer Einsicht gemäß zu steuern. Ein hungriger Schimpanse würde niemals eine leckere Banane, ein lüsterner Gorilla kein attraktives Weibchen verschmähen, während ein kultivierter Mensch nicht wie ein hungriger Wolf über seine Nahrung herfällt und ein liebesbedürftiger Mann nicht wie ein läufiger Hund hinter jeder begehrenswerten Frau herrennt, sondern sich beherrscht und seine Begierden zügelt. Sigmund Freud betrachtete eine derartige Kontrolle der menschlichen Triebhaftigkeit zu Recht als eine der wichtigsten Kulturleistungen. Kein Hirnforscher kann uns weismachen, dass derartige Entscheidungen von unserem Gehirn getroffen werden. Dieses kennt nur biologische Notwendigkeiten, aber keine moralischen Imperative, und jedes kultivierte und moralische Verhalten übersteigt die biologische Ebene mit ihren egoistischen Genen.

Die Zähmung oder Sublimierung sinnlicher Begierden darf nicht mit deren Unterdrückung und Verdrängung verwechselt werden, die prinzipiell negativ zu bewerten sind. Alle sinnlichen Antriebe gehören zur Natur des Menschen und müssen akzeptiert werden, denn nur, was bejaht und angenommen wird, kann auch kontrolliert werden, während alles Verdrängte im Unterbewusstsein sein Unwesen treibt und zur Ursache von Neurosen und Perversionen wird. Die Unterdrückung des sinnlichen Anteils der menschlichen Natur steht nicht im Dienst der Befreiung des Menschen, sondern führt ganz im Gegenteil häufig zu quälenden neurotischen Zwängen. Das Sinnliche muss grundsätzlich bejaht und im Lauf der menschlichen Reifung allmählich kultiviert werden. Hierzu gehört ein Aufschub von Triebbefriedigungen bis hin zu Fastentagen und sexuellen Karenzzeiten, aber ebenso eine Verfeinerung der Ess- und Trink-Sitten sowie der erotischen Beziehungen. Esskultur, Trinkkultur, Liebeskunst sowie Kultivierung des häuslichen Umfelds sind Ausdruck einer Veredelung des Menschen, die seiner animalischen Natur im Lauf unzähliger Generationen abgerungen wurde und in jeder Generation aufs Neue realisiert werden muss. Jeder Mensch hat die Aufgabe, die Herrschaft über seine Begierden zu erlangen, wobei diese sich nicht durch Verbote, sondern durch maßvolle Gewährung manifestieren sollte. Der hierfür geläufige Ausdruck „Selbstbeherrschung" ist allerdings missverständlich, da nicht das „Selbst" beherrscht wird, sondern die naturhaften Begierden, so dass der Begriff „Triebbeherrschung" angemessener wäre. Dieser Errungenschaft verdanken wir die Fähigkeit, „Nein" sagen zu können: bei Hunger und Durst, bei verlockenden, aber unserem Gewissen widersprechenden erotischen Angeboten und bei Einflüsterungen des „inneren Schweinehundes". Bei Triebregungen ein Veto einlegen, d.h. deren Befriedigung aufschieben oder sublimieren – also auf ein höheres Ziel umleiten – zu können, stellt eine spezifisch menschliche Errungenschaft dar. Den natürlichen Antrieben nicht blindlings und zügellos folgen – im Sinne einer kausalen Verknüpfung von Trieb und Trieberfüllung –, sondern jedes Verlangen anhand vernünftiger Überlegungen prüfen und moralisch legitimieren, ist der dem Menschen angemessene Umgang mit seinen elementaren Bedürfnissen. Dabei müssen die des Öfteren im Wettstreit miteinander befindliche sinnliche und geistige Natur zu einem harmonischen Ganzen verschmolzen werden, das beiden Bereichen gerecht werden sollte, wobei der Primat des Geistigen gewahrt bleiben muss. Falls dies nicht der Fall ist und wir uns zu sinnlichen Genüssen hinreißen ließen, obwohl wir das Verführtwordensein hinterher bedauern, leiden wir unter einem Gefühl der Abhängigkeit. Haben wir dagegen aus der klaren Einsicht in das Unangemessene des Drangs einer Versuchung widerstanden, werden wir durch ein Gefühl der Souveränität und Freiheit belohnt. Jede Form von Abhängigkeit geht nämlich mit Empfindungen von Zwanghaftigkeit und Getriebensein einher, während uns die Befreiung davon mit einem Gefühl der Unabhängigkeit und dem Bewusstsein der Selbstbestimmung des eigenen Lebensvollzugs belohnt. Eine völlige Missachtung und Unterdrückung einzelner sinnlicher Triebe mag in bestimmten Situationen angebracht sein; in der Regel ist allerdings die Maxime von Sokrates vorzuziehen, nach der man „die Lüste bändigen, aber nicht ihr Feind sein soll".

Zur Lust-Unlust-Steuerung des Verhaltens

Der Mensch will die größtmögliche Summe von Wohlsein.

SCHOPENHAUER

*Die Natur hat die Menschheit
unter die Herrschaft zweier Herrscher gestellt:
Schmerz und Lust.
Sie regieren uns in allem, was wir tun.*

J. BENTHAM

Die menschliche Freiheit wird nicht nur eingeschränkt durch biologische Notwendigkeiten, diverse berufliche und familiäre Verpflichtungen, gesellschaftliche Konventionen und durch Indoktrination von konventionellen Meinungen und Ideologien. Vielmehr kommen die vermutlich stärksten Abhängigkeiten von innen: der Drang nach lustvollen Erlebnissen und als dessen Kehrseite die Angst vor Leid, Schmerz und Unlust. Gieriges Verlangen nach Lust einerseits und Schmerzscheu andererseits zählen zu den wichtigsten Determinanten unseres Lebensvollzugs, die diesen zwanghaft in lustvolle Bahnen zu lenken und von unlustvollen Situationen abzuhalten versuchen. Der Mensch ist ein Sklave dessen, was er begehrt und was er fürchtet; das eine zieht ihn magisch an, das andere stößt ihn ab in dumpfem Widerwillen. „Einer ist Sklave seiner Sinnlichkeit, ein anderer seiner Habsucht, ein anderer seines Ehrgeizes, alle der Hoffnung, alle der Furcht" (Seneca). Alle diese Zwänge schränken unsere Freiheit ein, da wir schließlich nicht mehr das wollen, was wir eigentlich sollten, sondern zu wesenswidrigen – affektbestimmten – Entschlüssen getrieben werden, indem wir nach Objekten, Menschen und Situationen suchen, die uns Vergnügen bereiten. Gier nach Lust und Angst vor Unlust, d.h. bewusste oder geheime Lüste und Ängste, steuern unser Verhalten in individuell unterschiedlichem Ausmaß. Dieses zwanghafte Getriebensein zu lustvollen Erlebnissen in Verbindung mit einem unlustbestimmten Vermeidungsverhalten zählt zu den wichtigsten Quellen von Unfreiheit, wobei wir einen Gewinn an innerer Freiheit nur durch die Bereitschaft zu zeitweiligem Lustverzicht und zu Leidakzeptanz erreichen. Frei ist, wer weder durch gieriges Verlangen zu etwas getrieben wird noch wegen negativer Affekte einer Situation ausweicht, sondern diese beherzt anpackt bzw. durchsteht. In Anlehnung an Viktor Frankl könnte man formulieren: Tue, was du fürchtest, und werde frei.

Zu den Antrieben, deren Befriedigung mit Lustgefühlen einhergeht, zählen die im vorigen Kapitel geschilderten sinnlichen Triebe und Gelüste, aber ebenso eine Reihe selbstsüchtiger Strebungen nach Geld, Besitz, Geltung, Macht, Sicherheit und Genuss. Jedes Bedürfnis ist Ausdruck eines Mangels, und angesichts der Vielzahl menschlicher Bedürfnisse ist es nicht verwunderlich, dass der Mensch als Mängelwesen definiert wurde. Dabei besteht ein bereits erwähntes komplementäres Verhältnis zwischen Antrieb und Triebziel: Ein Mangel an Nahrung manifestiert sich in Hunger- und Durstgefühlen, die das Verlangen nach Speise und Trank wecken, wobei die Triebziele – je nach Verwöhnungsgrad – in Bratwurst und Bier oder in Produkten der Haute Cuisine bestehen können.

Die Suche des Menschen nach einem erfüllten Leben startet in der Regel außerhalb unseres Selbst. „Es gibt viele Menschen auf der Welt, die glauben, wenn sie ein größeres Auto, ein schöneres Haus, mehr Ferien, einen verständnisvolleren Chef oder einen interessanteren Partner hätten, würden sie mit ihrem Leben zurechtkommen" (Ch. Beck). Küng spricht in diesem Zusammenhang von „Sex, Auto und Karriere" als der „allerheiligsten Dreifaltigkeit für Angepasste". Diese Ausrichtung auf äußere Güter wird in unserer Wohlstandsgesellschaft noch dadurch verstärkt, dass uns materielle Güter wie Nahrung, Kleidung, Wohnung, Geldanlagen, Luxusgegenstände usw. so verführerisch dargeboten werden, dass oft erst dadurch ein Wunsch danach entsteht, dass somit künstliche Bedürfnisse ausgelöst werden, die wir ohne diese verführerische Präsentation gar nicht hätten. Die dadurch hervorgerufenen Wünsche können darüber hinaus von ihren natürlichen Zielen umgelenkt werden auf Surrogate, indem z.B. das Bedürfnis nach Geltung und Anerkennung umgelenkt wird auf ein protziges Auto, mit dessen Kauf das durch Werbung suggerierte Versprechen einhergeht, dadurch Ansehen zu erwerben. Solche Täuschungsmanöver finden heutzutage in großem Umfang statt und sind – trotz der beinahe regelmäßig nachfolgenden Enttäuschung – immer wieder von Erfolg gekrönt.

Besonders Jugendliche haben vielfach eine rosarote Phantasiewelt im Kopf und versäumen darüber die reale Welt. Sie sind wie junge Vögel, die in der Erwartung von Leckerbissen den Schnabel aufsperren und bei dessen Ausbleiben ein wildes Gezeter erheben. Eine derartige passive Glückserwartung macht untauglich zu einem erfüllten Daseinsvollzug und disponiert zur Flucht in eine virtuelle Scheinwelt (Cyberspace) und/oder zu einer Drogenkarriere.

Alle genannten Triebe und Strebungen sind keineswegs schlecht, sondern – wenn sie im Rahmen bleiben – durchaus legitim. Im Hinblick auf das Verlangen nach Genuss war Montaigne sogar der Ansicht: „Die Meinungen der Menschen stimmen darin überein, dass die Belustigung unser Lebenszweck sei", was im 16. Jahrhundert wohl nur für Adel, Klerus und höheres Bürgertum zutraf, aber keineswegs für die Mehrzahl der Bevölkerung, wie in unserer derzeitigen Spaßgesellschaft, in der Lustbarkeiten und Gaudi absolute Priorität besitzen, in der Kabarettisten, Animateure, Conférenciers und professionelle Spaßmacher Hochkonjunktur haben und in der uns vor jeder Unternehmung „viel Spaß" zugerufen wird. Das Ausmaß dieser Belustigungsszenerie kann man durchaus negativ beurteilen, aber dass es den Menschen nach Lust und Freude drängt, wurde von keinem Geringeren als dem heiligen Thomas von Aquin gutgeheißen, insofern er zur Einsicht gekommen war, der Mensch könne von Natur aus gar nicht anders, als glücklich sein zu wollen. Auch Voltaire war der Ansicht: „Gott hat uns in die Welt gesetzt, damit wir uns amüsieren". Dass er selbst dies nicht dauerhaft tat, beweist sein großes schriftstellerisches Werk und seine äußerst umfangreiche Korrespondenz, die mit Sicherheit einen erheblichen Teil seiner Zeit durch mühevolle Arbeit ausfüllten. Außerdem darf Glück nicht mit Lust verwechselt werden.

Das große Problem mit allen sinnlichen und ich-haften Antrieben ist deren Tendenz zur Maßlosigkeit und Verselbstständigung, so dass unser Bewusstsein gänzlich davon erfüllt wird und uns zu Sklaven des jeweils vorherrschenden Bedürfnisses macht. Die Gegenwartsgesellschaft ist durch eine ausufernde Gier geprägt, die sich in Konsumrausch, unersättlichem Verlangen nach Neuigkeiten der Sensationsmedien und besonders plastisch in den Zigmillionen übergewichtigen Wohlstandsbürgern äußert. Trotz aller Vorsätze zum Maßhalten werden wir immer wieder schwach, denn die Lust auf Kuchen, Eis, Schokolade und Gänsebraten ist stärker als unser Wille, oder wie es La Rochefoucauld formulierte: „Wir sind nicht stark genug, um unserer Einsicht ganz zu folgen." Dabei sollte der Appetit eines Menschen mit geordnetem Innenleben gerade so viel an Speisen und Getränken fordern, wie sein Organismus benötigt. Wenn sich jedoch die Differenz aus Bedarf und Zufuhr auf zwei Zentner Lebendgewicht addiert, ist das betreffende Regelsystem offensichtlich aus dem Ruder gelaufen, und schuld daran ist nichts anderes als ordinäre Fresslust, so dass zwischenzeitlich 49 % der Frauen und 60 % der Männer in der BRD übergewichtig sind.

Unbestritten wird die heutige westliche Gesellschaft durch die Ideologie des Hedonismus mit seiner Tendenz zu „bedenkenlosem Lebensgenuss" bei „schrankenloser Verfügbarkeit über die Gebrauchsgüter der Überflussgesellschaft" geprägt. Dabei sind bei jedem Menschen andere Objekte der Begierde vorherrschend: Der Feinschmecker frönt seiner Lust an Essen und Trinken, der Sexbesessene durch erotische Eskapaden, der Geizhals giert nach Geld, der Eitle nach Bewunderung, der Machtmensch nach Verfügungsgewalt, der Neugierige nach Sensationen, der Gesundheitsfanatiker nach Fitness, der Spekulant nach Aktienkurssteigerungen und Gewinnmaximierung, das Bewusstsein des Geltungsbedürftigen ist erfüllt von der zwanghaften Suche nach Beifall und Anerkennung, und der Süchtige wartet nur noch auf den nächsten Kick bzw. den nächsten Schluck aus der Pulle. Beispielhaft ist die Hypertrophie des eitlen Ich in der Selbstdarstellung von Diven und Partylöwen, aber ebenso im Auftreten mancher Politiker, Entertainer und Modezaren zu beobachten. Gemeinsames Ziel dieser zu Begierden entarteten Strebungen ist der Lustgewinn, der wegen seiner Flüchtigkeit stets aufs Neue gesucht wird, so dass man davon abhängig wird und nicht mehr frei über seine Ziele zu verfügen vermag, denn jedes den Menschen beherrschende Verlangen schafft Abhängigkeit vom Objekt der Begierde. Das gierige Verfallensein an Lustobjekte – von der Zigarette bis zum Schnaps, vom Sportwagen bis zum Sexidol, vom Goldbarren bis zur Machtposition – macht einen zur Marionette, die von den jeweiligen Wünschen gelenkt wird. Einem derartigen Verhalten eignet somit etwas Zwanghaftes, und zwar besonders dann, wenn man diese Neigungen nicht voll und ganz billigt, sondern eine mehr oder minder deutliche Einsicht in das Zwanghafte und Unrechtmäßige seines Tuns hat, so z.B., wenn man weiß, dass man genug gegessen und getrunken hat und trotzdem – wenn auch mit schlechtem Gewissen – noch einmal zugreift, oder wenn man Pornografie verurteilt und dennoch Sex-Magazine konsumiert. In solchen Situationen sind wir nicht mehr Herr unserer selbst, sondern Sklaven unserer Begehrlichkeit. Die selbsterzieherische Aufgabe des Menschen besteht jedoch darin, seine Neigungen und Begierden zu beherrschen, statt von ihnen beherrscht zu werden. Wenn Paulus im Hinblick auf die Fresser und Säufer so anschaulich formuliert: „Ihr Gott ist der Bauch", könnte man in Analogie dazu ergänzen: Ihr Gott ist der Ruhm, der Erostempel, die Machtposition, die Schatztruhe (wie in Hofmannsthals „Jedermann") bzw. die Droge, wobei Martin Luther diesen Sachverhalt in die Worte zusammenfasste: „Woran du dein Herz hängst, das ist dein Gott". Der im 17. Jahrhundert tätige spanische Jesuit Gracián dehnte diese Aussage sogar auf die gesamte Menschheit aus, indem er formulierte: „Alle sind Götzendiener", und hinzufügte: „die meisten des Vergnügens".

Wie stark manche Menschen durch überwertige Neigungen geprägt sind, verrät uns bereits die Umgangssprache. Wenn eine Person als Machtmensch, eitler Geck, Genussmensch oder Arbeitstier („Workaholic") bezeichnet wird, dann heißt dies doch nichts anderes, als dass derartige Personen derart vom unstillbaren Drang nach Macht, Prestige, Genuss bzw. Arbeitserfolgen erfüllt sind, dass für anderes kaum noch Raum bleibt – weder zeitlich noch gedanklich. Ebenso ist es bei von Geldgier getriebenen notorischen Geizkrägen, die nach Gogol einen Wolfshunger haben, der umso unersättlicher wird, je mehr er verschlingt. Nicht viel anders verhält es sich bei Neidhammeln mit ebenso starkem wie unbefriedigtem Geltungsbedürfnis sowie bei sensationslüsternen Personen, die – als „Nachrichtenjunkies" – ihren Tag mit der Suche nach möglichst spektakulären Neuigkeiten verbringen, ohne zu bedenken, dass jede Neuigkeit umso bedeutungsloser wird, je mehr wir erfahren, da jede neue Information die vorangehenden verblassen lässt. Welche geringe Bedeutung die meisten Nachrichten für unseren Lebensvollzug haben, sieht man bereits an deren Verfallsdatum: Es gibt kaum etwas Älteres und Nichtigeres als die Nachrichten vom Vortag.

Wenig spektakulär, aber dafür umso häufiger, ist der von vielen Mitbürgern gepflogene excessive Fernsehkonsum, der allerdings eher selten Lustgefühle hervorlocken, sondern meistens nur die Langeweile vertreiben dürfte. Jedoch weist das nahezu grenzenlose Angebot der Unterhaltungsindustrie auf das immense Unterhaltungsbedürfnis der Bevölkerung hin, das schon bei Kindern zu beobachten ist. Erschreckend sind diesbezüglich die wachsende Brutalität sowie die immer hektischer werdende Bildfolge, so dass vielfach nur noch sinnlose Impressionen in pausenloser Hetzjagd vorbeiflimmern – bestens geeignet zur Betäubung der inneren Leere. Bei Kindern spielt besonders der lähmende Einfluss auf die Eigeninitiative eine von Eltern und Pädagogen beklagte Rolle.

Außer Kontrolle geratene Neigungen und Leidenschaften machen einen abhängig, so dass man nicht mehr ohne Unterhaltungsmedien, Genussmittel, Beifall, Machtpositionen, Reichtum, Verwöhntwerden durch Wellnessmaßnahmen, gesellige Ereignisse oder Sex-Affären zu leben vermag, am Zügel der jeweiligen Leidenschaft zappelt und von ihr gelenkt wird.

Gracián vertrat die Ansicht, dass einem die Kenntnis der jeweils vorherrschenden Neigung eines Mitmenschen nicht nur erlaubt, diesen zu durchschauen, sondern darüber hinaus, ihn zu manipulieren: „Man muss wissen, wo einem jeden beizukommen sei. Es gibt keinen Willen, der nicht einen eigentümlichen Hang hätte, welcher, nach der Mannigfaltigkeit des Geschmacks, verschieden ist. Alle sind Götzendiener, einige der Ehre, andere des Interesses, die meisten des Vergnügens. Der Kunstgriff besteht darin, dass man diesen Götzen eines jeden kenne, um mittels desselben ihn zu bestimmen. Weiß man, welches für jeden der wirksame Anstoß sei, so ist es, als hätte man den Schlüssel zu seinem Willen. Man muss nun auf die allererste Springfeder oder das primum mobile in ihm zurückgehen, welches aber nicht etwa das höchste seiner Natur, sondern meistens das niedrigste ist: Denn es gibt mehr schlecht- als wohlgeordnete Gemüter in dieser Welt. Jetzt muss man zuvörderst sein Gemüt bearbeiten, dann ihm durch ein Wort den Anstoß geben, endlich mit seiner Lieblingsneigung den Hauptangriff machen, so wird unfehlbar sein freier Wille schachmatt." Der Genussmensch lässt sich auf diese Weise verführen durch Lustbarkeiten, der Eitle durch Beifall und der geldgierige Spekulant wird durch astronomische Gewinnversprechungen stets aufs Neue in die Falle gelockt.

Das gierige Verlangen nach lustvollen Erlebnissen kann sich auch wesentlich unauffälliger im Alltag manifestieren, z.B. in der Jagd nach Schnäppchen oder dem besten Leckerbissen. Derartige Verhaltensweisen können wir tagtäglich bei unseren Mitmenschen und selbstverständlich auch bei uns selbst beobachten:

Wer trotz einer schlecht eingestellten Zuckerkrankheit zwei Stück Torte hinunterschlingt, trotz alkoholischer Fettleber ein viertes Glas Wein bestellt oder trotz Beingefäßverschlüssen weiterraucht, zeigt, dass die Gier stärker ist als die Einsicht und ihn abhängig macht. Manchmal helfen dann nur noch drastische Mahnungen, wie z.B.: „Hast du erst ein Raucherbein, ist das zweite bald allein". Der einzige Ausweg aus einem derartigen Verfallensein an überwertige Neigungen besteht in deren Reintegration „ins Gesamtgefüge der eigenen Person" (Frankl), wo ihnen der jeweils angemessene Stellenwert zuerkannt wird. Dies ist leichter gesagt als getan, denn die Lustsuche ist im unbewusst tätigen limbischen System des Gehirns äußerst effektiv etabliert, insofern jede lustvolle Erfahrung, ja sogar schon deren Erwartung, mit der Ausschüttung von Belohnungsstoffen (Endorphine, Serotonin usw.) korreliert, die wohlige Gefühle in uns erwecken und deren Lockungen schwer zu widerstehen ist. Umgekehrt sind unlustvolle Ereignisse an die Ausschüttung „negativer" Stoffe gekoppelt, was uns drängt, diese künftig zu vermeiden, weil die unangenehmen Folgen im emotionalen Gedächtnis gespeichert werden. Sofern derartige emotionale Konditionierungen unbewusst erfolgen, wird uns gar nicht bewusst, warum wir eine Scheu davor empfinden, uns bestimmten Situationen auszusetzen, oder warum wir umgekehrt stets aufs Neue zu lustverheißenden Unternehmungen motiviert werden, ohne diese bewusst zu wollen. Wir sind also aufgefordert, unsere Neigungen und Abneigungen stets aufs Neue zu hinterfragen und ihnen nicht blindlings zu folgen.

Welche Konsequenzen gieriges Verhalten nicht nur für den Einzelnen, sondern für ein ganzes Volk oder gar weltweit haben kann, zeigte die Finanzkrise von 2008/2009. Nachdem der Calvinismus den Kapitalismus in den USA gottgefällig gemacht hatte, wurde die Geldgier – nach Mark Twain – zur nationalen Krankheit, und diese gewann auf dem Finanzsektor ein solch gigantisches Ausmaß, dass einer der wenigen reumütigen Banker von einer „Kultur der Gier" sprach, der sich niemand entziehen konnte. Man sei als Wallstreet-Banker ständig auf der Jagd nach dem nächsten Deal oder gar dem Super-Deal, ohne je genug zu kriegen. Die Gier zwinge einen zum Weitermachen und zur ungehemmten Gewinnmaximierung, ohne Rücksicht auf die Anleger oder gar das Gemeinwohl.

Das charakteristische Merkmal jeder Gier ist bekanntlich deren Unersättlichkeit. Es ist völlig gleichgültig, wie viel zusammengerafft wird – die ersehnte Befriedigung will sich niemals einstellen, weil das Glück an der falschen Stelle und auf die falsche Weise gesucht wird. Soviel man auch bekommt an Geld, Macht, Beifall, Sex, Genuss – es ist nie genug. Darüber hinaus engt jede Gier die Aufmerksamkeit auf das jeweilige Ziel ein, und alles andere wird ausgeblendet, z.B. die Einsicht in die gesellschaftliche Verantwortung der Finanzjongleure, so dass diese ausschließlich von der Verheißung horrender persönlicher Gewinne gelenkt werden, nur an den eigenen Profit denken und einer ungehemmten Raffgier verfallen. Das größte Problem bei allen übersteigerten Bedürfnissen ist demnach die fehlende Sättigung. So groß die Beute auch sein mag, die Gier ist immer noch größer. Die Tragik aller dieser „Lustsucher" ist der trotz aller Bemühungen ausbleibende – oder höchstens kurzfristige – Lustgewinn. Schopenhauer vergleicht derartige Leute mit Dürstenden, die versuchen, ihren Durst durch Salzwasser zu stillen, und davon nur noch durstiger werden.

Der Übergang von einem derartigen Verhalten zu den verschiedenen Formen der Sucht ist fließend; so kann Geld süchtig machen und Macht zur Droge werden, von der man nicht mehr loskommt. Gegenwärtig ist eine erschreckende Zunahme von Süchten erkennbar, die mit den gesellschaftlichen Veränderungen korrespondieren. Während in der autoritären Gesellschaft zu Beginn des 20. Jahrhunderts mit ihren restriktiven Erziehungsmethoden und verlogenen Moralvorstellungen die auf Verdrängung beruhenden Neurosen blühten und den Vätern der Psychoanalyse ein fruchtbares Betätigungsfeld eröffneten, ist es in unserer hemmungslosen pseudo-liberalen Gesellschaft zu einem völligen Umschwung gekommen. Neurosen und Süchte besitzen zwar eine Gemeinsamkeit: Sie haben es mit den menschlichen Grundbedürfnissen zu tun, die jedoch bei Ersteren als unmoralisch etikettiert und unterdrückt wurden, während die extreme Gegenbewegung in den letzten Jahrzehnten mit der Tendenz zu rauschhafter Überhöhung des Daseins durch ungehemmte Befriedigung aller Wünsche zu Sucht-Krankheiten disponiert. Die Einstufung einer Sucht als Krankheit, die ja etwas Schicksalhaftes darstellt, ist allerdings schwer nachvollziehbar, da hier klar erkennbare soziale Tendenzen mit pädagogischer Zügellosigkeit eine ursächliche Rolle spielen, was sich bereits im Kleinkindesalter abzeichnet. Für alle kindlichen Bedürfnisse ist typisch, dass ohne irgendwelche Rücksichten eine sofortige Befriedigung gefordert und heute mehr denn je auch gewährt wird. Im Rahmen der Erziehung lernt das Individuum ganz allmählich, Triebbefriedigungen zu steuern und gewissermaßen unter kontrollierten Bedingungen – z.B. mit zeitlicher Verzögerung – ablaufen zu lassen oder auch auf manches zeitweilig oder dauerhaft zu verzichten. Dieser pädagogische Prozess büßt an Effektivität ein, wenn in einer Gesellschaft die ungehemmte Triebbefriedigung propagiert wird, nach dem Motto: „Ich will alles und das sofort". In diesem Fall wird das unreife kindliche Verhaltensmuster beibehalten, und die sowohl individuell als auch sozial äußerst wichtigen Mechanismen des Aufschubs oder gar des Verzichts auf Trieberfüllung bleiben unentwickelt. Die daraus resultierende gierige und hemmungslose Sofortbefriedigung der individuellen Bedürfnisse stellt eine wichtige Ursache in der Entwicklung zu süchtigem Verhalten dar.

Eine zweite mögliche Voraussetzung besteht in der Unfähigkeit eines Menschen, die zu jedem menschlichen Leben gehörenden leidvollen, entbehrungsreichen oder auch nur eintönig-grauen Phasen durchzustehen und die Flucht in Ersatzbefriedigungen durch hemmungsloses Ess- und Konsumverhalten, Medikamente, Alkohol, Drogen, sexuelle Exzesse, Computer- und Glücksspiele oder auch in die Arbeit anzutreten, die zumindest vorübergehend die Unlust und innere Leere beseitigen oder diese vergessen lassen. Bedauerlicherweise sind derartige Ersatzbefriedigungen nur kurzfristig wirksam, so dass das jeweils gewählte Hilfsmittel in immer kürzeren Zeitabständen und immer höherer Dosis konsumiert wird und der durch Wiederholungszwang charakterisierte Weg in die Sucht offensteht. Das hierfür typische krankhafte Bemühen um Lust ist durch den eintretenden Wirkungsverlust der jeweils gewählten „Droge" immer schwerer zu befriedigen und tendiert schließlich gegen Null.

Ein völlig anderer psychischer Mechanismus liegt den Fällen zugrunde, die in der Kindheit einer existentiellen Entbehrung in Bezug auf einzelne Bedürfnisse unterlagen, da derartige Frustrationen suchtartige Verhaltensweisen auslösen können: ein Workaholic, der die in der Kindheit erlittene mangelnde Wertschätzung mit Ausbildung von Insuffizienzgefühlen durch fieberhafte berufliche Aktivität und überdurchschnittliches Arbeitspensum zu kompensieren versucht; ein leidenschaftlicher Sammler, der gierig die unmöglichsten Dinge zusammenrafft und bis unter die Decke seiner Wohnung stapelt, oder eine Frau, die in unbeherrschbarer Kaufwut die Geschäfte durchstreift, um angstvoll erfahrene materielle Entbehrungen auszugleichen; ein Mensch, der in einem unermüdlichen Drang sein Anwesen in einen Hochsicherheitstrakt verwandelt, weil ihm nie ein Gefühl existentieller Geborgenheit vermittelt wurde. Einzelne Bedürfnisse können auch überwertig werden, weil sie tabuisiert wurden und daher nicht in das persönliche Wertgefüge integriert werden konnten, wie dies bei einer Reihe sexueller Perversionen der Fall ist, z.B. bei Männern, die in nie zu sättigender Gier in pornografischen Schriften und Bildbänden wühlen oder sich nächtelang im Internet auf den entsprechenden Seiten herumtreiben.

Der seelisch gesunde Mensch erlebt eine Fülle von Antrieben, die er gemäß den eigenen Prioritäten gewichtet und in Abhängigkeit von den situativen Gegebenheiten befriedigt, aufschiebt oder negiert. Vom Vorliegen einer Sucht kann man dann sprechen, wenn ein Bedürfnis autonom geworden ist, so dass dessen Zielobjekt das Bewusstsein dominiert und das Verhalten nahezu ausschließlich auf dessen Befriedigung ausgerichtet ist. Ein bestimmter Antrieb – der durchaus legitim sein kann – ist aus dem Ruder gelaufen, hat sich der Steuerung durch das Ich entzogen und mehr oder minder die Alleinherrschaft übernommen, so dass das Denken und Tun der betroffenen Person davon beherrscht wird. Statt dass ein souveränes Ich die diversen individuellen Bedürfnisse lenkt, wird es von dem übermächtig gewordenen Antrieb tyrannisiert und zu dessen Erfüllungsgehilfen degradiert.

Wie man sieht, wird hier der Begriff „Sucht" nicht auf den engen Rahmen von Alkohol-, Medikamenten- und Drogensucht begrenzt, sondern auf einen weiteren Bereich menschlichen Fehlverhaltens bezogen, wie dies auch in der Umgangssprache geschieht, die beispielsweise von Ruhmsucht oder Genusssucht spricht. Auch die Spielsucht in Form von Glücks- oder Computerspielen ist längst im psychiatrischen Katalog der Süchte verankert. In diesem Zusammenhang ist es interessant, dass die Sprache die Begriffe „Sucht" und „Gier" gleichsinnig verwendet, so dass beispielsweise alternativ von Habsucht oder Habgier gesprochen wird. Dieser Sprachgebrauch ist insofern zutreffend, als süchtiges Verhalten ein gieriges Verhalten zu sein pflegt und Sucht als außer Kontrolle geratene, den Menschen versklavende Begierde definiert werden kann. Die Unbeherrschtheit und Rücksichtslosigkeit der Triebbefriedigung verschafft einigen Sucht-Varianten auch die Benennung „Wut" bzw. „Rausch" (z.B. Sammelwut, Kaufwut, Kaufrausch, Machtrausch). Das krankhafte und selbstzerstörerische Bedeutungselement im Begriff „Sucht" wird in dessen

Verwendung für etliche häufige Krankheitsbilder wie Gelbsucht, Bleichsucht oder Schwindsucht zum Ausdruck gebracht.

Außer den stoffabhängigen Süchten (Alkoholismus, Medikamenten- und Drogen-Sucht), die auf eine Manipulation des Befindens abzielen und Euphorie, Harmonie, Angstlösung usw. intendieren, können wohl alle menschlichen Bedürfnisse süchtig entarten:

- Der Wunsch nach Besitz und Geld zur Habgier, mit den Varianten der Sammelwut und des ungezügelten Kaufrausches
- Das Geltungsbedürfnis zur Ruhmsucht, Prunksucht und Prahlerei (was bei fehlendem Erfolg in Neid und Rachsucht umschlagen kann)
- Der Wunsch nach persönlichem Einfluss zur Herrschsucht und Machtgier (die gelegentlich mit Tobsucht oder Rachsucht einhergeht und ihre perverse Befriedigung in der Demütigung der Untergebenen findet)
- Die Freude an Speise und Trank zur Trunk-, Fress- und Genusssucht
- Sexuelle Bedürfnisse zu Nymphomanie, Don-Juanismus, diversen sexuellen Perversionen und generell zur Sex-Sucht
- Das Bedürfnis nach Information zur Neugier und das nach Wiedergabe von Informationen im Gespräch zur Klatschsucht
- Der Erlebnishunger zum Nervenkitzel der Spielsucht und zur Sensationsgier
- Das Surfen im Internet und die Beschäftigung mit Computerspielen zur nahezu pausenlos praktizierten Computer-Sucht
- Das Bedürfnis nach Anerkennung und Erfolg zum Workaholismus (Arbeitswut)
- Der Traum von sportlichen Höchstleistungen zur Rekordsucht
- Das Bedürfnis nach Sauberkeit und Ordnung zur Putzsucht und zum Ordnungszwang

Selbst am letztgenannten, eher banalen Beispiel lässt sich einer der Nachteile süchtigen Verhaltens demonstrieren, nämlich die zwanghafte Fixierung auf das jeweilige Triebziel mit gleichzeitiger Vernachlässigung anderer Bereiche der Wirklichkeit. Die an einem Sauberkeitswahn mit zugeordnetem Putzfimmel leidende Person wird an einem schönen Gemälde den staubigen Rahmen, in einem schönen Fischerdorf den Abfall am Straßenrand und in einem exquisiten Restaurant den kleinen Fleck auf der Tischdecke bemängeln, statt sich der Schönheit des Bildes und des Dorfes bzw. der leckeren Speisen zu erfreuen. Damit verschließt sie sich selbst vor weiten Teilen der Realität, was einer seelischen Verarmung gleichkommt.

Jedes süchtige Verhalten schadet nicht nur den Betroffenen, sondern auch ihrer Umgebung. So hat z.B. ein Glücksspieler fast nur noch die nächste Spielmöglichkeit im Kopf, ist übellaunig, wenn ihm dies verwehrt wird, büßt andere Interessen ein, verspielt einen mehr oder minder großen Teil seines Einkommens, macht Schulden und hinterlässt – im Falle eines Suizids – einen Scherbenhaufen. Das Leid in den Familien von Trinkern, Drogen- und Medikamentenabhängigen ist hinlänglich bekannt und Thema unzähliger literarischer und filmischer Produktionen.

Als Inbegriff aller genannten Süchte kann man die Selbst-Sucht ansehen: Jeder Süchtige ist in sich befangen und sein ganzes Denken kreist ausschließlich um Möglichkeiten, das jeweilige Bedürfnis zu befriedigen und eine Lustmaximierung zu erreichen, wobei dieser übermächtige Drang zu einem Verlust der Selbstkontrolle führt, so dass familiäre und gesellschaftliche Interessen sowie moralische und gesetzliche Spielregeln völlig außer Acht bleiben. Ein hierfür klassisches Beispiel sind die Opiumhöhlen, in denen jeder Anwesende ohne Kontakt zu den anderen in sein künstliches Paradies versunken seine Opiumpfeife raucht, um Stunden später in der Hölle des Entzugs zu erwachen.

Die Kehrseite dieses den Menschen in hohem Maße beherrschenden Lustprinzips ist die Vermeidung von Unlust. Ebenso stark wie unsere Suche nach Lust ist die Flucht vor allen Empfindungen der Unlust, deren Spektrum von leisem Unbehagen über Widerwillen, Abneigung, Scham, Ekel bis hin zu Schmerz und Angst reicht. Auch befürchtete Kränkungen, Langeweile oder Traurigkeit zählen zu den unerwünschten Gefühlen, denen wir ausweichen oder entfliehen. Aus der Furcht heraus, in eine dieser missliebigen Stimmungen zu geraten, vermeiden wir den Kontakt mit unsympathischen Zeitgenossen, verschieben den längst fälligen Besuch bei der unheilbar erkrankten Tante, schieben schwierige oder mühsame Aufgaben endlos vor uns her, drücken uns vor Vorsorgeuntersuchungen, Weiterbildungskursen und Hausarbeiten, obwohl uns völlig einsichtig ist, dass dies alles längst hätte angepackt werden sollen. Unser Verhalten wird also auch durch konsequente Vermeidung derartiger Situationen massiv beeinflusst, ist somit nicht einsichts-konform, sondern affektgesteuert und damit unfrei. Durch zwanghaftes Vermeidungsverhalten, um uns Unlustgefühle zu ersparen, engen wir unseren Lebensraum immer mehr ein und werden zu Sklaven unserer Schmerzscheu. Diese geht schließlich so weit, dass bereits ein minimales Unbehagen ausreicht, uns zu notorischen Drückebergern zu machen: Wir drücken uns wider besseres Wissen um die Morgengymnastik und erfinden dafür immer neue Ausreden. Wir überlassen das Frühstücksgeschirr, die schmutzige Wäsche sowie die ungeputzten Schuhe unserem Partner, dem wir auch die nötigen Einkäufe, die Autowäsche und Behördengänge übertragen, um uns danach schleunigst aus dem Staub zu machen. Schon der Gedanke, etwas Lästiges tun zu müssen, erweckt Unlustgefühle und bestimmt unser Tun und Lassen. Das Fatale an dieser Haltung liegt nicht nur darin, dass wir dadurch zahlreiche wichtige Aufgaben versäumen und unsere Mitmenschen damit belasten, sondern dass im Lauf der Zeit unser Verhaltensspielraum immer stärker eingeschränkt wird.

Aus den genannten Beispielen wird ersichtlich, dass nicht nur Handlungen zwanghaft sein können, sondern ebenso Unterlassungen. Eine Unterlassung bestimmter Aufgaben und Verhaltensweisen beruht im Wesentlichen auf drei Gründen:

- Die Angst vor echten oder eingebildeten Gefahren oder missliebigen Situationen verhindert viele Unternehmungen, die uns eigentlich interessieren, vor denen uns aber eine mehr oder minder bewusste Scheu zurückhält. So verpassen manche Frauen den festlichen Ball, weil sie „nichts Gescheites anzuziehen haben" oder weil sie befürchten, sich in feiner Gesellschaft zu blamieren. Extrem ausgeprägt ist das Vermeiden von Geselligkeiten bei Menschen mit einer sozialen Phobie, die jedem Kontakt mit Mitmenschen ängstlich ausweichen, da ihnen dieser zur Qual wird. Weit verbreitet sind auch Kontrollzwänge, die dem Betroffenen keine Ruhe lassen, bis er nicht umkehrt und überprüft hat, dass die Herdplatte ausgeschaltet und die Wohnungstüre ordnungsgemäß verschlossen ist. Eine Höhenangst (Höhenschwindel) macht jede Turmbesteigung und Brückenüberquerung, geschweige denn eine Bergwanderung mit ausgesetzten Passagen zur Zitterpartie, so dass diese möglichst vermieden werden. Und Menschen mit

Hundephobie meiden die schönsten Spazierwege, sofern diese häufiger von Hundehaltern frequentiert werden. Durch prüde Erziehung geprägte moralische Skrupel sind für die Unterlassung ebenso ersehnter wie gefürchteter erotischer Begegnungen verantwortlich. Schließlich versäumen viele Leute die schon längst fälligen Vorsorgeuntersuchungen infolge der geheimen Befürchtung, der Arzt könnte ein bislang unbekanntes schlimmes Leiden aufspüren. Alle derartigen Sorgen, Ängste und Skrupel terrorisieren die Betroffenen und engen ihren Freiheitsspielraum oft empfindlich ein, so dass Montaigne meinte, dass der Gewinn persönlicher Freiheit die Überwindung der Furcht vor allen Widerwärtigkeiten – wie Krankheit, Armut, Schande – zur Voraussetzung habe, wobei er die Furcht vor dem Tod mit einschloss: „Wer sterben gelernt hat, hat verlernt, ein Sklave zu sein." Dieselbe Aussage findet sich im tibetanischen Totenbuch: „Wer nicht gelernt hat zu sterben, weiß nicht zu leben." Zur selben Einsicht gelangte die US-amerikanische Zen-Lehrerin Charlotte Beck: „Freiheit ist die Bereitschaft, sich dem Risiko auszusetzen, das da heißt, dem Leben gegenüber verletzlich zu bleiben. Wir müssen… durch den Schmerz hindurch zur Freiheit gehen."

- Häufig ist im Zusammenhang mit Unterlassungen von „Hemmungen" die Rede, welche die darunter leidenden Personen daran hindern, ihr Leben in einer freiheitlichen Weise zu vollziehen. Hemmungen sind jedoch nichts anderes als die Konsequenz von Versagensängsten. So hindert uns die Befürchtung, einer Aufgabe nicht gewachsen zu sein, daran, diese in Angriff zu nehmen und sich Situationen, wie Prüfungen, öffentlichen Auftritten oder verantwortungsvollen Aufgaben, auszusetzen oder eine besser dotierte berufliche Position aus Scheu vor den steigenden Anforderungen zu übernehmen. In analoger Weise entspricht das Gehemmtsein in der Gesellschaft der Angst, sich zu blamieren, indem befürchtete – aber oft irreale – Schwächen wie Wissenslücken, frühere Verfehlungen, niedrige Herkunft oder mangelhafte Beherrschung der gesellschaftlichen Umgangsformen jegliche Spontaneität blockieren. Bedauerlicherweise leiden besonders oft wertvolle Menschen an derartigen Folgen von Minderwertigkeitsgefühlen, ziehen sich daher häufig in ihr Schneckenhaus zurück und überlassen die Bühne den Gesellschaftslöwen und Maulhelden. Das Schlimme an Minderwertigkeitsgefühlen ist nämlich, dass meistens die Falschen darunter leiden.

- Ein zweiter Grund für zwanghaftes Vermeidungsverhalten ist die Scheu vor negativen Gefühlen, wie Hunger, Durst, Schmerz, Langeweile und anderen unlustvollen Empfindungen, da man sich diese ersparen möchte oder gar meint, sie nicht ertragen zu können. Man vermeidet daher Krankenbesuche, Behördengänge oder die längst fällige Konsultation des Zahnarztes. Auf die schon lange geplante Meditationswoche wird schließlich verzichtet, da die Mahlzeiten kärglich, das lange Sitzen schmerzhaft und die gebotene Stille mit fehlenden Unterhaltungsmöglichkeiten langweilig werden könnten. Der unaufgeräumte Keller verbleibt in seinem chaotischen Zustand, die lästigen Reparaturarbeiten im Haus werden weiter vor sich hergeschoben, da einen schon der Gedanke daran missmutig stimmt. Vor dem anstehenden vierstündigen Ausflug ohne Einkehrmöglichkeiten wird noch schnell eine Wurstsemmel verzehrt, da bereits die Vorstellung eines drohenden Hungergefühls ein tiefes Unbehagen auslöst.

- Ein dritter Grund für das Unterlassen von Unternehmungen sind Trägheit und Lustlosigkeit. Im Unterschied zu den wegen wirklichen oder befürchteten Unlustgefühlen oder Schmerzen vermiedenen Aktivitäten sind die aus Trägheit unterbleibenden Tätigkeiten nicht unlustbetont, sondern resultieren aus Lust-Losigkeit. Der Begriff „Unlust" umfasst eine Reihe von negativ getönten Gefühlen, während „Lust-Losigkeit" einen Zustand von Desinteresse in Verbindung mit Antriebslosigkeit beschreibt, des Öfteren in Kombination mit einer resignativ-melancholischen Grundstimmung („Tristesse"). Man geht eigentlich gern ins Kino oder Theater, zu einem interessanten Vortrag oder zu einem Stadtbummel, aber heute kann man sich dazu nicht aufraffen, sondern verharrt lieber im häuslichen Ambiente, einfach weil es bequemer ist und man nicht die geringste Lust hat, sich extra umzuziehen und in die Stadt zu fahren. Es gibt also auch ein aus Trägheit und Lustlosigkeit geborenes Vermeidungsverhalten, und man muss kein geborener Faulenzer und Drückeberger sein, um nicht hin und wieder daran zu leiden. So hatten wir beispielsweise die Absicht, einen täglichen Spaziergang zu unternehmen, einen Sprachkurs zu absolvieren, selber zu kochen, statt Fertigkost zu konsumieren, regelmäßig in die Kirche zu gehen und Einkäufe per Fahrrad statt mit dem Auto zu erledigen, aber sobald es so weit ist, haben wir „keine Lust"; man könnte auch ehrlicherweise sagen, wir sind zu faul. Unsere Bequemlichkeit ist wieder einmal stärker gewesen als unsere Einsicht, wobei wir derartige Tendenzen bei den lieben Mitmenschen meist deutlicher wahrnehmen als bei uns selbst. Bequemlichkeit als wichtiges Motiv, Entscheidungen hinauszuziehen und Handlungen zu unterlassen, kann aber auch gelegentlich – das muss zu ihrer Ehrenrettung gesagt werden – etwas Gutes hervorbringen: Wahrscheinlich war der Erfinder des Rads schlicht und einfach ein fauler Sack, der sich die Plackerei des Lastenschleppens künftig ersparen wollte. Im Übrigen ist Lustlosigkeit nicht nur ein individuelles Problem, wie dies an der „Null Bock auf nichts"-Generation mit ihrer sich überlegen gebenden Blasiertheit, hautnah zu erleben ist. Im Hinblick auf den Erwerb persönlicher Autonomie gilt der Ausspruch Kants: „Faulheit und Feigheit sind die Ursachen, warum ein so großer Teil der Menschen ... zeitlebens unmündig bleiben."

Generell lässt sich sagen, dass unser Verhalten durch Triebkräfte aktiviert, durch Widerstand leistende Antriebshemmungen wie Angst, Schmerzscheu und Skrupelhaftigkeit gebremst wird und bei Trägheit und Antriebsschwäche überhaupt nicht richtig in Gang kommt.

Lustgewinn einerseits, Schmerzscheu, Unlustvermeidung und Trägheit andererseits zählen zu den wichtigsten aktiven bzw. bremsenden Seelenkräften im menschlichen Dasein und sind dafür mitverantwortlich, dass angeblich nur 8% der Deutschen ihre zu Neujahr gefassten guten Vorsätze durchhalten. Eine derartige Versagerquote stellt selbstverständlich eine erhebliche Kränkung unserer Eigenliebe dar, und deshalb ist die Menschheit auf einen genialen Trick verfallen, um die Schuld von sich abwälzen zu können: die Erfindung des „inneren Schweinehundes", der für all dies verantwortlich ist.

Während an der Existenz eines inneren Schweinehundes kein Zweifel bestehen kann, bleibt dessen Aufenthaltsort im Dunkeln. Vermutlich wird dieser fiese Kerl von unserem rechtschaffenen Ich in den finstersten Winkel unserer Seele verbannt, was ihn aber in keiner Weise daran hindert, von dort sein Störfeuer zu eröffnen. Unzweifelhaft ist auch seine rund um die Uhr präsente höchste Aufmerksamkeit, um keinen für seine Zwecke günstigen Augenblick zu verpassen.Die Einflüsterungen beginnen bereits beim Erwachen, wo er die noch bestehende Schläfrigkeit ausnützt, uns zum Weiterschlafen zu verführen. Obwohl wir mit dem festen Vorsatz zu Bett gingen, am nächsten Morgen früh aufzustehen, um genügend Zeit für die Morgengymnastik und ein geruhsames Frühstück zu haben, gelingt es ihm immer wieder, die guten Vorsätze zu hintertreiben. Auf der Fahrt zur Arbeit oder zum Einkaufen ermuntert er uns zu ungehemmter Drängelei unter Missachtung jeglicher Rücksichtnahme, denn infolge des verspäteten Aufstehens hat man es selbstverständlich eilig. Den Tag über geht die Manipulation unseres besseren Selbst durch den inneren Schweinehund in vielfacher Weise weiter, insofern uns dieser dazu verführt, eine ruhige Kugel zu schieben, möglichst viele genussvolle Kaffee- und Zigarettenpausen einzulegen, hin und wieder ein bisschen zu intrigieren, um die eigene Position zu stärken, Leistungen von Mitarbeitern für sich selbst zu verbuchen und unangenehme Aufgaben zu delegieren. Sofern sich ein schlechtes Gewissen einstellt, beschwichtigt er dieses mit den geläufigen Gemeinplätzen wie: „Jeder ist sich selbst der Nächste" und „Die anderen machen es doch genauso".

Im Grunde ist der innere Schweinehund nur ein fieser, aber äußerst raffinierter Kerl,
- der uns weitergehen heißt, wenn irgendwo ein Ausländer angepöbelt oder ein Jugendlicher von Schlägertypen verprügelt wird,
- der uns auf die andere Straßenseite schickt, um dem Bettler oder dem Straßenmusikanten auszuweichen,
- der uns animiert, das beste Bratenstück aus dem Topf zu fischen und beim eigenen Weinglas besonders gut einzuschenken,
- der uns fliehen heißt vor den Bergen an schmutzigem Geschirr in der Küche und den überquellenden Abfalleimern,
- der uns ermuntert, die unerledigte Korrespondenz in der Schreibtischschublade zu verstauen, damit wir nicht ständig daran erinnert werden,
- der uns den längst fälligen Krankenbesuch so lange aufschieben heißt, bis der Freund aus der Klinik entlassen oder aber verstorben ist,
- der uns aber auch anstachelt, einen Kredit aufzunehmen, um das heiß begehrte Kabrio kaufen oder den Wellness-Urlaub auf Mallorca bezahlen zu können,
- der uns bei einer Haussammlung zuflüstert, fünf Euro sind genug, obwohl wir uns fünfzig Euro leisten könnten,
- und der uns animiert, die Wohltaten unseres Sozialstaates schamlos auszunützen.

Der innere Schweinehund ist allerdings kein kleiner Teufel, der in uns hineingeschlüpft ist, um uns zum Bösen zu verführen, und für dessen Schandtaten wir nicht verantwortlich sind, sondern ein Teil von uns selbst, und zwar der gierige, eitle, schmerzscheue, faule, feige und verantwortungslose Teil unserer Persönlichkeit. Er ist nichts anderes als die Personifikation unserer schlechten Eigenschaften, also jener Kräfte des Begehrens bzw. Vermeidens, die uns immer wieder zu Marionetten der Lust-Unlust-Steuerung herabwürdigen. Neurobiologisch betrachtet ist der innere Schweinehund das stammesgeschichtlich alte, in der unteren limbischen Ebene des Gehirns angesiedelte, animalische Element des Menschen: gierig und rücksichtslos wie ein Schwein, potentiell aggressiv wie ein Hund, lüstern wie ein Affe und stets nur auf den eigenen Vorteil bedacht. Diesen ausschließlich auf Lustgewinn und Unlustvermeidung, auf Dominanz über die Mitmenschen und Gier nach Besitz bedachten infantilen Kern unseres Ichs gilt es im Rahmen der Sozialisation und der Selbsterziehung zu zähmen und zu sublimieren.

Vieles, was wir wider bessere Einsicht tun oder unterlassen, beruht auf unserer Suche nach Lust und unserer Flucht vor Unlust. Wer in seinem Alltag konsequent nur das Erfreuliche aufsucht und allem Unangenehmen ausweicht, engt seinen Freiheitsspielraum immer mehr ein und wird schließlich nur noch getrieben von Begehrlichkeiten und Ängsten. Jede unkontrollierte Leidenschaft macht uns zu triebgesteuerten Sklaven, jede neurotische Angst, Schmerzscheu und Trägheit zu Drückebergern. Und wer sein Leben immer nur genießen und es sich gutgehen lassen will, dem geht es bald nicht mehr gut, weil er sich an nichts mehr zu erfreuen vermag. „Vor allem ist es die Freude, die durch wehleidige Unlustvermeidung unerreichbar gemacht wird" (Konrad Lorenz). Eine freiheitliche Lebensführung wird unter dieser Devise zum Scheitern verurteilt.

In dieser Situation erhebt sich die Frage, ob es Wege der Befreiung aus derartigen Abhängigkeiten gibt, um dem Anspruch von Marc Aurel zu genügen und „erhaben über Lust und Unlust" zu werden. Hierzu notwendig ist in erster Linie die Einsicht, dass manche unserer Antriebe die Gefahr der Verselbstständigung in sich bergen und dass der Triebhaushalt insgesamt einer konsequenten, aber klugen und naturgemäßen Steuerung bedarf. Diese darf aber nicht so weit gehen, dass zum Wesen des Menschen gehörige Tendenzen, wie z.B. die Sexualität, tabuisiert oder gar als unmoralisch verworfen werden, da sich diese dann in den Untergrund verabschieden und von dort ihr oft lebenslang andauerndes Störfeuer eröffnen. Vielmehr müssen alle der Natur des Menschen gemäßen Antriebe akzeptiert und gemäß dem Wertekanon der Person in individuell unterschiedlicher Weise befriedigt werden, denn – wie einer der Kirchenväter formulierte: „Was nicht angenommen ist, kann auch nicht geheilt werden." Nur wenn man das Triebhafte in der menschlichen Natur akzeptiert, vermag man es auch zu kultivieren, was im christlichen Abendland auf dem Gebiet der Sexualität weithin misslungen ist. Eine Verteufelung mit nachfolgender Verdrängung natürlicher Antriebe ist mit Sicherheit der falsche Weg, denn diese sind prinzipiell gut, sollten jedoch in angemessenem Maß und in ausgewogenem Verhältnis befriedigt werden, denn ein autonom und übermächtig gewordenes Bedürfnis entzieht sich der Kontrolle, führt gewissermaßen ein Eigenleben und statt von der jeweiligen Person gelenkt zu werden, steuert es diese, wodurch deren Entscheidungsspielraum drastisch eingeschränkt wird. So wird das Denken und Wollen des Alkohol-Abhängigen nahezu ausschließlich beherrscht von der Suche nach passenden Gelegenheiten für den nächsten Schluck aus der Pulle, und das Bewusstsein des Börsenspekulanten ist angefüllt mit Aktienkursen und Wirtschaftsdaten, die sein Tun und Lassen steuern und ihn bis in den Schlaf verfolgen. „Heftiges Streben nach einem Ziel macht die Seele für anderes blind" (Demokrit), und nicht nur blind, sondern auch noch unfrei, d.h. dem eigenen Triebleben ohnmächtig ausgeliefert.

Um hiervon frei zu werden, sind gewisse Verzichtleistungen unentbehrlich, die aber mit einer – maßvollen – Befriedigung der jeweils dominierenden Bedürfnisse abwechseln müssen. Derartige Verzichtleistungen sind z.B. die in vielen Kulturen anzutreffenden Fasten- und Abstinenzzeiten, die ja nicht als Quälerei gedacht sind, sondern als Mittel zur Befreiung von der Herrschaft mächtiger Triebe und Strebungen. Eine weitere zeitweilige Verzichtleistung wäre die von dem portugiesischen Schriftsteller Pessoa favorisierte soziale Isolierung: „Du bist frei, wenn du dich von den Menschen fernhalten kannst und nichts dich zwingt, ihre Nähe zu suchen, weder Geld noch Herdentrieb, weder Liebe, Ruhm noch Neugier, die in Stille und Einsamkeit keine Nahrung finden. Ist es dir unmöglich, allein zu leben, bist du zum Sklaven geboren." Fasten und Rückzug in die Stille können Schritte sein auf dem Weg zu persönlicher Freiheit. „Die schönste Frucht der Selbstgenügsamkeit ist die Freiheit", sagt ausgerechnet Epikur, der Ahnherr des Hedonismus. Freud würde vermutlich präzisieren: die Befreiung des Menschen von der Macht der Begierden und der Dominanz des Lustprinzips, mit dem anschließenden guten Gefühl, über die Gier gesiegt zu haben. Derartige Verzichtleistungen werden in vielen Kulturen in einer kollektiven Weise begangen, wie beispielsweise die Fastenzeit im Christentum und der Ramadan im Islam, die besonders der Beherrschung des starken Genusswillens auf kulinarischem und sexuellem Gebiet dienen sollen, bei gleichzeitiger Ausrichtung auf höhere ethische Ziele. Dauerhafte Einschränkungen sind absolut indiziert bei Suchtkranken, wie z.B. Alkoholikern, denen nur eine lebenslange Alkoholkarenz helfen kann, sowie bei an Fresssucht leidenden Personen, bei denen eine dauerhafte Reduzierung ihrer Essgelüste angezeigt ist. Hierbei kann es hilfreich sein, an die menschliche Eitelkeit zu appellieren, indem die Freude über das eigene schlanke Aussehen gegen die Esslust ausgespielt wird.

Verzichtleistungen betreffen keineswegs nur den kulinarischen und sexuellen Bereich, sondern ebenso egozentrische Strebungen. So sollte sich jeder Mensch, der Herrschaft in irgendeiner Form ausübt – vom kleinen Bürovorsteher bis zum Staatspräsidenten – um die Vermeidung von Machtmissbrauch und die Ausübung von Gerechtigkeit bemühen, und eitle Personen sollten sich vor arroganter Überheblichkeit hüten und sich in bescheidener Zurückhaltung versuchen. Zur Zähmung weiterer übersteigerter Neigungen sind keine Verzichtleistungen, sondern das genaue Gegenteil erforderlich, insofern sich der Geizhals – trotz Einspruchs des geldgierigen Ego – zu großzügigen Spenden bewegen lassen und man generell den Einflüsterungen des inneren Schweinehundes energischen Widerstand entgegensetzen sollte. Ein derartiges Bemühen wird erleichtert durch das Bewusstsein, dass das menschliche Glücksverlangen durch triebhafte Lustsuche höchstens kurzfristig gestillt wird und dass Versuche, jedes Unlustgefühl durch Ersatzbefriedigungen zu kompensieren, von flüchtiger Dauer zu sein pflegen und zudem von Katergefühlen gefolgt werden. Umgekehrt werden wir bei jeder gelingenden Mäßigung übersteigerter Neigungen und durch jede unserer Bequemlichkeit abgerungene Leistung mit einem Gefühl von Genugtuung belohnt, das uns als Herr im eigenen Haus bestätigt. Um sich dauerhaft von Abhängigkeiten, Zwängen und schlechten Gewohnheiten zu befreien, ist allerdings eine lebenslang praktizierte Selbstdisziplin unerlässlich.

W. Schmid verweist in seinem Buch „Schöner Leben" darauf, dass ein erfülltes Leben stets polar strukturiert sei, also nicht nur Freuden, Vergnügungen, Geseligkeit, Erfolge, sondern ebenso Trauer, Mühe, Einsamkeit und Misserfolge umfassen muss, um die ganze Spannweite des Lebens zu erfahren. Auf der Basis des akzeptierten Negativen ragt alles Positive als unverdientes Glück heraus, während beim Anspruch auf dauerhaften Spaß die unvermeidlichen unerfreulichen Lebensabschnitte zu Missmut und Verärgerung führen. „Die moderne Vorgabe einer Maximierung von Lust (ist) kontraproduktiv für die Lust selbst..." (W. Schmid). Verschließen wir uns vor dem Leiden, dann verschließen wir uns vor dem Leben.

Aus den letzten Ausführungen könnte der Eindruck entstanden sein, als ob hier eine lustfeindliche Haltung propagiert würde, die den lustvollen Geschehnissen des Lebens misstrauisch gegenübersteht. Obwohl aus den geschilderten Gründen eine gewisse Vorsicht durchaus am Platz ist, geht es jedoch ganz im Gegenteil darum, das menschliche Glücksverlangen zu erfüllen, indem es in die rechten Bahnen gelenkt, und zu verhindern, dass dieses an der falschen Stelle oder auf die falsche Weise gesucht wird. Mit absoluter Sicherheit lässt sich nämlich sagen, dass die nach Geld, Besitz, Prestige, Macht oder Genuss gierenden Menschen auf diese Weise das ersehnte Glück nicht finden, sondern allerhöchstens flüchtige „Lüstchen" (Nietzsche). Menschen, die permanent und maßlos genießen wollen, haben nämlich nicht begriffen, wie der menschliche Lusthaushalt funktioniert: Man kann unsere Glücksfähigkeit mit einer Batterie vergleichen, die durch jeden Genuss in ihrer Ladung vermindert wird, so dass anhaltendes Genießen nur anfangs Freude bereitet, die im Lauf der Zeit immer schaler wird und schließlich sogar in Überdruss einmünden kann. „Doch die Lust muss dann, wenn sie den höchsten Genuss schenkt, erlöschen; sie hat nicht viel Spielraum, ist schnell gesättigt, führt zu Überdruss und wird nach dem ersten Überschwang schal" (Seneca). Ein Sechs-Gänge-Menü in einem Gourmetrestaurant kann uns einen wunderbaren Abend bescheren – aber nicht Abend für Abend. Und wenn wir unser Leibgericht zehn Tage hintereinander serviert bekommen, können wir es zuletzt nicht mehr riechen. Nach vierzehn Tagen auf einem Luxusdampfer stöhnen die Gäste: Nicht schon wieder Lachs und Champagner zum Frühstück. In ähnlicher Weise führen zu häufige sexuelle Kontakte zu einem allmählichen Abflauen der anfangs verspürten Lust, da sich die „Lustbatterie" erschöpft und Zeit braucht, um sich wieder aufzuladen. Dies erfordert entweder Zeit oder aber das Durchleben von so unliebsamen Dingen wie Entbehrungen, Mühe und Leid. Durch derartige negative Kontrasterfahrungen wird die Glücksfähigkeit wieder hergestellt, so dass bekanntlich Hunger der beste Koch, sexuelle Enthaltsamkeit das beste Aphrodisiakum und Einsamkeit das beste Mittel ist, um sich einer Geselligkeit aufs Neue zu erfreuen. Aus alledem folgt, dass Mühe, Leid, Entbehrung einerseits, Lebensfreude andererseits keine Gegensätze sind, sondern sich paradoxerweise gegenseitig bedingen, was Goethe in die Kurzformel fasste: „Saure Tage, frohe Feste", und was ergänzt werden muss durch die weniger erfreuliche Aussage: „Frohe Feste, Katzenjammer". Ständig glücklich sein zu wollen stellt einen unerfüllbaren Anspruch dar, da jedes Vergnügen eine Sättigungsgrenze besitzt, jenseits derer es schal wird und in Überdruss einmündet, so dass es ratsam scheint und befreiend wirkt, übersteigerte Glücksansprüche aufzugeben. Auch wenn Verzichtleistungen dem zeitgenössischen Bewusstsein ein Greuel sind und bereits das Wort „Askese" Assoziationen an Folterungen weckt, sind sie für ein wahrhaft glückliches Leben unverzichtbar.

Es geht also in keiner Weise darum, auf alles Lustvolle zu verzichten, sondern ganz im Gegenteil darum, die Bedürfnisse auf eine glücklich machende Weise zu befriedigen, und das bedeutet, sie maßvoll, aber intensiv auskostend zu sättigen, statt maßlos und flüchtig. Der Sexsüchtige ist vielleicht nur deshalb in ein unersättliches sexuelles Verlangen hineingeschlittert, weil ihn keine erotische Begegnung zu befriedigen vermochte. Wer in angespanntem Genusswillen nur auf die eigene Befriedigung abhebt, ist dazu unfähig. In jedem Liebesakt, der den Namen verdient, geht es um die gegenseitige Lust, und diese gelingt nur im Falle einer beidseitigen liebenden Zuwendung, die den Partner als beglückende Ergänzung erlebt, diesen im Liebesspiel mit Zärtlichkeiten verwöhnt, um schließlich in inniger Umarmung mit ihm zu verschmelzen. Die dadurch erfahrene Erfüllung hält einige Zeit an, bindet das Paar aneinander und verhindert, dass einer von beiden nach kurzer Zeit und mit einem anderen Partner erneut sexuelle Kontakte benötigt. Nicht auf die Anzahl erotischer Vereinigungen kommt es an, sondern auf deren Güte, und dazu sind Liebesfähigkeit und Liebeskunst vonnöten und nicht mechanisch abgespulte Sextechniken, die den anderen zum Sex-Objekt erniedrigen und missbrauchen und beide Beteiligten unerfüllt lassen. Jedes selbstsüchtige gierige Verschlingen verhindert eine Sättigung und echte Befriedigung, die zur Folge hätte, dass man von dem jeweiligen Bedürfnis eine Zeitlang in Frieden gelassen wird. Der Gierige dagegen verspürt zunächst Überdruss, der rasch von neuem Verlangen abgelöst wird. Eine positive Einstellung zur Erotik und eine erfüllende partnerschaftliche Sexualität verhindern die Entstehung von Sex-Sucht, samt deren perversen Varianten.

Gleichartiges gilt von dem in unserem Kulturkreis nahezu obligaten Alkoholkonsum. Die wahren Genießer sind die „Freunde eines guten Tropfens", die diesen zwar entgegen ihrer Bezeichnung nicht tropfenweise, aber maßvoll zu sich nehmen und die ihn nicht gierig hinunterstürzen, sondern genussvoll schlürfen. Wer die doppelte Menge trinkt, hat keineswegs den doppelten Genuss, sondern ganz im Gegenteil einen Rausch mit etwaigen bösen Folgen, einschließlich eines Katzenjammers am nächsten Morgen. Ebenso ist der Trip des Drogenabhängigen höchstens zu Beginn einer Suchtkarriere erfreulich, um über kurz oder lang mit zunehmender Dosissteigerung in eine gesundheitliche und soziale Verelendung zu münden.

Wer einen Whisky nach dem anderen hinunterkippt, eine Zigarette nach der anderen anzündet, einen Joint nach dem anderen qualmt, eine Frau nach der anderen vernascht, einen Coup nach dem anderen an der Börse lanciert oder wer nur noch an seiner Karriere bastelt, ohne sich am bisher Erreichten erfreuen zu können, führt kein lustvolles oder gar glückliches Leben – und deshalb muss sich an seinem Leben etwas ändern und nicht, um ihm alles Erfreuliche im Leben zu vermiesen.

Der wahre Gourmet genießt sein Essen und seinen Wein, ist danach eine Zeitlang gesättigt und muss nicht pausenlos Essen und Getränke in sich hineinstopfen. Ganz im Gegenteil ist ihm bewusst, dass zwischenzeitliche Karenzzeiten mit kleinen Mengen einfacher Kost nötig sind, um die Genussfähigkeit wieder herzustellen. Der Genussraucher begnügt sich mit einer Zigarre nach der Mahlzeit oder einer Pfeife am Abend und muss nicht pausenlos gierig an seinem Glimmstängel ziehen. Der wahrhaft liebende Mensch erfreut sich zutiefst einer erotischen Begegnung mit dem Partner, weiß aber auch um den Wert zwischenzeitlicher Abstinenzzeiten, damit der Liebesakt etwas Besonderes bleibt und nicht zur lieblos abgespulten Routine wird. Jeder ständige Wechsel der Lustobjekte und jede hektisch wiederholte Lustsuche weisen auf eine Liebes- und damit Genuss-Unfähigkeit hin, woraus sich durch fehlende Stillung des Bedürfnisses der immer rascher rotierende Teufelskreis gierigen Verhaltens entwickeln kann. Wer unfähig ist zu verzichten, wird bald auch unfähig zu genießen.

Der Wert eines Dings oder gar einer Person erschließt sich grundsätzlich nur dem Liebenden, der offen und empfänglich für alles Gute und Schöne ist und dem sich daher die Dinge in ihrer Werthaftigkeit offenbaren „Freude ist die Antwort darauf, dass einem Liebenden zuteil wird, was er liebt" (J. Pieper). Die Kultivierung einer derartigen Haltung macht uns also erst fähig, die Werte in unserem Leben zu erkennen, uns daran zu erfreuen und damit die Gefahr gieriger oder gar süchtiger Zwänge zu bannen.

Bedauerlicherweise ist es jedoch mit dem allmählichen Einüben einer der menschlichen Natur angemessenen Bedürfnisbefriedigung nicht getan. Zwar erlangen wir dadurch eine Befreiung von den potentiell abhängig machenden sinnlichen und ichhaften Antrieben, indem wir diese prinzipiell anerkennen, klug steuern sowie maßvoll – und das bedeutet in optimaler Weise – befriedigen. Jedoch spielen in unserem Leben außerdem eine ganze Reihe unerfreulicher und belastender Ereignisse eine Rolle, seien es schicksalhafte Entbehrungen, Verluste, Kränkungen, Streitigkeiten, Krankheiten sowie Phasen erlebter Sinnleere oder Langeweile. Auch drückende Belastungen durch Schulden oder hohen Arbeitsanfall können uns das Leben erschweren. In derartigen Situationen ist die Gefahr besonders groß, die Flucht in Ersatzbefriedigungen anzutreten, was allerdings keine Lösung des Problems darstellt. Eine Lösung gibt es auch nicht, sondern nur den Appell an sich selbst, derart unlust-geprägte Lebensphasen tapfer und geduldig durchzustehen und alle damit verbundenen Mühen und Schwierigkeiten zu ertragen und zu meistern. Damit ist es aber immer noch nicht genug. Auch wenn es nahezu nach moralischem Masochismus klingt, sollten wir die uns schicksalsmäßig auferlegte Last noch dadurch vergrößern, dass wir immer wieder mühsame oder unangenehme Aufgaben übernehmen, was Montaigne mit dem treffenden Ausdruck „freiwillige Dienstbarkeit" umschrieben hat. Der Grund dafür ist einfach und unmittelbar einleuchtend: Wir sollen uns ja nicht nur von dem unkontrollierten Drang nach lustvollen Erlebnissen befreien, sondern ebenso von unseren tief verwurzelten Tendenzen zur Unlustvermeidung und Schmerzscheu. Und dies gelingt nur, indem wir uns immer wieder freiwillig für die Übernahme derartiger Aufgaben entscheiden: Dies beginnt bei alltäglichen Verrichtungen, indem lästige Aufgaben im Haus und Garten übernommen, Behördengänge und Krankenbesuche absolviert und notwendige Einkäufe getätigt werden, setzt sich fort in ehrenamtlichen Aktivitäten, Nachbarschafts- und Entwicklungshilfe und kulminiert in der Pflege kranker oder gebrechlicher Angehöriger.

„Der Anfang der Selbstbesserung ist die Selbsterkenntnis" (Gracián), was in diesem Zusammenhang bedeutet, die Determinanten unseres Verhaltens zu verstehen und uns damit zu arrangieren. Jede Situation, die einem einsichtig ist, lässt sich beeinflussen, so dass wir nicht mehr blindlings umhergetrieben werden, sondern einen gewissen Freiheitsspielraum gewinnen. Ein interessantes psychologisches Phänomen ist dabei die Erfahrung, dass jede Pflicht und jede Notwendigkeit ihren Zwangscharakter verlieren, wenn wir Ja dazu sagen: Werde ich gezwungen, Geschirr zu spülen, Schuhe zu putzen oder den Rasen zu mähen, dann verrichte ich diese Tätigkeiten unter Zwang und daher wider-willig. Erkläre ich mich dagegen frei-willig dazu bereit, verlieren diese Verrichtungen alles Bedrückende, werden zu selbstgewählten Tätigkeiten, nach deren Vollzug ich sogar noch durch ein Gefühl der Befriedigung belohnt werde: „Jetzt bin ich froh, dass ich das erledigt habe", ist das übliche Resümee. Statt gegen die vielen mühsamen Dinge zu protestieren oder davor zu fliehen, erscheint es daher angemessener, sie zu akzeptieren und zu unserem eigenen Anliegen zu machen: ein Dasein im Einklang mit dem uns auferlegten Schicksal anstatt in Auflehnung und Drückebergerei.

So schwer einem der Entschluss zur Übernahme unliebsamer Aufgaben auch fallen mag, gibt es doch zwei Erfahrungen, die diesen erleichtern können. Die erste besteht in der Tatsache, dass wir uns am Ende eines der Betreuung eines Angehörigen gewidmeten Urlaubstages besser fühlen, als wenn wir diesen mit irgendwelchen Lustbarkeiten verbracht hätten. Das gute Gewissen belohnt uns für das altruistische Verhalten oder – prinzipieller formuliert – jede Beendigung einer mühsamen Aufgabe, jeder erfolgreiche Abschluss einer Prüfung und jedes Nachlassen eines Schmerzes – werden als erfreulich erlebt. Der schwäbische Mystiker Seuse kleidete diese Erfahrung in die Worte: „Es gibt nichts Schwereres, als zu leiden, und nichts Fröhlicheres, als gelitten zu haben." Lustgefühle entstehen nämlich nicht nur beim Gewinn eines „Lustobjekts", sondern ebenso durch erfolgreiche Absolvierung einer negativ getönten Phase. Außerdem gilt der Ausspruch des Gründers der SOS-Kinderdörfer, Gmeiner, dass alles Große in der Welt geschieht, weil jemand mehr tut, als er tun müsste – und dieses „Mehr" ist meistens mühsam.

Die zweite Erfahrung, die uns das Absolvieren lästiger und mühsamer Handlungen erleichtert, ist ein schwer definierbares Freiheitsgefühl. Während uns eine verhasste und widerwillig verrichtete Tätigkeit zum Sklaven degradiert, ändert sich die Situation grundlegend, indem wir dieselbe Tätigkeit freiwillig verrichten, denn dann erleben wir den frei und froh machenden Sieg über den inneren Schweinehund, der uns dazu verführen wollte, uns rechtzeitig aus dem Staub zu machen. „Keine höhere Herrschaft als die über sich selbst und über seine Affekte; sie wird zum Triumph des freien Willens" (Gracián).

Derartige positive stimmungsmäßigen Konsequenzen nach der Verrichtung unliebsamer Tätigkeiten setzen allerdings voraus, dass wir diese aus Einsicht in ihre Notwendigkeit bzw. einem Menschen oder einer guten Sache zuliebe verrichteten. Man kann dies deutlich beobachten an Menschen, die ihr ganzes Leben in den Dienst ihrer Mitmenschen gestellt haben, wie z.B. im Kranken- oder Pflegedienst tätige Nonnen und Diakonissen. Unter diesen finden sich einerseits verbitterte und mit Märtyrermiene erscheinende Frauen, die sich „aufopfern für die Leidenden" mit dem pharisäerhaften Anspruch, bessere Menschen zu sein. Die von ihnen verrichteten „guten Werke" stellen sie vermeintlich über ihre Mitmenschen und verheißen himmlischen Lohn. Sie bleiben mit ihrem moralischen Hochmut in sich selbst verfangen und sind daher unfähig zu einer echten Anteilnahme am Schicksal der von ihnen betreuten Kranken. Daneben gibt es aber auch viele gütige Frauen, die sich nichts auf ihre Leistungen einbilden, sondern einfach ein Herz haben für die Leidenden und diesen zur Seite stehen – ohne jenseitige Belohnungen anzupeilen. Nur bei dieser Gruppe von Frauen ist die Fröhlichkeit und Freiheitlichkeit, von der oben gesprochen wurde, sichtbar. Für sie gilt der Ausspruch von Bernanos: „Seine Freude in der Freude der Anderen finden, darin besteht das Geheimnis des Glücks." Aus diesen Menschen strahlt eine Güte und ein Wohlwollen, die einen bezaubern, wie dies bei Persönlichkeiten wie Mahatma Gandhi, Frère Roger oder Schwester Teresa der Fall war. Es ist ein gravierender Unterschied, ob sich jemand aus Mitleid und Menschenliebe engagiert oder aber aus moralischem Ehrgeiz, um sich den anderen überlegen zu fühlen und dereinst belohnt zu werden.

In diesem Zusammenhang ist des Öfteren von der fehlenden oder aber offensichtlichen Selbstlosigkeit die Rede, wobei es sich dabei um einen ausgesprochen unglücklichen und missverständlichen Begriff handelt. Es geht ja nicht darum, sein Selbst loszuwerden, sondern darum, es zu verbessern, indem man nicht nur auf das eigene Wohlergehen, sondern auch auf das seiner Mitmenschen achtet, wie dies von 23 Millionen ehrenamtlich tätigen Mitbürgern in der BRD praktiziert wird. Beachtenswert ist in dieser Hinsicht auch die Tatsache, dass zwei Drittel aller Pflegebedürftigen zu Hause betreut werden.

Die von Marc Aurel propagierte Haltung, das Rechte zu tun „erhaben über Lust und Unlust", gelingt nur dem Menschen, der sich seiner Gängelung durch diese Affekte entzogen hat, der nicht mehr aus Lust – aber durchaus mit Lust – handelt und sich nicht durch Unlustgefühle vom Verrichten des Notwendigen abhalten lässt. Wer diese selbsterzieherische Aufgabe vollbracht hat, kann einen erheblichen Zuwachs an innerer Freiheit für sich verbuchen.

Freiheitsberaubung durch Determination und Kismet?

Determiniert, d.h. durch äußere und innere Ursachen bestimmt, ist der Mensch in vielfacher Weise. Wir haben bereits die Abhängigkeit vom politischen System, von gesellschaftlichen Einflüssen, von genetisch festgelegten biologischen Zwängen sowie die Verhaltenssteuerung durch das Lust-Unlust-Prinzip kennen gelernt. Hinzu kommen schicksalhafte Fügungen, die massive Eingriffe in unseren Lebenslauf zur Folge haben können. Zu diesen zählen:

- Die genetische Ausstattung, die wir von den Eltern mitbekamen
- Die gewährte oder aber fehlende Fürsorge und Förderung durch Eltern oder Pflegepersonen
- Die wirtschaftliche Lage der Familie und damit Ernährung, schulische Möglichkeiten, Freizeitgestaltung und Auslandskontakte
- Ort, Zeit, politische und gesellschaftliche Situation, in die wir hineingeboren wurden
- Gesellschaftliches Ansehen oder Diskriminierung aufgrund von Klassenzugehörigkeit, Rasse, Religion und gesellschaftlichem Status der Familie
- Krankheiten, Unfälle und vorzeitiger Tod der Eltern
- Kriege, Seuchen, Umweltkatastrophen, Wirtschafts- und Finanzkrisen mit etwaigem Verlust des Arbeitsplatzes bzw. des Vermögens

Am prägenden Einfluss aller genannten Faktoren ist nicht zu zweifeln, aber wir haben auch bereits die Fähigkeit des Menschen kennen gelernt, sich von den verschiedensten Zwängen und Abhängigkeiten zu distanzieren und zu emanzipieren, indem die Mechanismen durchschaut und Befreiungs-Strategien entwickelt werden. Biologische und gesellschaftliche Einflüsse arbeiten nicht mit der Zwangsläufigkeit einer chemischen Reaktionskette, und Schicksalsschläge können uns nicht nur vernichten, sondern ganz im Gegenteil alle verfügbaren Kräfte mobilisieren und eine staunenswerte Entwicklung einleiten, wie dies bei vielen Querschnittsgelähmten der Fall ist, aber ebenso im großen Maßstab bei den Verlierermächten des zweiten Weltkriegs Japan und Deutschland in Form des nachfolgenden Wirtschaftswunders. Schicksalhafte Fügungen machen den Menschen somit nicht völlig unfrei; durch deren Annahme oder gar Nutzbarmachung wird Verfügungsgewalt zurückgewonnen. Der Mensch ist zwar in gewisser Weise ein Spielball des Schicksals, aber nicht in Form eines Fußballs, der fliegt, wohin er getreten wird, sondern eher einem Segelflieger vergleichbar, der durch Auftrieb und Windströmungen in bestimmte Bahnen gedrängt wird, aber diese durch geschickte Steuerung in seinem Sinne zu nutzen versteht – was gelegentliche Notlandungen nicht ausschließt.

Die Möglichkeit, sich teilweise aus dem Zangengriff der Determinanten zu lösen, wird von einigen Denkrichtungen bestritten. Die diesbezüglichen Argumente von Seiten materialistischer Naturwissenschaftler haben wir bereits kennen gelernt. Diese betrachten den Menschen als festgelegt aufgrund seiner genetischen Ausstattung, und nachdem dieses Dogma aufgrund neuerer Forschungsergebnisse nicht mehr haltbar ist, werden zwischenzeitlich auch epigenetische Mechanismen akzeptiert, die von der Umwelt und vom Verhalten des Individuums abhängig sind und damit die Aussage „Der Mensch ist ein Produkt seines Erbgutes" relativieren. Viele Hirnforscher akzeptieren daher neben genetischen Einflüssen auch die frühkindlichen Erfahrungen, was allerdings an der Grundaussage wenig ändert, denn ob die Neuronennetze des Gehirns nur von den Genen oder auch von Erfahrungen in der Kindheit gestrickt werden, ändert nichts an dem Postulat, dass menschliches Erleben und Verhalten ausschließlich auf der Tätigkeit neuronaler Netzwerke beruhen, die ihrerseits auf physiko-chemisch festgelegte Abläufe im Gehirn zurückgeht („physiologischer Determinismus").

Andere Denkrichtungen verabsolutieren die Bedeutung psychischer Faktoren, indem sie postulieren, dass all unser Wollen und Handeln auf Triebe und charakterliche Besonderheiten rückführbar sei („psychologischer Determinismus").

Gesellschaftliche Einflüsse werden in zweierlei Weise für die Entwicklung des Menschen verantwortlich gemacht. So argumentieren die Vertreter des „soziologischen Determinismus" (zu denen Karl Marx zählt), dass die Klassenzugehörigkeit, die Arbeitsbedingungen und das Milieu zu den entscheidenden Formkräften zählen, während im Behaviorismus das menschliche Verhalten weitgehend als durch gesellschaftliche Normen andressiert beurteilt wird, insofern erwünschtes Verhalten belohnt, unerwünschtes Verhalten sanktioniert wird. Der Heranwachsende lernt nach dieser Ansicht durch ein „operantes Konditionieren" die sozialen Normen zu verinnerlichen und sich rollengerecht zu verhalten. In beiden Fällen wird der Mensch zur Marionette der sozialen Verhältnisse gestempelt.

Alle bisher angeführten Theorien enthalten einen wahren Kern, werden jedoch falsch, insofern sie einen Einzelaspekt verallgemeinern und verabsolutieren. Zweifelsfrei sind biologische und psychologische Triebkräfte in jedem menschlichen Dasein von großer Bedeutung, und ebenso ist unser Leben in der Gesellschaft nicht nur durch das bestimmt, was *wir* wollen. Vielmehr müssen wir Rücksicht nehmen auf zahllose geschriebene und ungeschriebene Gesetze und Spielregeln, auf unseren sozialen und beruflichen Status und auf die persönlichen finanziellen Möglichkeiten. Dennoch bleibt uns angesichts der vielen auf uns wirkenden und unser Verhalten bestimmenden Kräfte ein Freiheitsspielraum. Den Menschen ausschließlich als Spielball vielfältiger Einflüsse zu betrachten und ihm jegliche Selbstbestimmung abzuerkennen, wird seiner Sonderrolle innerhalb der Evolution nicht gerecht und verletzt seine Würde. Darüber hinaus wird dabei übersehen, dass jeder, der über biologische und gesellschaftliche Determiniertheit klagt, eben dadurch zeigt, dass er es nicht ist. Zumindest nicht völlig, denn eine derartige Einsicht setzt eine Distanzierung und damit eine relative Befreiung von den Determinanten voraus.

Eine bis in die Gegenwart einflussreiche Idee betrifft den Einfluss der Sterne. Unzählige Herrscher, Priester, Feldherren und Gelehrte glaubten, dass der Lauf der Gestirne mit wechselnder Sternenkonstellation einen bestimmenden Einfluss auf ihr Schicksal ausüben würde, und verschoben wichtige Ereignisse wie

Thronbesteigungen, Feldzüge oder wichtige kultische Rituale so lange, bis der Stand der Sterne hierfür günstig schien. Selbst so kritische Geister wie Montaigne oder Goethe waren ebenso überzeugt von der „Macht der Planeten" wie unzählige Horoskop-Gläubige in aller Welt sowie Menschen, die ihr Tun und Lassen am „Mondkalender" ausrichten. Gegenwärtig glauben in Deutschland jede 3. Frau und jeder 6. Mann an die Bestimmung oder zumindest Beeinflussung ihres Lebens durch die Sterne und nur 39 % der Bevölkerung lehnen Horoskope kategorisch ab.

Als Relikt der früher verbreiteteren Schicksalsgläubigkeit begegnet man auch heute noch in der Alltagsweisheit einem gewissen Fatalismus, insofern man öfters zu hören bekommt: „Da kann man nichts machen; es kommt halt, wie es kommen soll." Wodurch das, „was kommen soll", bestimmt wird, bleibt dabei offen. Selbst der Tod eines Menschen wird noch gelegentlich – wie in der Antike – auf eine überirdische Schicksalsmacht bezogen, so dass dieser eintritt, „wenn die Parzen den Lebensfaden zu Ende gesponnen haben" (Erasmus).

Eine unwissenschaftliche, aber sicherlich vielfach zutreffende Ansicht sieht in zahlreichen Widerfahrnissen keine äußere Macht am Werk, sondern schlicht und einfach den Zufall. Dass dieser von den meisten Menschen nicht in Betracht gezogen wird, liegt am menschlichen Kausalitätsbedürfnis: Der Mensch sucht in allem, was ihm zustößt, einen Grund, und meistens findet er auch einen, wobei die Frage offen bleibt, ob dieser das jeweilige Ereignis tatsächlich begründet. Für den Schnupfen wird ein Luftzug, für die Migräne das Wetter, für den Unfall die schwarze Katze, für das Magengeschwür die böse Schwiegermutter und für die Krebserkrankung das benachbarte Atomkraftwerk angeschuldigt, ohne sich um Belege für derartige Behauptungen auch nur zu bemühen. Jeder Arzt kennt ganze Litaneien von solchen ursächlichen Zuordnungen, so dass eine der häufigsten Überlegungen im Gespräch mit Patienten lautet: „post oder propter?", d.h., ist das angeschuldigte Ereignis tatsächlich die Krankheitsursache oder hat die Krankheit rein zufällig kurz danach eingesetzt (was meistens der Fall ist).

Die wohl umstrittenste Theorie zur Fremdbestimmtheit des Menschen ist der theologische Determinismus, der besser als Prädestinationslehre bezeichnet wird, da es dabei nicht nur um Bestimmung (=Determinierung), sondern um Vorherbestimmung (=Prädestination) geht. Gemäß dieser Lehre ist das gesamte Weltgeschehen, einschließlich aller menschlichen Lebensläufe, völlig durch göttliche Fügung vorausbestimmt. Da Gott nicht nur allmächtig, sondern auch allwissend ist, kann er außerdem alle Entscheidungen, die ein Mensch in seinem Leben treffen wird, vorhersehen (was allerdings keine Allwissenheit voraussetzt, sofern diese Entscheidungen ohnehin im Voraus festgelegt wurden). An dieser Stelle der Argumentation erhebt sich bereits der erste Einwand: Ein Mensch, dessen Lebenslauf von vorneherein festgelegt ist, kann keine freien Entscheidungen treffen. Ohne diese gibt es aber keine Schuld, und ohne die Existenz sündiger Menschen bedarf es keiner Erlösung. Der Opfertod Jesu wäre damit ebenso entbehrlich gewesen wie seine vorbildliche Lebensführung, denn: Was nützt einem völlig determinierten Menschen ein Vorbild, dem er doch nicht nachzufolgen vermag?

Die Prädestinationslehre hat besonders in den Calvinismus Eingang gefunden, wobei wohl nicht alles, was dort später praktiziert wurde, im Sinne Calvins war. Der Calvinismus predigt, dass die Erwählung bzw. Verdammung eines jeden Menschen vorherbestimmt und damit nicht von seiner Lebensführung abhängig sei. Im weltlichen Bereich würde man ein Auswahlverfahren, das sich weder an Verdiensten noch an besonderen Qualifikationen orientiert, als willkürlich oder gar als Günstlingswirtschaft bezeichnen, und einen Menschen zu erschaffen, nur um ihn – ohne jede Möglichkeit der Bewährung – sofort danach zu verdammen, würde man sadistisch nennen. Von daher wird der Kommentar von Karl V., diese Lehre erscheine ihm „mehr viehisch als menschlich", verständlich. Die Thesen Calvins sind auch innerhalb seiner Kirche nicht unwidersprochen geblieben. So war der 1560 in Südholland geborene Jakob Arminius zwar anfangs strenger Calvinist, beharrte aber später darauf, dass die Gnadenwahl Gottes nicht auf einzelne Personen beschränkt sein könnte, sondern universell gültig sein müsse und dass die Prädestinationslehre unvereinbar sei mit dem Wesen Gottes, der Bestimmung des Menschen und dessen Freiheit. Darüber hinaus wäre im Hinblick auf diese Lehre jedes Bestreben nach moralischer Integrität ebenso sinnlos wie eine Verurteilung von unmoralischem Verhalten.

Trotzdem entwickelten sich die Calvinisten keineswegs zu amoralischen Menschen, sondern wurden zu sittenstrengen, arbeitsamen Musterbürgern, die es überall zu wirtschaftlicher Blüte brachten, z.B. in Holland, England und später in den USA. Angesichts dieser Tatsache fragt man sich: Warum in aller Welt sind diese Leute so geschäftig, wenn sie doch nichts an ihrem Schicksal ändern können? Die Antwort ist einfach: Wohlstand gilt als untrügliches Zeichen dafür, dass man zu den Auserwählten zählt. Man muss also ständig tätig sein, um sich durch den erworbenen Besitz der Gnade Gottes zu vergewissern: „Für Gott dürft ihr arbeiten, um reich zu sein" („christlicher Leitfaden" von R. Baxter). Reichtum bedeutet von nun an, Gottes Wohlgefallen zu besitzen, so dass Adam Smith verkünden konnte, dass nichts edler sei als Reichtum und nichts schändlicher als Armut – Gelderwerb als gottgefälliges Verhalten!

Der Calvinismus trug wesentlich zur Heiligsprechung der Arbeit und zur Etablierung des Kapitalismus bei und brachte in großer Zahl „bigotte Krämerseelen" (E. Friedell) hervor, auf deren „Geldschatullen der Segen Gottes ruht" (Gogol). Nur hieraus wird verständlich, dass noch in der gegenwärtigen US-amerikanischen Gesellschaft die New Yorker Börse als „nationales Heiligtum" verehrt wird und das Bündnis aus Bibel und Börse ungebrochen weiterbesteht.

Insgesamt kann man beim Calvinismus von einer Übertragung des alttestamentarischen Auserwähltheitswahns auf die Calvinisten sprechen – samt zugehöriger Borniertheit –, wobei dieser bis in die Gegenwart das geistige Klima in den USA prägt. Auch das unersättliche Bedürfnis, die ganze Welt zu missionieren, erklärt sich aus diesem Wahn, die beste und gottgefälligste unter allen Nationen zu sein, wobei sich hinter dem missionarischen Eifer nicht selten auch politische und wirtschaftliche Interessen verbergen, die in heuchlerischer Weise verschwiegen werden.

In religiöser Hinsicht resultierte einerseits eine Verbürgerlichung des Glaubens mit pharisäerhaften Zügen und Verlust der metaphysischen Dimension und andererseits „eine Umkehrung der evangelischen Lehre von beispielloser Kühnheit und Flachheit": „Wem es wohlergeht auf Erden, der ist gerecht, die Unseligen und Verdammten sind die Armen" (E. Friedell). In völligem Widerspruch zum Neuen Testament steht außerdem die Forderung Calvins über ungezogene Kinder die Todesstrafe zu verhängen, was in Neu-England tatsächlich einige Male vollzogen wurde.

Auch im Islam spielt die Prädestinationslehre eine wichtige Rolle. Alles Gute und Schlechte im Leben wird der göttlichen Vorsehung zugeschrieben: „Kismet" ist das dem Menschen von Allah zugeteilte Los und hat fatalistisch, also in völliger Ergebenheit in die unabänderliche Macht des Schicksals, hingenommen zu werden. Im Unterschied zum Calvinismus sind die wirtschaftlichen Konsequenzen völlig entgegengesetzt. Leidet ein Araber an Kopfschmerzen, so ist dies ein von Allah verhängtes Schicksal, so dass nicht er die Schuld dafür trägt, dass er wieder einmal nicht zur Arbeit gehen kann. Aufgrund dieser miserablen Arbeitsmoral werden beispielsweise in Oman 50 %, in Dubai sogar 80 % aller Arbeiten von Ausländern verrichtet, und viele Betriebe zahlen lieber hohe Bußgelder, als einheimische Arbeitskräfte einzustellen.

Im Protestantismus sind die Stellungnahmen zur Prädestination uneinheitlich, was teilweise aus der Protesthaltung Luthers gegenüber der (damaligen) katholischen Lehre erklärbar ist. Im Katholizismus des 16. Jahrhunderts wurden äußerliche Werke wie Wallfahrten, Reliquienkulte oder das Abspulen von Gebeten an bestimmten „heiligen" Orten oder Zeiten für ausreichend erachtet, um sein Heil zu wirken. Hinzu kam der unselige Ablasshandel, der für die Päpste (aber auch für die Fugger) eine ergiebige Geldquelle darstellte, da den Gläubigen mit der Geldspende das Seelenheil verheißen wurde: „Wenn das Geld im Kasten klingt, die Seele in den Himmel springt." Gegen diese Form von „Werkgerechtigkeit" setzte sich Luther vehement und völlig zu Recht zur Wehr, schüttete aber wohl das Kind mit dem Bade aus, indem er gleichzeitig „guten Werken", die ein frommer Mensch aus Nächstenliebe verrichtete, jegliche Heilsbedeutung absprach und die Losung ausgab: „Sola fide" – d.h. allein durch den Glauben – wäre das Heil zu erlangen. Da dieser Glaube aber als Gnadengeschenk Gottes galt, wurden die Christen zu passiven Adressaten von Gottes Gnade. Die Konsequenz aus dieser Auffassung wäre eine fehlende Möglichkeit des einzelnen Christen, etwas zu seinem Heil beitragen zu können. Inkonsequenter-, aber durchaus erfreulicherweise forderte Luther seine Anhänger trotzdem zu einem „tätigen Christentum" auf, in dessen Geist bis heute unzählige karitative Einrichtungen gegründet wurden.

Nach katholischer Auffassung spielen „gute Werke" durchaus eine wichtige Rolle im Leben eines gläubigen Christen, allerdings nur dann, wenn sie einer entsprechenden Gesinnung entspringen, wie dies in beeindruckender Weise von Meister Eckhart in einem einzigen Satz formuliert wurde: „Tugend besteht nicht in einem Tun, sondern in einem Sein; die Werke sollen nicht uns, wir sollen die Werke heiligen." „Bist du gerecht, so sind auch deine Werke gerecht."

Im praktischen Leben von Christen aller Konfessionen dürfte der Rechtfertigungsstreit um Glaube oder Werke allerdings keine große Rolle spielen und von vielen als unfruchtbares Theologengezänk abgetan werden. Jeder Glaube, sei es an Jesus, Mohammed oder Buddha, schließt selbstverständlich eine „Nachfolge" des Religionsgründers mit ein, da dessen Lehre in seinem Leben zum Ausdruck kommt und es daher wohl selbstverständlich ist, dass die Anhänger nicht nur dessen Glaubenslehre akzeptieren, sondern auch die spezifische Weise seiner Lebensführung nachahmen sollten.

Gibt es eine Willensfreiheit?

Des Menschen Wille ist sein Hirn.
KREUTZBERG

Die Freiheit, die Entscheidung, der Wille:
Das sind alles Hirngespinste.
MURIEL BARBARY

Keine höhere Herrschaft als die über sich selbst
und über seine Affekte;
sie wird zum Triumph des freien Willens.
GRACIÁN

Bei Erörterungen der menschlichen Freiheit geht es fast immer um die „Willensfreiheit", was insofern schwer verständlich ist, als der Wille unter allen geistigen Kräften diejenige mit dem geringsten Freiheitsgrad darstellt. Freiheit ist ein generelles Attribut des Geistes, wobei dieses besonders dem Denkvermögen, der Aufmerksamkeitslenkung, der Vorstellungskraft und der Entscheidungsfähigkeit zukommt, während der Wille an die jeweils getroffene

Entscheidung gebunden ist. Es erschiene daher sinnvoller, von Geistesfreiheit als von Willensfreiheit zu sprechen.

Eine zweite Vorbemerkung betrifft die unterschiedlichen Qualitäten der einzelnen menschlichen Freiheitsformen. Bei der Gedanken- und Entscheidungsfreiheit handelt es sich um etwas Innerliches, so dass diese selbst im Kerker erhalten bleiben können, wie in „Fidelio" dargestellt und von Boethius existentiell vollzogen. Demgegenüber sind Rede-, Handlungs-, Reise-, Gewissens- und Religions-Freiheit an politische und gesellschaftliche Akzeptanz oder zumindest Toleranz gebunden und haben mit persönlichem Frei-sein nicht das Geringste zu tun, wie man daran sieht, dass ein durch fundamentalistische Ideologien versklavter Mensch die Redefreiheit für Hetzreden oder ein Drogenabhängiger die Reisefreiheit für Drogenschmuggel missbrauchen kann. Rede- und Handlungs-Freiheit sind also kein der handelnden Person zukommendes Merkmal, sondern Ausdruck einer freiheitlichen Verfassung eines Staates mit Garantie der Menschenrechte. Bei deren Fehlen ist der Mensch nur in einem äußerlichen Sinne unfrei, indem er nicht reden, handeln, reisen und seine Religion ausüben kann, ohne kontrolliert und gegebenenfalls gemaßregelt zu werden. Seine Gedankenfreiheit kann er dennoch behalten, und vielleicht wird einem diese in einer derartigen politischen Lage erst in ihrer unschätzbaren Bedeutung bewusst.

Alle Entscheidungen zu etwas Angenehmem oder gar Lustvollem unterliegen dem Generalverdacht, nicht frei zu sein, auch wenn wir selbst durchaus dieser Meinung sein sollten. Sie eignen sich daher schlecht zum Beweis der Geistesfreiheit. Besser hierzu geeignet sind Entschlüsse, die unseren sinnlichen und egoistischen Antrieben und unserem Glücksverlangen zuwiderlaufen:

- Der Verzicht auf leckere Speisen, Süßigkeiten und Alkohol in der Fastenzeit
- Die Überweisung eines schmerzhaft hohen Geldbetrags für ein wichtiges Entwicklungshilfeprojekt
- Der selbstlose oder gar gefährliche Einsatz für einen Verunglückten oder Angepöbelten
- Die mutige Kundgabe persönlicher Überzeugungen, die der political correctness zuwiderlaufen und Unannehmlichkeiten oder die Gefahr, sich lächerlich zu machen, mit sich bringen könnten

- Die freiwillige Übernahme von Arbeiten, um überarbeitete Familienmitglieder oder Arbeitskollegen zu entlasten
- Die Pflege kranker oder gar pflegebedürftiger Angehöriger unter Zurückstellung eigener Interessen

Schmerzliche Verzichtleistungen und freiwillige Übernahmen mühsamer oder gar gefährlicher Aufgaben können keine Befehle des Gehirns sein, denn biologische Zwänge arbeiten mit dem Lockmittel der Lust. Jedes freiwillig geleistete, unlustbetonte Verhalten ist vielmehr ein Beweis dafür, dass wir weder Marionetten des Gehirns noch der Triebe, noch des Luststrebens sind, sondern uns davon frei machen können. Für jeden einsichtigen Menschen, der nicht in einem materialistischen Gedankenkorsett steckt, besteht nicht der geringste Zweifel an der Existenz einer derartigen menschlichen Freiheit. Derartige Argumente hindern materialistische Hirnforscher in keiner Weise, an der neuronalen Determination unseres Tuns und Lassens festzuhalten: Das Verhalten wird immer „durch die funktionelle Architektur des Gehirns bestimmt" (W. Singer) „auf Grund neuronaler Prozesse, bei denen es sich um Ursachen handelt" (K.J.Grün). Unser gegenteiliges Empfinden wird als Fiktion abgetan, insofern wir angeblich unsere naturgesetzlich bestimmten Handlungen nachträglich als selbstbestimmtes, aus plausiblen Gründen vollzogenes Tun uminterpretieren, uns selbst also über den eigentlichen Urheber unseres Verhaltens belügen würden.

Die Frage Schopenhauers, ob der Mensch wollen kann, was er will, verkennt das Wesen des Menschen. Dieser ist keineswegs in einer derart absoluten Weise autonom, dass er selbstherrlich seine Wesensziele bestimmen könnte. Diese sind vielmehr in seiner Natur – mit ihrer zielgerichteten Wesensdynamik – vorgegeben, der jedoch lediglich ein fordernder und kein nötigender Charakter zukommt, so dass uns die Wahl bleibt zwischen Akzeptanz und Weigerung.

Der Freiheitsspielraum im menschlichen Verhalten zeigt sich unter anderem darin, dass viele Handlungen nicht aus der aktuellen Bedürfnislage entspringen, sondern, um anderen eine Freude zu bereiten, aus Pflichtbewusstsein, aus dem Bestreben, sittlichen Normen zu genügen, oder gar aus der Vorausschau auf etwaige künftige Bedürfnisse – indem wir beispielsweise eine Pflegeversicherung für das eigene Alter oder eine Ausbildungsversicherung für die Enkel abschließen. Ob wohl physikochemischen Gesetzen unterliegende

Neuronenverbände fähig und willig sind, sich für das künftige Schicksal der Nachkommen zu engagieren?

Um die im alltäglichen Lebensvollzug möglichen Freiheitserfahrungen darzustellen, muss zunächst auf die komplementäre Beziehung der Begriffe „Wunsch" und „Ziel" hingewiesen werden. Als Ursprung einer Handlung finden wir in der Regel einen Wunsch, einen Antrieb, eine Absicht, die uns auf ein zu erreichendes Ziel hinlenken. Sofern uns dies nicht als Geschenk zuteil wird, sind bestimmte Mittel einzusetzen, um das Ziel zu erreichen:

- Bei Hunger und Durst nehmen wir Speise und Trank zu uns und erfahren dadurch die Sättigung dieser Begierden.
- Dem Wunsch nach Musik folgt der Kauf einer CD oder einer Konzertkarte, die uns den gewünschten Hörgenuss ermöglichen.
- Der Wissensdurst verleitet je nach Alter und Situation zum Kauf von Sachbüchern, zu einem Studium oder zum Besuch von Vorträgen, wodurch der Wissensbestand nach und nach aufgefüllt wird.
- Der Wunsch, eine erfolgreiche berufliche Karriere zu absolvieren, findet über Fortbildungsmaßnahmen, Fleiß und Zuverlässigkeit seinen erfolgreichen Fortgang.

Wünsche, Antriebe, Absichten motivieren uns also zum Einsatz der jeweils erfolgversprechenden Mittel, um das Ziel zu erreichen oder uns diesem wenigstens zu nähern.

Zwischen dem Verspüren eines Wunsches und dessen Erfüllung sind – sofern keine Impulshandlungen vorliegen – Überlegungen zur Angemessenheit des Wunsches und Entscheidungen für oder gegen dessen Realisierung zwischengeschaltet; außerdem vermögen wir den Zeitpunkt sowie die Art und Weise der etwaigen Wunscherfüllung zu bestimmen: Darin besteht unser Freiheitsspielraum. Wir sind in der Lage, unsere Antriebe zu bewerten und unsere Entscheidungen davon abhängig zu machen, so dass die positiv bewerteten Strebungen ausgewählt und die übrigen verworfen werden.

Bei der Wahl der Motive sollte man sich nicht auf die sinnlichen und ich-haften Strebungen beschränken, sondern sich vorzugsweise an den wesensgemäßen geistigen Antrieben orientieren, also an dem, was man soll, sofern man kein trieb- und lust-gesteuertes Wesen ist, das solcher Reflexionen nicht bedarf, aber auch von einem freiheitlichen Daseinsvollzug weit entfernt ist. Derartige Entscheidungen umfassen ein weites Spektrum möglicher Zielsetzungen:

- Individuelle Interessen und Liebhabereien, z.b. im beruflichen, kulturellen, gesellschaftlichen oder sportlichen Bereich, sind auf ihre Realisierbarkeit zu prüfen.
- Aus der aktuellen persönlichen Situation entspringende Umstände, z.B. ein erforderlicher Wechsel des Berufs, des Arbeitsplatzes, des Wohnortes oder ein Umzug ins Altenheim, müssen geplant werden.
- Zielsetzungen von außen sind zu überprüfen, z.B., ob man einer Einladung zum Essen, zu einer Vernissage oder einem Urlaub mit Freunden zustimmen soll.
- In besonderer Weise aber gilt es, moralische Beweggründe zu bedenken, z.B., ob wir eine ehrenamtliche Tätigkeit übernehmen, eine Hilfsorganisation finanziell unterstützen oder an der Verbesserung der eigenen Fehler und Schwächen arbeiten sollen.

In allen genannten Fällen geht es zunächst darum, ob man das jeweils intendierte Ziel wirklich erstreben und auf welche Weise man dieses gegebenenfalls realisieren möchte, so dass eine gedankliche Überprüfung der Beweggründe und Zielsetzungen ansteht. Fällt diese positiv aus, folgen Überlegungen, ob die Verwirklichung im Einklang steht mit den eigenen Wertvorstellungen und ob frühere Erfahrungen das Vorhaben als realisierbar erscheinen lassen. In manchen Fällen spielen auch Überlegungen in Bezug auf die Finanzierbarkeit des Vorhabens eine wichtige Rolle.

Die übliche Abfolge eines Entscheidungsprozesses kann anhand eines konkreten Beispiels veranschaulicht werden: Jemand besitzt ein Haus, in dem er Jahrzehnte seines Lebens verbracht hat. Mit zunehmendem Alter werden die Bewältigung der Treppen, die Pflege des Gartens, der Einstieg in die Badewanne immer mühsamer, und es erhebt sich die Frage des Umzugs in eine seniorengerechte Einrichtung. Vor eine solche Entscheidung gestellt, beginnen wir als Erstes die Sachlage zu analysieren, suchen also nach Gründen, die für den Verbleib im eigenen Haus, und solchen, die für einen Umzug sprechen, wägen diese gegeneinander ab und treffen schließlich aufgrund der triftigeren

Argumente die Entscheidung. Also zunächst Überlegungen und Abwägen von Gründen, dann Entscheidung für das als besser Erkannte und schließlich dessen Ausführung. Dieser Prozess vollzieht sich in den Stufen: Bewusstmachung des Wunsches/Zieles – Überlegung und Abwägung von Gründen – kritisches Urteil – Entscheidung – Willensentschluss – Handlung. Sofern Angehörige in den Entscheidungsprozess involviert sind, sollten auch deren Interessen Berücksichtigung finden, so z.B., wenn der Wechsel ins Altenheim zu einer finanziellen Belastung der Kinder führen würde. Aus diesem Beispiel wird ersichtlich, dass Freiheit nichts mit Willkür zu tun hat, sondern ein an vernünftigen Gründen orientiertes Denken, Wollen und Handeln bedeutet. In analoger Weise unterteilte Buddha den rechten Lebensweg in die drei Stufen: rechtes Erkennen – rechtes Entschließen – rechtes Handeln und dies alles mit Achtsamkeit.

Vor jeder Entscheidung sollte zudem bedacht werden, ob es sich um ein utopisches oder realistisches Ziel handelt, außerdem, ob ein wirkliches Anliegen zugrunde liegt oder nur ein flüchtiges Begehren bzw. ein durch Werbung, Berater oder Zeitgeist suggerierter Einfall, denn dann wäre sie von einem freien persönlichen Entschluss mehr oder weniger weit entfernt. Allerdings darf das Hin- und Herüberlegen nicht in Bedenkenträgerei und daraus resultierende Entschlusslosigkeit ausarten.

Jede Entscheidung muss durch gute Gründe und vernünftige Argumente gestützt werden und ist frei, wenn sie in Übereinstimmung steht mit unserer Einsicht und unserem personlichen Werte-Kodex. Nach Paul Watzlawick macht der Gehorsam gegenüber der Wesensbestimmung des Menschen diesen keineswegs unfrei, sofern dieser aus Einsicht und freiwillig erfolgt. Dass sich freie Entschlüsse an der Vernunft, und das bedeutet an der Wahrheit orientieren, sehen wir im Übrigen nach jeder von uns selbst getroffenen Entscheidung, indem wir uns und andere fragen: Habe ich mich richtig entschieden? Richtig oder recht heißt aber nichts anderes als am Wertmaßstab des Wahren und Guten gemessen, also: War die Entscheidung der Sache angemessen und war sie mit unseren moralischen Maßstäben, also mit unserem Gewissen vereinbar? Der Wille ist an den getroffenen Entschluss gebunden, andernfalls würden wir nicht von Freiheit, sondern von Willkür sprechen. Der griechische Philosoph Zenon fasste diesen Sachverhalt in die Worte: „Frei ist nur der Mensch, der… tut, was seine Vernunft wählt", und Joseph Pieper äußerte kurz und bündig:

„Der Wille gehorcht dem Befehl der Vernunft". Im Hinblick auf die Freiheit des Menschen sind somit Gedanken- und Entscheidungs-Freiheit das Primäre, die Willens-Freiheit etwas Nachgeordnetes, den vernunftgeleiteten Entschlüssen Verpflichtetes.

Gedankenfreiheit setzt voraus, dass unser Denken weder durch Vorurteile, Tabus, ideologische Verblendung, Indoktrination oder Opportunismus noch durch Ängste, Feigheit oder Gier beeinflusst und auch nicht durch Gedankenfaulheit oder Dummheit behindert wird, da nur dann kluge und selbstbestimmte Resultate erzielt werden. Der wahrhaft freie Mensch kann tun und lassen, was er will, da sich sein Wille an der Vernunft und dem Gewissen ausrichtet und nicht an egoistischen Beweggründen, die ihm irgendwelche Vorteile verschaffen sollen.

Unfrei ist jedes Verhalten, zu dem wir von inneren oder äußeren Einflüssen getrieben werden, und dies in besonderer Weise, wenn es der eigenen Überzeugung zuwiderläuft. Die unfreiesten Menschen sind einerseits Süchtige, „Triebtäter" sowie nach Geld, Macht, Geltung oder Genuss gierende Personen, die ihren sinnlichen oder egoistischen Antrieben völlig ausgeliefert sind, und andererseits Leute, die durch das Befangensein in einer Ideologie und in Denktabus unfähig sind zu freiem Überlegen, sondern wie Bio-Automaten das in sie eingespeiste Programm abspulen, wie dies bei Fundamentalisten und Sektierern jeglicher Couleur offensichtlich ist. Jedes Befangensein in einem dunklen und verworrenen Labyrinth von Verbohrtheiten und Irrtümern versklavt den Menschen. Umso wohltuender ist der Ausbruch aus einem derartigen Denkkorsett in die freie Welt geistiger Autonomie mit Erlangung eigenständiger Einsichten und Urteile. Für einen derartigen geistigen Befreiungsschlag gilt der Ausspruch: „Die Wahrheit wird euch frei machen", frei von Unwissen, Aberglauben, konventionellen Ansichten und ideologischen Verblendungen.

Als frei empfinden wir somit eine Entscheidung, die uns nicht von außen aufoktroyiert wird, zu der wir nicht aus wirtschaftlichen Gründen gezwungen sind, die uns nicht durch unbeherrschte triebhafte oder süchtige Neigungen aufgenötigt wird, zu der wir nicht durch Werbung, Versprechungen oder Indoktrination verführt und ebenso wenig durch unsere Lebensumstände genötigt werden, sondern die wir aus freiem Ermessen treffen und zu der wir als autonome Persönlichkeit vorbehaltlos stehen.

Rechterweise folgt ein derartiger Entschluss einer Phase reiflicher Überlegung, in der man den Gedanken und Motiven freies Spiel lässt, Einfälle zulassend, Argumente sorgsam abwägend, gegebenenfalls Informationen und Ratschläge einholend, Vorurteile und Affekte negierend. „Die Voraussetzung für Entscheidungsfreiheit ist also ein Raum des Denkens, der Möglichkeiten, in dem ich mich frei von faktischen Zwängen bewegen kann" (Th. Fuchs) und schließlich die passendste Möglichkeit auswähle. Dabei konzentrieren wir uns ganz auf die Sache, damit der Entschluss sachgerecht wird: Bei der Berufswahl sind dies die eigenen Neigungen, Fähigkeiten und Ausbildungsmöglichkeiten, beim Kauf einer Wohnung Größe, Lage, Bauqualität und Ausstattung, bei einer Geldanlage Sicherheit und Rendite und bei der Partnerwahl gegenseitige Zuneigung, gemeinsame Interessen, Lebensgewohnheiten und Lebensziele.

Die Aufgabe der praktischen Vernunft ist es, wahre Erkenntnisse in kluge Urteile und daraus resultierende Entscheidungen und diese in rechte Handlungen umzusetzen – zur Erlangung des jeweiligen Ziels – vom Staatsexamen bis zum Wunschpartner und vom Erwerb guter Sprachkenntnisse bis zur geglückten Selbstwerdung. „Die Handlungen sind die Frucht der Gedanken; waren diese weise, so sind jene erfolgreich" (Gracián); „schlechte Gedanken aber erzeugen schlechte Handlungen (Tolstoi)". Buddha fasste dieses Zusammenspiel von Denken und Tun sowie dessen Auswirkungen auf unser Sosein in die Worte: „Alles, was wir sind, entsteht aus unseren Gedanken." Letztlich geht es um die Befreiung aus Zwängen und Bevormundungen zu einem selbstbestimmten Leben, in dessen Verlauf die als Forderung, aber nicht als Nötigung präsente Wesensbestimmung verwirklicht wird.

Des Öfteren wird argumentiert, dass jede freie Entscheidung eine Wahlmöglichkeit zur Voraussetzung habe. Träfe diese Ansicht zu, dann wäre eine freie Entscheidung unmöglich, sofern es in einem konkreten Fall nur eine einzige richtige Entscheidung gibt. Entscheidungsfreiheit hat jedoch nichts zu tun mit der Zahl möglicher Alternativen, sondern einzig und allein damit, ob sie richtig und d.h. unserer Einsicht gemäß ist.

Einen Sonderfall von Entscheidungen stellen sogenannte Gewissens-Entscheidungen dar. Da das Gewissen eine uns innewohnende moralische Instanz mit indiskutablen Normen darstellt, die über die Einhaltung des unserem Wesen eingeschriebenen Gesetzes wacht, bleibt uns in diesem Fall nur die Freiheit, ein (wesensgemäßes) Ja oder ein (wesenswidriges) Nein zu dessen Spruch zu sagen. Man kann den Begriff Gewissens-Freiheit allerdings auch so verstehen, dass man in einer bestimmten Gesellschaft die Freiheit genießt, seinem Gewissen folgen zu dürfen.

Aus dem bisher Gesagten könnte der Eindruck entstehen, als ob unser Dasein angefüllt wäre mit mehr oder minder freien Entscheidungen, was jedoch keineswegs der Fall ist, da uns dieses lebensuntüchtig machen würde. Für viele alltägliche Abläufe haben wir einmal eine Entscheidung getroffen, halten uns an diese und müssen sie nicht jeden Tag aufs Neue überdenken. Eine derartige Gewohnheitsbildung als Automatisierung ursprünglicher Willenshandlungen erleichtert und beschleunigt unseren Tagesablauf und hält unser Bewusstsein frei für neue Herausforderungen.

Darüber hinaus kann eine durchaus frei getroffene Entscheidung einen Rattenschwanz von Notwendigkeiten nach sich ziehen, denen wir zwangsläufig ausgeliefert sind. So sind wir nach dem Antritt einer frei gewählten Urlaubsreise an Flugzeiten, Hotelreservierungen, Essenszeiten, Einreisebestimmungen und die Einhaltung landestypischer Sitten und Gesetze gebunden. Ebenso folgt nach der freiwillig vollzogenen Eheschließung die Verpflichtung, für das Auskommen der Familie zu sorgen und Einschränkungen des eigenen Verhaltensspielraums durch Rücksichtnahme auf Angehörige sowie etwaige finanzielle Engpässe zu akzeptieren, d.h., dass eine freie Entscheidung eine „Kausalkette von Folgen und Wirkungen" (Safranski) auszulösen vermag. Zwänge, Pflichten und Einschränkungen gehören somit ebenso zu unserem Dasein wie Erfahrungen von Freiheit und Unabhängigkeit.

Frei ist eine Entscheidung, wenn sie ohne äußeren Druck und innere Zwänge zustande kommt, da sie in diesem Fall den in der Natur des Menschen begründeten Zielsetzungen gemäß und damit vernunftgeleitet ist. Diese Bindung an die Vernunft und damit an objektive Werte – letztlich an die Seinsordnung – bedeutet, dass das jeweils Bessere, Werthaftere gewählt wird, das der menschlichen Natur Gemäße, wobei dies aus Einsicht und freiwillig geschieht und somit keine Einschränkung der Freiheit bedeutet. Fehlt diese Wert-Orientierung, ist die Entscheidung nicht frei, sondern beliebig.

Manchmal wird keine klare Trennung zwischen Entscheiden und Wollen gezogen, was nicht korrekt ist, denn eine Entscheidung ist das Ergebnis eines Denkprozesses, der zur Problemlösung und Entscheidungsfindung führt, während Wollen eine Absicht samt zugehöriger Durchsetzungskraft bedeutet, die vom Ich – als vom entscheidenden Subjekt – gebilligt und quasi als Ausführungsbefehl an die Exekutive übergeben wird. Entscheidungen, Gebote, Dekrete, sind gedankliche Konstrukte, die zwar auf ein willentliches Tun oder Lassen abzielen, aber damit nicht identisch sind. Eine Entscheidung ist ein Urteil, eine Beschlussfassung; Aufgabe des Willens ist es, diese in die Tat umzusetzen.Daher kann zwischen dem Entscheiden und dem Wollen eine zeitliche Lücke klaffen, indem die Umsetzung einer Entscheidung hinausgezögert wird oder sogar unterbleibt – wenn die Lücke zum unüberwindlichen Abgrund wird. Wie viele klare Entscheidungen hat wohl jeder Mensch schon in seinem Leben getroffen, die nie zur Ausführung kamen. Wie viele gute Vorsätze zu Beginn eines neuen Jahres sind schon gefasst worden, und auch der Wille, die Entscheidung in die Tat umzusetzen, war durchaus vorhanden, wurde vielleicht sogar kurzzeitig praktiziert, aber letzten Endes blieb alles beim Alten.

Die Diagnose eines Herzinfarkts, einer Zuckerkrankheit oder eines erhöhten Cholesterinspiegels führt bei vielen Betroffenen zu dem festen Vorsatz einer Ernährungsumstellung sowie eines täglichen Bewegungsprogramms, wird aber höchstens in der Hälfte der Fälle konsequent eingehalten. Wir pflegen in solchen Fällen zu sagen: „Mein Wille war nicht stark genug", was zwar richtig ist, aber nicht die ganze Wahrheit enthält. Korrekter wäre die Aussage: „Meine Gier oder meine Faulheit waren stärker als mein Wille", aber diese wenig schmeichelhafte Einsicht kränkt unsere Eigenliebe und wird daher meist verdrängt. Tatsächlich verhält es sich aber in der Regel so, dass Verzichtforderungen der Lust auf Kuchen, Schokolade oder auf große Portionen Schweinebraten mit Knödeln zum Opfer fallen und dass sportliche Aktivitäten durch unsere Tendenz zur Trägheit unterbleiben. Deshalb wird ein willensschwacher Mensch leicht zum Spielball seiner Leidenschaften und sowohl seiner Trägheit als auch äußerer Einflüsse und Verführungen, denn ohne Verzichtsbereitschaft wird man rasch zum Sklaven seiner Begierden. Seltener beruht der Misserfolg darauf, dass wir in Bezug auf die getroffene Entscheidung unschlüssig werden, indem wir uns beispielsweise einreden, so schlimm seien das Übergewicht und der erhöhte Cholesterinspiegel auch wieder nicht. Auch können nachträgliche Bedenken, Skrupel oder Mutlosigkeit die Ausführung eines Plans verhindern.

Nachdem bereits wiederholt vom Wollen die Rede war, muss der unterschiedlich gebrauchte Begriff „Wille" genauer definiert werden. Dieser ist die Kraft, durch die das Ich seine Entscheidungen – oft gegen innere oder äußere Widerstände – durchsetzt. Diese Willenskraft wächst mit dem Grad der Ich-Stärke und wird besonders benötigt, um die vielfach schwachen geistigen Neigungen gegen die starken sinnlichen und egoistischen Antriebe durchzusetzen. Das „Ich", als das „personale Subjekt" (Dürckheim), „als Zentrum all meiner Kräfte" (Erich Fromm), stellt sich rechterweise in den Dienst der eigenen Wesensbestimmung, indem es die Dominanz über den animalischen Seelenbereich gewinnt und den geistigen Antrieben die nötige Schubkraft verleiht. Wenn es einen Menschen danach verlangt, eine leckere Mahlzeit einzunehmen, eine erotische Beziehung anzuknüpfen oder eine gewinnverheißende Geldanlage zu tätigen, benötigt er dazu keine Willenskraft, da diese Begierden genügend Schubkraft besitzen, so dass es völlig ausreicht, ihnen den Weg freizugeben. Geht es dagegen um das Erlernen eines Instruments oder einer Fremdsprache, um die Absolvierung eines Fernstudiums, den ehrenamtlichen Einsatz als Betreuer einer Jugendgruppe oder eines Patientenkollektivs, braucht man einen starken und ausdauernden Willen, um derartige Aktivitäten gegen die eigene Bequemlichkeit und das Verlangen nach Lebensgenuss durchzuhalten. Der Wille ist demnach besonders für das geistige Wachstum eine eminent wichtige Kraft. Diese ist allerdings blind und benötigt daher eine kluge Steuerung, um sich für den Menschen positiv auszuwirken, indem man will, was man wollen soll. Ein starker Wille wird ebenso zur Überwindung äußerer Widerstände gebraucht, so, wenn ein junger Mensch eine Künstlerlaufbahn einschlägt, anstatt den elterlichen Betrieb zu übernehmen, oder wenn er eine von den Eltern als skandalös empfundene Liebesheirat schließt. Die Willenskraft wirkt fördernd, wenn z.B. der Beschluss, Lehrer zu werden, durch ein entsprechendes Studium realisiert wird. Sie kann ebenso hemmend sein, wenn das Ich die Tendenz zu einem wesenswidrigen, z.B. süchtigen Verhalten, bremst. Wie stark diese Willenskraft sein kann, lässt sich bereits an Kindern beobachten, die es verstehen, ihren Eigenwillen gegen größte Widerstände durchzusetzen.

Nicht jedes Tun oder Lassen ist willentlich gesteuert. Es gibt vielmehr auch Trieb- und Affekt-Handlungen, in denen ein Drang (z.B. Hunger oder sexuelle Begierde) bzw. ein Affekt (z.B. Wut) impulsiv – also ohne Überlegung – in ein entsprechendes Verhalten münden, wie dies aus Diebstahls-, Vergewaltigungs- und Totschlags-Delikten allgemein bekannt ist. Demgegenüber geht einer Willenshandlung ein bewusstes Abwägen und Beurteilen des beabsichtigten Tuns voraus und, sofern mehrere Strebungen miteinander konkurrieren, muss einer von ihnen der Vorrang zugesprochen werden. Man kann nicht gleichzeitig ins Konzert und in den Biergarten gehen, sondern muss sich für eines von beiden entscheiden und dieses dann in die Tat umsetzen. Als Sieger aus dieser Konkurrenz wird meist diejenige Absicht hervorgehen, die dem Betreffenden wichtiger ist, zu der er stärker motiviert ist. Aus Rücksicht auf Freunde oder Angehörige kann man sich jedoch auch deren Vorlieben anschließen und die eigenen Wünsche zurückstellen.

Während impulsive Trieb- und Affekthandlungen, die einer willentlichen Steuerung ermangeln, negativ zu bewerten sind, existieren andere Verhaltensweisen, wo der Wille zu Recht außen vor bleibt. So werden physiologische Vorgänge wie Schlaf, Atmung, Darmentleerung oder sexuelle Reaktionen durch willentliche Beeinflussungsversuche nur gestört oder gar unmöglich gemacht, so dass das krampfhafte Bemühen um eine Erektion eine häufige Ursache von Impotenz und die angespannte Konzentration auf das Erreichen eines lustvollen Orgasmus der wichtigste Grund für weibliche Frigidität darstellen. Viktor E. Frankl äußerte diesbezüglich lapidar: „Je mehr es einem um die Lust geht, umso mehr vergeht sie einem auch schon." Jedes geglückte Tun von sportlichen und künstlerischen Aktivitäten über Musik, Tanz und Meditation bis hin zum Liebesakt erfordert selbstvergessene Hingabe und kann nur unter dieser Voraussetzung gelingen. Wer sich hingibt, empfängt etwas, wer nur empfangen *will*, geht leer aus.

Ebensowenig wie physiologische Vorgänge lassen sich Gefühle willentlich herbeiführen, auch wenn uns die US-amerikanische Ratgeberliteratur permanent auffordert, gutgelaunt durchs Leben zu gehen und einfach „happy" zu sein. Der daraus resultierenden geheuchelten Lustigkeit mit gequältem Dauergrinsen und unmotiviertem Gelächter fehlt die existenzielle Grundlage, ist daher nicht tragfähig und belastbar. „Aufgrund der Aussichtslosigkeit des Unterfangens, eine rein positive Welt herzustellen, steigert sich nur die Rhetorik, die sie beschwört", urteilt W. Schmid über die Protagonisten des „positiven Denkens", das weder positiv noch realistisch, sondern positivistisch und flach ist. Um wahrhaft lieben, hoffen und glücklich sein zu können, muss man einen Grund haben, und dieser lässt sich nicht durch einen Willensentschluss herbeiführen. Auch wenn es der gegenwärtigen Macher-Mentalität zuwiderläuft: Nicht alles ist willentlich erreichbar, und in wichtigen Lebensbereichen sind derartige Versuche ausgesprochen kontraproduktiv.

Die Frage: „Ist der Wille frei?" wurde unzählige Male diskutiert und unterschiedlich beantwortet. Wie aus dem bereits Gesagten hervorgeht, sind das Denken und Entscheiden frei, während der Wille weisungsgebunden ist. Einen freien Willen kann es gar nicht geben, da jeder Willensimpuls auf ein Ziel gerichtet ist, und dorthin wird er durch sinnliche, ichhafte oder geistige Antriebe gedrängt bzw. durch rationale oder moralische Zielsetzungen gewiesen. Diese bestimmen die Ausrichtung des Willens, und der selbstbestimmte Mensch entscheidet souverän, welche dieser Strebungen verwirklicht werden sollen. Der Wille ist nichts anderes als die Exekutive der nach Selbstverwirklichung strebenden, vernunftgeleiteten Person. Aus diesem Grund sprach Luther zu Recht vom „servum arbitrium", vom gebundenen, dienenden Willen, und Bieri betrachtete die Vorstellung eines völlig freien Willens als absurd. Das Adjektiv „frei" kann dem Wollen und Handeln höchstens in einem übertragenen Sinn zuerkannt werden, insofern diese im Dienst einer frei getroffenen Entscheidung stehen, so dass auch das in der Handlung erstrebte Ziel frei gewählt ist. Statt von „frei" sollte man allerdings weniger missverständlich von „wesensgemäß", „vernunftgeleitet" oder „einsichtskonform" sprechen.

Das einer freien Entscheidung folgende Wollen und Tun einer selbstbestimmten Person ist somit völlig anders zu bewerten als das Tun eines Egomanen oder Triebtäters, die bedenkenlos ihren sinnlichen Trieben oder überwertigen ichbezogenen Neigungen folgen und von diesen beherrscht werden und die darüber hinaus die Normen zwischenmenschlichen Verhaltens ruinieren, insofern Höflichkeit, Mitgefühl und Hilfsbereitschaft für sie Fremdworte darstellen. Hier kann nicht mehr von einem wesensgemäßen und vernünftigen Wollen und Handeln gesprochen werden, sondern von bloßer Willkür, der das Attribut „frei" völlig fehlt, so dass im Sprachgebrauch des 16. Jahrhunderts von

„Sünden-Knechtschaft" gesprochen wurde. Wer sich „nach tierischer Art von Trieben leiten" lässt, „in vielerlei Laster verstrickt" ist, lebt „in schändlicher Knechtschaft" (Erasmus von Rotterdam). Mit dem aus der Mode gekommenen Begriff „Sünde" – der nur noch in Form von „Ess-Sünden" und in der Verkehrssünderkartei ein kümmerliches Dasein fristet – war nichts anderes gemeint, als die aus dem Ruder gelaufenen sinnlichen und selbstsüchtigen Strebungen, die den „voll böser Lust und Neigung befindlichen Menschen bedrängen". Zwar berufen sich die Akteure derartiger willkürlicher Handlungen mit Vorliebe auf ihre persönliche Freiheit – angefangen bei alltäglichen Rücksichtslosigkeiten und Egoismen über Hetzreden, diskriminierende Medienberichte und menschenverachtende Geschäftspraktiken bis hin zu kriminellen Handlungen –, jedoch handelt es sich hierbei um die „Freiheit" des Wolfs in der Schafherde, um die Verwechslung von hemmungsloser Selbstsucht und Triebbefriedigung mit Freiheit. Diese hat jedoch nicht das Geringste mit ungehemmtem Ausleben egoistischer Bedürfnisse zu tun, mit dem Recht, sich bei den schlimmsten Neigungen keinen Zwang antun zu müssen. Vielmehr ist wahre Freiheit immer auch mit Anerkennung von Ordnungen und mit Verantwortungsbewusstsein verbunden. Dies macht auch den Unterschied aus zu den Anführern vieler revolutionärer Befreiungskämpfe, deren Freiheitsträume oft in einem Gemetzel enden – unter Gegnern und Anhängern.

Zusammengefasst setzt sich ein selbstbestimmtes Verhalten rechterweise aus fünf Elementen zusammen, die stufenweise aufeinander folgen:

- Bewusstwerdung von Strebungen und Zielen
- Überlegungen, ob diese realisierbar und mit den eigenen Wertvorstellungen konform sind
- das Treffen einer argumentativ begründeten Entscheidung, die zustimmend oder ablehnend sein kann
- Überführung des getroffenen Entschlusses in einen Willensakt
- Realisierung des Ziels durch planvolles Handeln bzw. begründete Unterlassung

Sofern sich zu einem bestimmten Zeitpunkt mehrere Strebungen zu Wort melden, ist zusätzlich eine Auswahl zu treffen, wobei die nicht zur Ausführung gekommenen Strebungen eventuell zu einem späteren Zeitpunkt erfüllt werden können.

Die menschliche Freiheit stellt eine besonders seit der Neuzeit heiß diskutierte Angelegenheit dar, wobei diese von materialistischen Denkern geleugnet und von idealistischen Philosophen mit ihrem Freiheitspathos überschätzt wird. Die goldene Mitte verkörpert Kant, der den Menschen sowohl der stofflichen als auch der geistigen Welt zuordnet, so dass er einerseits den Gesetzen der Natur unterliegt, andererseits aber auch einem Raum der Freiheit angehört. Wir sind danach in individuell unterschiedlichem Grad teils freie, teils abhängige Wesen, wobei die Zwänge nicht nur – wie Kant unterstellte – aus dem natürlichen Bereich stammen, sondern durchaus auch aus der Gesellschaft im Rahmen unserer Sozialisation sowie aus uns selbst, in der Form selbstsüchtiger Neigungen. Auch Karl Marx unterscheidet in seinem Spätwerk ein Reich der Notwendigkeit von einem Reich der Freiheit, während Marcuse selbst innerhalb des Reichs der Notwendigkeit – z.B. im Arbeitsleben – die Möglichkeit von Freiheit postuliert.

Von Seiten der Hirnforschung wird meistens argumentiert, dass eine immaterielle Seele keinen Einfluss auf die von Naturgesetzen beherrschte stoffliche Welt ausüben könnte und dass Freiheit die in der Natur – und angeblich auch im Menschen – herrschende naturgesetzliche Kausalität außer Kraft setzen würde. Außerdem sei auch die unterstellte Lenkung meiner Handlungen „durch moralisch-logische Gründe" keinesfalls frei, denn in diesem Fall handle ich „im Einklang mit meinen personalen Motiven und diese determinieren mich" (G. Roth). Eine derartige Argumentation verkennt, dass Vernunftgründe und einsichtige moralische Normen das entscheidende Subjekt nicht nötigen, ihnen zu folgen, dass also sowohl Zustimmung als auch Ablehnung möglich sind. Motive sind keine Zwänge; sie haben empfehlenden, aber keinen bestimmenden Charakter; ich muss ihnen nicht gehorchen, sondern kann ihnen auch zuwiderhandeln. Sie sind weder Glieder in einer naturgesetzlich ablaufenden chemischen Reaktionskette noch Reize in einem instinktiven Reiz-Reaktionsmuster. Motive sind Wunschziele, die spontan oder durch Außenreize angeregt in unserem Bewusstsein auftauchen, die wir überprüfen und anschließend realisieren, aufschieben oder verwerfen. Sie nötigen uns nicht, ihnen zu gehorchen, sondern werden in freier Entscheidung akzeptiert oder abgelehnt.

Der Philosoph Popper und der Hirnforscher Eccles argumentieren demgegenüber, dass ein immaterieller Geist durchaus einen bestimmenden Einfluss auf das stoffliche Geschehen besitze, und zwar auf der Ebene der Quanten, deren Verhalten nicht determiniert sei, wobei man zu dieser These kritisch anmerken muss, dass sie erstens einem dualistischen Modell der menschlichen Natur verpflichtet ist und dass zweitens die fehlende Voraussagbarkeit im Verhalten von Quanten nichts mit Freiheit, sondern nur etwas mit Zufall zu tun hat. „Die nicht vollständige Determiniertheit des Geschehens in der Atomphysik" (Heisenberg), d.h., „ob die Naturgesetze das Geschehen vollkommen oder nur statistisch determinieren", hat „nicht unmittelbar mit der Frage des freien Willens zu tun"; „vielmehr handelt es sich hier einfach um ein Missverständnis" (Niels Bohr). Stimmiger erscheint hier die Ansicht von Hans Jonas, nach der die Freiheit dem Reich der Notwendigkeit abgewonnen wurde, insofern sich die Seele hinneigt zum Sinn- und Werthaften, „und dies ist es, was wir unter Freiheit verstehen".

In diesem Zusammenhang erhebt sich die Frage: Wie viel Freiheit findet sich in unserem Alltag? Viele unserer Verrichtungen sind Gewohnheits-, manche auch Impulsiv-Handlungen. Andere sind inneren oder äußeren Nötigungen und Verpflichtungen geschuldet. So wirkt unser Verhalten eher triebgesteuert, wenn wir uns unter Zeitdruck abhetzen oder die Kaufhäuser nach Schnäppchen durchsuchen, aber es gibt darin immer wieder auch Freiheitserfahrungen, z.B., wenn wir aus den gewohnten Gleisen ausscheren, um spontanen Eingebungen zu folgen, denn auch im Alltag lassen sich Freiräume schaffen. Am ersten schönen Frühlingstag die Mittagspause nicht im Restaurant zu verbringen, sondern einen Bummel durch den Park zu machen, kann so ein Freiheitsgefühl auslösen, das sich ohnehin im Freien leichter einstellt als in geschlossenen Räumen. Auch wenn wir dem Verlangen auf ein Spekulationsgeschäft oder der Lust auf eine Currywurst widerstanden haben, gegen eine schlechte Angewohnheit erfolgreich ankämpften, den geliebten Bridge- oder Kegel-Abend dem Partner zuliebe ausfallen ließen, wenn unser Ich sich somit nicht von derartigen Begierden nötigen lässt, stellt sich ein Bewusstsein von Autonomie ein, das zeigt, dass wir nicht die Sklaven unserer Bedürfnisse, sondern Herr im eigenen Haus sind. Schließlich lassen uns das Entronnensein von einer quälenden Abhängigkeit, die Beendigung einer mühsamen Verpflichtung, der erste Spaziergang nach längerer Krankheit oder eine bestandene Prüfung befreit aufatmen.

Eine Freiheitserfahrung stellt sich immer auch dann ein, wenn eine mühsam erlernte Tätigkeit so weit perfektioniert wurde, dass diese spielerisch und wie von selbst abläuft, sei es beim Tanzen, beim „Hinunterwedeln" über einen frisch verschneiten Skihang, bei der mühelosen Wiedergabe einer Violin- oder Klaviersonate, aber auch bei der souveränen Zubereitung und Zerlegung eines Gänsebratens oder beim perfekten Arrangieren eines Blumengestecks („Ikebana").

Eine spirituellere Form von Freiheitsempfindung verspüren wir bei jeder Art von selbstvergessener liebender Hingabe, sei es an Musik, Dichtung, Tanz, kultische Rituale oder einen geliebten Menschen, d.h. immer dann, wenn wir „wunschlos glücklich" sind, und sei es nur für Augenblicke. Zu den wichtigen Elementen des Freiheitsgefühls zählen nämlich nicht nur Leichtigkeit, Schwerelosigkeit und Mühelosigkeit, sondern ebenso das (zeitweilige) Fehlen von Bedürfnissen und Wünschen infolge einer erfüllten Gegenwart.

Freiheit setzt voraus, dass man sich von Abhängigkeiten befreit hat. Da jedes sinnliche Verlangen Abhängigkeit schafft, heißt dies, seine Bedürfnisse unter Kontrolle zu haben, sie aber so weit zu befriedigen, dass sie sich nicht störend bemerkbar machen, da quälender Hunger und unbefriedigte sexuelle Appetenz keine guten Voraussetzungen für eine freiheitliche Lebensführung darstellen. Befreiung bedeutet aber nicht nur Lösung von Triebherrschaft, sondern ebenso von selbstsüchtigen Strebungen, staatlicher Willkür, wesenswidrigen Konventionen, unzumutbaren Verpflichtungen, Zeitdiktat, Luststreben und Unlustvermeidung, Trägheit sowie von jeder Form geistiger Beschränkung. Die selbstgebastelten Käfige der Ideologien, Vorurteile, Dogmen und doktrinären Verblendungen bestehen aus undurchsichtigen Wänden, die nur ein Guckloch für ein begrenztes Gesichtsfeld enthalten und alles außerhalb davon Liegende ausblenden oder sogar als angeblich nicht existent leugnen. Nur wenn man sich von derartigen Abhängigkeiten und geistigen Beschränktheiten frei gemacht hat, erlangt man persönliche Autonomie, gewinnt Verfügungsgewalt über das eigene Tun und Lassen und macht Fortschritte beim Selbstverwirklichungsprozess. Ein Existieren als autonomes Subjekt bedeutet dabei keineswegs eine Trennung von allem anderen, sondern Selbststand in liebender Verbindung zur Mitwelt und zur Natur.

Gelegentlich ist die Rede von grenzenloser oder schrankenloser Freiheit. Dahinter verbirgt sich allerdings in der Regel kein besonders starkes Freiheitsbedürfnis, sondern eher eine Tendenz zum hemmungslosen Ausleben der eigenen Selbstsucht und Triebhaftigkeit, ohne Rücksicht auf andere. Die menschliche

Freiheit findet jedoch notwendigerweise eine Beschränkung durch die Rechte der Mitmenschen ebenso, wie die Souveränität eines Landes an den Grenzen zu den Nachbarländern endet.

Freiheit ist ein Begriff mit vielen Facetten, der zudem recht unterschiedlich interpretiert wird, so dass das hier dargestellte Verständnis am Ende dieses Kapitels kurz rekapituliert wird: Das Vernunftgemäße als das unserer Wesensbestimmung Adäquate empfinden wir als frei, Begierden und Ängste dagegen als zwanghaft. Freiheit ist nicht Willkür, sondern ein an der Wahrheit orientiertes Entscheiden und Handeln, so dass Kant sagen konnte: „Je mehr der Mensch tugendhaft ist, desto mehr frei ist er" (wobei der etwas altmodisch gewordene Begriff „tugendhaft" die optimale menschliche Verfassung ausdrückt). Frei ist der Mensch, wenn er wertorientiert und seiner Wesensbestimmung gemäß lebt. „Frei ist nur der Mensch, der innerlich frei ist und nur das tut, was seine Vernunft wählt" (Zenon), dessen Tun damit vernunftbestimmt ist. Damit ist keine rationalistische Vernünftelei gemeint, sondern die Ausrichtung der Erkenntniskraft auf das Schöne und Werthafte unserer Existenz, das als Lebensziel vor unseren Augen steht und als solches erstrebt wird. Dabei gilt: Je intensiver unsere Werterfahrungen sind, umso stärker und müheloser wird auch unsere Zustimmung sein.

Unsere Entscheidungen sind nach dem Gesagten frei, wenn wir uns an vernünftigen Gründen und letztlich an unserer Wesensbestimmung orientieren und das wollen, was uns von daher als Aufgabe zuwächst, wenn wir „wollen können, was man soll" (Leibniz), und nicht, wenn man tun kann, was man will (David Hume). Die Bindung der Freiheit an „das Gesollte" bedeutet keinen Zwang, denn „... die wahre Freiheit (besteht) in der Bindung aller an das Gesetz" (Rousseau), wobei zu ergänzen bleibt, in der einsichtigen und freiwilligen Bindung an wesensgemäße Gesetze. Auf den Sport übertragen könnte man formulieren, dass ein Fußballer seinen Spielideen frei folgen kann, aber im Rahmen der vorgegebenen Spielregeln und ohne das Ziel des Toreschießens aus den Augen zu verlieren. Die Nichtbeachtung der Spielregeln würde ins Chaos münden, die Außerachtlassung des Ziels in nutzlose Tändelei ausarten. Wertmaßstäbe, Ordnungen, Gesetze und vernünftige Argumente, die man einsieht und denen man freiwillig zustimmt, stellen keine Einschränkung der Freiheit dar, sondern lediglich eine solche der Willkür.

In Bezug auf den missverständlichen Begriff „Willensfreiheit" muss man den Hirnforschern zugestehen, dass es eine solche nicht gibt. Der Wille ist nicht frei, aber er ist auch nicht gebunden an naturgesetzlich determinierte Neuronenverbände, sondern an vernünftige Argumente und sittliche Normen.

Freiheit ist zwar ein hoher, aber kein absoluter Wert. Sie kann nur in Verbindung mit Verantwortungsbewusstsein existieren, wenn sie nicht entarten soll, und sie wird begrenzt durch die Bedürftigkeit unserer Natur, durch legitime Anforderungen von Seiten der Mitmenschen und der Gesellschaft sowie durch die Richtweisungen des Gewissens bzw. dessen Ausformulierungen in Ethik und Naturrecht. Der letztlich entscheidende Akt der menschlichen Freiheit ist die Zustimmung zur eigenen Wesensbestimmung oder deren Ablehnung – mit der Konsequenz der Selbstverwirklichung bzw. der Selbstverfehlung.

Die Bedeutung von Freiheit in Ethik und Recht

*Warum soll ich gut sein,
wenn es keinen Gott gibt?*

HORKHEIMER

*Je mehr der Mensch tugendhaft ist,
desto mehr frei ist er.*

KANT

Nachdem sich die Hirnforscher nicht mit ihrer eigentlichen Aufgabe begnügen, sondern sich stimmgewaltig auch in Bereichen wie Ethik, Erziehung und Recht zu Wort melden, macht dies eine kritische Auseinandersetzung mit ihren Positionen erforderlich.

Das von Ägyptern, Griechen und Römern geprägte und durch das Christentum modifizierte abendländische Menschenbild umfasst Eigenschaften, die dem Menschen nicht von Geburt an zukommen, sondern um deren Erwerb er sich ein Leben lang bemühen muss. Beispielhaft lässt sich dies am platonischen Menschenbild veranschaulichen. Platon unterstellt – in Anlehnung an Sokrates – drei Seelenteile: Der vernünftige, lernbegierige und weisheitsliebende Seelenteil ist auf das Wahre, Gute und Schöne ausgerichtet und findet darin seine Erfüllung. Der „mutvolle" Seelenteil erstrebt die ich-haften Ziele Ehre, Geltung und Macht. Als dritter wendet sich der begehrende Seelenteil, der „den größten Teil der Seele in jedem und den von Natur unersättlichsten" darstellt, den weltlichen Gütern zu, wie z.B. Geld, Besitz, Geschlechtspartnern, Essen und Trinken. Dieser drängt nach „naturwidriger Herrschaft", insofern Geldgier, Schwelgereien und zügellose Lustbarkeiten leicht zu den dominierenden Verhaltensweisen eines Menschen werden. „Menschen..., die sich immer nur mit Schmausen und ähnlichen Dingen abgeben..., blicken wie das liebe Vieh immer wieder nach unten, zur Erde gebeugt und zu den Trögen und leben so dem Fraß und dem Geschlechtsgenuss" (Platon). Die lebenslange Aufgabe eines jeden Menschen besteht nun darin, dem vernünftigen Seelenteil zur Herrschaft zu verhelfen, nicht um die beiden niedrigeren Teile zu unterdrücken, sondern um deren Ziele in angemessener Weise, also maßvoll und nicht maßlos zu erlangen. Nur wenn die Seele dem „weisheitsliebenden Teil" folgt, können auch die beiden anderen Teile ihre wesensgemäße und damit optimale Erfüllung finden. „Der Mächtigste ist, der seiner selbst mächtig ist" (Seneca) und „Die wahre Freiheit besteht darin, dass einer alles über sich vermag" (Montaigne). Persönliche Freiheit beinhaltet die Verfügungsgewalt über sich selbst. Wenn ich den Vorsatz fasse, weniger zu essen, mich mehr zu bewegen oder meine Kontaktscheu zu überwinden, und daran scheitere, so bedeutet dies nichts anderes, als dass meine Esslust, Trägheit bzw. Menschenfurcht stärker sind als ich und über mich bestimmen, dass ich somit ein Sklave meiner Begierden, Trägheit und Ängste bin und mich um Bedürfnislosigkeit, sinnvolle Aktivitäten und Furchtlosigkeit bemühen muss.

Jede Ethik bietet eine Richtschnur für die Vervollkommnung des Menschen, für das Erreichen seiner bestmöglichen Verfassung in dem langwierigen Prozess der Selbstwerdung. Vollkommen ist der Mensch, der alle in ihm angelegten Möglichkeiten verwirklicht hat, in dem also seine geistigen, aber ebenso seine animalischen Antriebe ihre wesensgemäße Realisierung erfuhren. Schopenhauer definierte das Insgesamt der menschlichen Antriebe als irrationale und unergründliche Lebenskraft, „die alles lenkt und aus der alles seinen Ursprung nimmt", wobei der hierfür gewählte Ausdruck „Wille" recht unglücklich ist, da dieser bereits für die Steuerungskraft des Ichs reserviert ist, so dass „Wesensdynamik" das Gemeinte unmissverständlicher beschreibt. Diese umfasst somit die Kräfte, die dem Menschen den Antrieb zu seiner Selbstverwirklichung verleihen. Hierbei handelt es sich um ein heterogenes Bündel von Antrieben, die man gemäß der menschlichen Natur in eine animalische und eine geistige Gruppe unterteilen kann.

Zur ersten Gruppe zählt das von Platon erwähnte Verlangen nach weltlichen Gütern wie Nahrung, Geschlechtspartner und Besitz. Darüberhinaus lässt sich jedoch auch der Wunsch nach Geltung und Macht hier einordnen, da wir bereits bei vielen höheren Tieren ein ausgeprägtes Dominanzstreben beobachten können, also den Trieb, den Artgenossen überlegen zu sein. So gibt es bei vielen Tierarten Machtkämpfe zwischen rivalisierenden männlichen Tieren, bei denen es nicht nur um die Demonstration eigener Überlegenheit geht, sondern auch um die Verfügungsgewalt über die weiblichen Tiere und das jeweilige Revier. Bei bestimmten Vogelarten existiert eine strenge „Hackordnung", und bei Wildpferden nimmt jede zum Harem eines Hengstes gehörige Stute eine klare Stellung auf der hierarchischen Stufenleiter ein, so dass die Gruppe bei einem Ortswechsel von der dominierenden Stute A angeführt und von den Stuten B, C, D... gefolgt wird. Hirsch- und Antilopenarten sowie Affenhorden besitzen vielfach ein eigenes Territorium, das gegen mögliche Konkurrenten vehement verteidigt wird (J. Diamond). Als Basis des Dominanztriebs findet sich wohl bei allen menschlichen und tierischen Individuen der Drang zur Selbstbehauptung, während dieser bei einigen, vorwiegend männlichen Exemplaren ausartet zum Drang nach Selbstüberhöhung: menschliche und tierische Machthaber, die über den anderen thronen und Macht, Besitz, Prestige, Sexualpartner für sich allein beanspruchen.

Das vielfach erwähnte Streben nach Reichtum ist kein eigenständiges Ziel, sondern Teil des Besitzstrebens, das alle materiellen Güter umfasst, so dass zu Recht von Geld-, Land-, Wald-, Haus-, Kunst-Besitz gesprochen wird. Ebensowenig gibt es ein eigenständiges Genussstreben, denn Lust ist kein Ziel an sich, sondern verknüpft mit der Erlangung anderer Ziele wie Nahrung, sexuelle Kontakte, Besitz usw. Lust kann nicht für sich, quasi im luftleeren Raum gefunden werden, sondern sie ist auf lust-spendende Objekte angewiesen. Nicht die Lust ist das primäre Ziel, sondern Geselligkeit, Beifall, Essen und Trinken, erotische Beziehungen und andere lust-verheißende Dinge. Lust ist zugleich Lockmittel und Belohnung für naturgemäßes Verhalten, aber kein eigenständiger Trieb.
   Statt des Begriffes „animalisch" wird vielfach der Begriff „sinnlich" gebraucht. Sinne sind jedoch keine Triebe, sondern Instrumente der Wahrnehmung, die mit Trieben nur indirekt etwas zu tun haben, insofern sie mögliche Triebziele wahrnehmen, also Düfte, Berührungen, Laute oder Seheindrücke. „Sinnliche Triebe" gibt es jedoch ebenso wenig wie „Sinnlichkeit" – ein Begriff der missbräuchlich für „Triebhaftigkeit" gebraucht wird.

Unter die animalischen Antriebe fallen demnach das Streben nach Selbsterhaltung (Nahrung, Besitz, Sicherheit), Arterhaltung (Sexualtrieb) sowie die

Tendenz, über die Artgenossen zu dominieren, indem man diese an Macht, Besitz und Ansehen übertrumpft. Selbstverständlich bedeutet der Begriff „animalisch" nicht, dass die hierunter fallenden Triebe beim Menschen auf die gleiche Weise befriedigt werden wie im Tierreich, sondern lediglich, dass sie ihre Wurzeln im animalischen Seelenbereich haben (s. Kap. II). In aller Regel werden sie im Lauf der Erziehung kultiviert – also verfeinert und teilweise auch sublimiert, so dass sich beispielsweise das Dominanzstreben nicht in plumpen Machtspielchen und Besitzanhäufung erschöpft, sondern auch intellektuelle, spirituelle und künstlerische Überlegenheit einbezieht.

Die geistigen Strebungen umfassen den Erkenntnis- und Forscherdrang, den Schaffensdrang – in technischer oder künstlerischer Form – und die Liebeskraft (Eros), insofern sich diese geistigen Werten zuwendet, also Mitmenschen, Kunst, Musik, Natur, Gesellschaft, bis hin zur Gottesliebe der Mystiker aller Religionen. Ein nicht nach außen, sondern auf die eigene Person gerichteter Antrieb intendiert eine Verbesserung der eigenen Verfassung („Tugendstreben"), also das Bemühen um Selbstverwirklichung samt dem Anspruch, den an uns gestellten humanitären Forderungen gerecht zu werden. Da diese geistigen Strebungen nie ihre vollständige Erfüllung finden, bleiben sie lebenslang wirksam und bedingen die „Unruhe des Herzens", von der Augustinus spricht und die uns ermuntert, alle persönlichen Möglichkeiten auszuschöpfen, anstatt vorzeitig zu resignieren.

Das Zusammenspiel von animalischen und geistigen Antrieben sowie deren Stärke sind interindividuell verschieden, mit den Extremen vertierter bzw. vergeistigter Individuen. Damit alle diese den Menschen in unterschiedlichem Maß bedrängenden Strebungen nicht auseinanderdriften, sondern harmonisch aufeinander abgestimmt im Lebensvollzug berücksichtigt werden, bedarf es einer Ethik, die allen menschlichen Bedürfnissen gerecht wird, sowie einer klugen und auf den Wertekanon der Person abgestimmten Steuerung durch das Ich. Dieses vermag durch die ihm innewohnende Willenskraft bestimmte Antriebe zu fördern, andere zu hemmen oder aufzuschieben und dadurch – wie ein Orchesterdirigent – jeder Stimme im Chor der Strebungen das ihr angemessene Gehör zu verschaffen. Sofern diese jedem Individuum anheimgestellte Aufgabe erfolgreich verläuft, besteht das immer nur näherungsweise erreichbare Endziel in der rechten Verfassung, man kann auch sagen im Erwerb von Tugendhaftigkeit, wobei die diesbezüglichen Vorstellungen in allen Hochkulturen eine eklatante Übereinstimmung aufweisen, auch wenn unterschiedliche Schwerpunkte gesetzt werden.

Eine anschauliche Schilderung des animalischen und geistigen Anteils der menschlichen Seele findet sich in Leo Tolstois Roman „Auferstehung". Die Hauptfigur des Buches – Fürst Nechliudow – hielt in der Jugendzeit „sein geistiges Wesen für sein wirkliches Ich", nach erfolgter Ableistung seines Militärdienstes dagegen „sein animalisches Ich", so dass er sich in einen „zügellosen animalischen Menschen" verwandelte und damit „Beifall in seiner Umgebung", also der aristokratischen Gesellschaft erntete. Jahre später erwachte erneut seine geistige Natur, so dass er den Zwiespalt bemerkte „zwischen dem, was sein Gewissen forderte, und dem Leben, das er führte, und ihm grauste, als er diese Kluft sah."

Im alten Ägypten galt ma-at, „das Maß", als wichtigste Eigenschaft des rechten Menschen, wobei damit nicht Mittelmäßigkeit, sondern die goldene Mitte zwischen den Extremen verstanden wurde, also z.B. die Mitte zwischen Geiz und Verschwendungssucht. Ebenso wählte Buddha den „mittleren Weg" zwischen strenger Askese und Ausschweifung. Auch im christlichen Mittelalter wurde diese Tugend – als maze – hochgeschätzt und von den Minnesängern gepriesen. Damit das Haben- und Genießenwollen nicht selbstzerstörerisch und wesenswidrig wird, müssen die sinnlichen Triebe und egoistischen Strebungen in einer maßvollen Weise befriedigt werden, denn: „Jede übermäßige Leidenschaft ist ein Abweichen von unserer vernünftigen Natur" (Gracián). Maß und Leidenschaft sind allerdings nur dann Gegensätze, wenn *aus* Leidenschaft gehandelt wird, jedoch nicht, wenn *mit* Leidenschaft um das Gute gerungen wird oder wenn eine leidenschaftliche Liebe zur Musik, Kunst oder Wissenschaft einen Menschen beflügelt. Sowohl die Verwirklichung des Guten wie die des Bösen können leidenschaftlich erfolgen.

Im antiken Griechenland kam der Gerechtigkeit der höchste Rang zu: „Die höchste unter allen Tugenden ist die Gerechtigkeit" (Aristoteles). Der Mensch lebt in einer Gemeinschaft, so dass der Einzelne nicht nur sich selbst, sondern vorrangig dem Gemeinwohl verpflichtet ist und nicht nur eigene Rechte einfordern darf, sondern in gleicher Weise die Rechte der anderen zu respektieren hat, um ein harmonisches Zusammenleben zu ermöglichen.

Da in jeder Gesellschaft auch Hass, Zerstörungswut und Gewaltdelikte vorkommen, benötigt der rechte Mensch ein ordentliches Maß an Tapferkeit, um sich diesem Treiben entgegenzustellen und beispielsweise einem am Boden liegenden, mit Fußtritten traktierten Opfer zu Hilfe zu eilen, auf die Gefahr hin, selbst zum Opfer von Tätlichkeiten zu werden. In modernen Gesellschaften verwirklicht sich die Tugend der Tapferkeit vorzugsweise in derartigen Akten der Zivilcourage, während früher der mit Besonnenheit einhergehende Mut in kriegerischen Auseinandersetzungen – anstelle eines blinden Draufgängertums – die wichtigste Rolle spielte. Tapferkeit wird aber auch benötigt, um sich modischen Zwängen in Denken und Handeln und dem Diktat der Masse zu widersetzen, sofern die eigenen Überzeugungen dem entgegenstehen, z.B., sich in einer Gesellschaft von Atheisten und Spöttern zu seinem Glauben zu bekennen, oder der Mut, „ethische Überzeugungen in der Gesellschaft von Zynikern ernsthaft zu vertreten"(Einstein). Tapferkeit benötigen schließlich alle Menschen, deren Existenz durch eine schwere chronische Krankheit oder andere Schicksalsschläge von Grund auf erschüttert wird und die dennoch ihren Lebensweg unverzagt fortsetzen und sich darin bewähren.

Die christliche Ethik wurde in der Scholastik ausformuliert, wobei sie die Weisheit der Antike integrierte, aber auch eigene Schwerpunkte setzte. So verwies die scholastische Ethik zu Recht auf die überragende Bedeutung der Klugheit, womit entgegen dem heutigen Verständnis nicht die Gerissenheit eines Anlageberaters oder „Unrechts-Anwalts" mit ihren raffinierten Schlichen gemeint war, sondern die Fähigkeit, die Wirklichkeit zu sehen, wie sie wirklich ist, d.h. ein realitätsgerechtes Bild von der Welt, der Gesellschaft und vom Menschen zu gewinnen, da nur daraus richtige Entscheidungen abzuleiten sind. Das Gute ist das Wirklichkeitsgemäße, und um maßvoll, tapfer und gerecht handeln zu können, muss man zuallererst klar erkennen, was darunter in einer gegebenen Situation zu verstehen ist, z.B., ob es gerecht ist, wenn ein voll berufstätiger Hilfsarbeiter nur wenig mehr verdient als ein untätiger Hartz IV-Empfänger.

Man kann Klugheit definieren als Fähigkeit, die eigene Vernunft optimal zu gebrauchen, um daraus ein realitätsgerechtes Welt- und Menschenbild zu gewinnen und richtige Entscheidungen zu fällen. Die überragende Bedeutung dieser Tugend ersieht man daraus, dass ihr die übrigen Tugenden nachgeordnet sind: Gerecht verhalten kann sich nur ein Mensch, der die gesellschaftlichen Verhältnisse angemessen beurteilt, tapfer nur derjenige, der in gefahrvollen Situationen besonnen bleibt und den Überblick bewahrt, maßvoll nur, wer den Hang des Menschen zu gierigem Verhalten aufgrund klarer Einschätzung zügelt, und liebevolle Zuwendung zu Menschen und Dingen hat zur Voraussetzung, dass man Einsicht in deren Wert gewonnen hat. Das Erkennen der Wirklichkeit führt zur Wahrheit als dem Destillat, das der erkennende Geist aus der Wirklichkeit zieht, ihre moralische Bewertung zum Guten und ihre ästhetische Einschätzung zum Schönen. Das bewusste Erstreben des als wahr, gut und schön Erkannten im täglichen Leben ist ein Akt der Klugheit.

Jede Morallehre (Ethik) benötigt ein Richtbild des Menschen und nimmt darauf Bezug. Aus der Natur des Menschen leitet sie ab, wie dieser sein soll und wie er sich zu verhalten hat, um gegen Ende seiner Selbstwerdung recht zu *sein*, d.h. seine optimale Seinsverfassung (optimum potentiae) zu erlangen. Man kann diesen Prozess der Wesenserfüllung und Selbstverwirklichung vergleichen mit dem langjährigen Training eines Sportlers. Um die jeweiligen Techniken zu erlernen und zu perfektionieren, muss er alle seine Kräfte darauf ausrichten, muss auf etliche Genüsse und Lustbarkeiten verzichten, darf auch in Phasen von Lustlosigkeit nicht in seiner Ausdauer erlahmen, muss sich tapfer in kämpferische Duelle mit dem Gegner einlassen, taktisch klug vorgehen und sowohl den Mannschaftskollegen als auch den Gegnern Gerechtigkeit (Fairness) widerfahren lassen. Ohne diese Tugenden wird er kaum zu einem erfolgreichen und beliebten Sportler aufsteigen. Ebenso wie nur ein derart konditionierter Sportler Aussichten auf den Gewinn von Medaillen erlangt, befähigt einen nur eine optimale sittliche Verfassung zum Erwerb der wesensgemäßen geistigen Güter. Das Mühevolle einer jeglichen Art von Selbstformung hat Hesiod in bleibender Gültigkeit formuliert: „Aber den Schweiß haben die Götter gesetzt vor der Tugend Erringen und einen langen, beschwerlichen und steilen Weg."

Unabhängig davon, wie das Richtbild vom guten Menschen in den verschiedenen Kulturen gebildet wird, gilt ein Grundsatz über alle Zeiten und Länder hinweg: Ethische Kriterien, die ein bestimmtes Verhalten als moralisch oder unmoralisch bewerten, können ausschließlich dann zur Anwendung kommen, wenn dieses frei ist. Jedes durch inneren oder äußeren Zwang bewirkte Tun und Lassen unterliegt nicht mehr moralischen Maßstäben, da die Eigenschaft gut oder böse ausschließlich selbstbestimmten Entscheidungen und Verhaltensweisen zukommt, und „Entscheidungen sind der Wesenskern der Ethik" (M. Cohen).

Die Wahlfreiheit zwischen Gut und Böse bedingt die Sonderstellung des Menschen im Bereich des Lebens. Die rechte Wahl zu treffen war in allen Hochkulturen Jahrtausende lang das zentrale Anliegen. Das im christlichen Raum bestehende Angebot, Fehlentscheidungen korrigieren und sühnen zu können, verlieh dem Bußsakrament bis in die Neuzeit seine überragende Bedeutung und erfuhr erst durch die zunehmende ethische Indifferenz einen massiven Bedeutungsschwund. Die Wahl zwischen rechtem und unrechtem Verhalten erfolgt aus Einsicht in die menschliche Natur aufgrund vernünftiger Überlegungen. Darüber hinaus existiert in jedem Menschen ein quasi angeborener Moralkodex – das Gewissen – das ihm in allen Situationen seines Lebens Richtweisungen gibt, wie er sich zu verhalten hat. Für Kant verwies dieses inwendige Sittengesetz auf eine transzendente Wirklichkeit, die dem Einzelnen hilft, recht zu leben, ohne ihn dazu zu zwingen. Dieses im Gewissen präsente Sittengesetz drängt den Menschen, sein Wesen zu verwirklichen und damit seinem Wesensauftrag zu genügen. Die dabei zu durchlaufenden Entwicklungsstufen sind „von der dem Menschen möglichen Höchstform her zu verstehen, auf die er bestimmungsgemäß angelegt ist und im Grunde hindrängt" (Dürckheim). Seine Bestimmung besteht darin, „Person zu werden, in der und durch die das Sein sich im Dasein offenbart" (Dürckheim). Dabei vollzieht sich diese Aufgabe nicht in einem narzisstischen Kreisen um das eigene Ich, sondern im Dialog mit der Um- und Mitwelt. Erfüllung bietet nicht die eitle Selbstbespiegelung, sondern die „Anteilnahme an Menschen und Dingen" (B. Russell).

Der Mensch erlebt sich selbst als eigenständiges personales Subjekt, als Ich, dem als Planungs- und Entscheidungszentrum die Aufgabe zukommt, die vielfältigen menschlichen Triebe und Strebungen in einer Weise zu koordinieren, dass das der Wesensdynamik innewohnende Ziel der Selbstverwirklichung – welche sittliche Vollkommenheit einschließt – erreichbar wird. Dabei darf der animalische Teil unserer Natur nicht vernachlässigt werden, da ohne diesen Quellgrund der geistige Wesensanteil kraft- und saftlos bliebe und in eine sterile, abstrakte Geistigkeit einmünden würde. Wie ein Baum umso höher wächst, je tiefer er verwurzelt ist, bedarf auch der Mensch einer Verwurzelung in seinem Quellgrund. Andererseits neigt das Animalische im Menschen zum Wildwuchs und bedarf daher der Zügelung.

Die lebenslange Aufgabe des Ich, den Prozess der Selbstwerdung zu fördern, kann auf unterschiedliche Weise beeinträchtigt sein. So versucht sich ein kleinmütiges, schwaches, ängstliches Ich vor dieser Aufgabe zu drücken und sich im Hinblick auf die Bedrohungen des Daseins in ein zwar sicheres, aber enges und starres Ich-Gehäuse zurückzuziehen. Ebenso verweigert sich ein bequemes und verantwortungsscheues Ich dieser Aufgabe, während ein selbstunsicherer, von Minderwertigkeitsgefühlen geplagter Mensch so sehr auf sich selbst bezogen ist, dass Zuwendungen zur Außenwelt mehr oder minder blockiert sind. Ein den irdischen Glücksgütern verhaftetes Ich – eitel, genusssüchtig, gierig – vernachlässigt die geistigen Strebungen und lebt zudem insgeheim in der nur allzu berechtigten Angst, die erworbenen Güter eines Tages zu verlieren, wobei derartige Verlustängste das Glück über deren Besitz massiv beeinträchtigen. Das ausschließlich um das eigene Wohl besorgte ego-zentrische Ich verfehlt seine Aufgabe, insofern es sich dem Dienst an Mitmenschen und Umwelt entzieht und damit ausschließlich sich selbst verhaftet bleibt. Ein frustriertes, neidisches Ich voller Ressentiments und aggressiver Gereiztheit verzehrt sich im Kampf mit seinem angeblich oder tatsächlich ungerechten Schicksal, statt sich seiner eigentlichen Aufgabe zu widmen. „Statt sich dessen zu erfreuen, was er (der Neider) hat, ärgert er sich über das, was andere haben" (B. Russell). Schließlich muss ein Ich, das seine Maßstäbe und Ziele von außen erfährt statt aus dem eigenen Wesen, seine Bestimmung verfehlen. Alle diese Zerrformen des Ich lassen sich nur dadurch heilen, dass es die im menschlichen Wesen eingeschriebene Bestimmung erkennt, dessen Dynamik zulässt und in dessen Dienst lebenslang tätig bleibt, anstatt sich diesem zu versagen oder sich auf die Befriedigung triebhafter und egoistischer Neigungen zu beschränken. Nur wenn wir mit uns selbst im Reinen sind, müssen wir uns nicht permanent mit uns selbst befassen, sondern können uns aus der Selbstverhaftung lösen und uns der Außenwelt öffnen. „Ich und Welt" können dann „durch die Kraft objektiver Interessen und Zuneigungen zusammengeschweißt werden" (B. Russell). Der wahre Wert eines Menschen zeigt sich im Maß seiner Befreiung von derartigen Tendenzen und Verhaftungen sowie in der entschlossenen Bejahung und Förderung aller zum wahren Menschsein gehörigen Wesensanteile.

Ethik wird vielfach auf das rechte Verhalten beschränkt, z.B. als „Lehre vom sittlichen Wollen und Handeln des Menschen in verschiedenen Lebenssituationen", in der verbindliche „Normen und Maximen der Lebensführung" dargestellt werden. Eine derartige Überbetonung von Tun und Lassen birgt die Gefahr einer Trennung von Sein und Sollen, was durch ein Beispiel verdeutlicht werden kann: Ein von einer Person vollbrachtes „gutes Werk", wie z.B. eine großzügige Geldspende, die aktive Mithilfe bei einem Wohltätigkeitsbasar, die Adoption eines Waisenkindes oder die Betreuung einer behinderten Person, kann durch ganz verschiedene Motive bewirkt werden, und „gut" kann ein Verhalten nur dann heißen, wenn der Handelnde gut ist und aus lauteren Motiven handelt. Verrichtet jemand ein „gutes Werk", um sich beliebt zu machen, um als „guter Mensch" dazustehen, um seine Wahlchancen als Politiker zu verbessern oder gar um aus der Übernahme einer Pflegschaft oder Betreuung einen Profit herauszuschlagen, verkehren sich die scheinbaren guten Werke in scheinheilige, heuchlerische oder perfide Manöver, die aus purem Eigennutz erfolgen. Bei der moralischen Beurteilung eines Menschen kommt es somit in erster Linie darauf an, wie er *ist*, und nicht, wie er sich *verhält*, mit anderen Worten auf sein So-Sein und Denken anstatt auf sein Wollen und Tun. Das rechte Verhalten muss aus dem rechten So-Sein, aus der wahrhaft menschlichen Seinsverfassung erwachsen, um als gut bewertet werden zu können. Der tugendhafte Mensch befindet sich in einer Verfassung, in der er sich spontan richtig verhält und rechtes Verhalten nicht nur vortäuscht, so dass moralisch vollkommen nicht die Person ist, die sich vorbildlich verhält, sondern diejenige, die vorbildlich ist. Ethische Maßstäbe nur an das Wollen und Tun anzulegen, ohne auf das So-Sein der Person zu achten, ist unzureichend und sollte durch eine Seins-Ethik abgelöst werden. Wie man *sein* soll, ist entscheidend, nicht, was man *tun* soll, so dass Seinsnormen den Verhaltensnormen übergeordnet sind. Die Betonung des rechten So-Seins rechtfertigt sich außerdem aus unzähligen historischen Erfahrungen, die zeigen, dass an den Willen gerichtete Appelle, Gutes zu tun, in der Regel scheitern. So wird im christlichen Abendland seit 2000 Jahren die Forderung „liebet einander" erhoben, was die christlichen Völker nicht im Geringsten daran hinderte, sich gegenseitig die Köpfe einzuschlagen. Die willentliche Absicht, Gutes zu tun, ohne gut zu sein, führt nur zu moralischen Krämpfen und – da ständige Rückfälle in Bezug auf die eigenen Vorsätze vorprogrammiert sind – zu Schuldgefühlen und Skrupeln. Es erscheint daher ratsamer, im Rahmen der Selbstwerdung ein besserer Mensch zu werden, als bloß gut sein zu wollen, da Gebote und Verbote unzureichend sind, um den Menschen zu bessern.

Die fundamentale Bedeutung der Ethik für den menschlichen Daseinsvollzug wurde in allen Hochkulturen anerkannt, so dass Sokrates meinte, die beste Weise, sein Leben zu führen, sei die Ausrichtung an moralischen Prinzipien. Ludwig Wittgenstein erklärte: „Soweit die Ethik aus dem Wunsch hervorgeht, etwas über den letzten Sinn des Lebens, das absolut Gute zu sagen…", ist sie „ein Zeugnis eines Dranges im menschlichen Bewusstsein, das ich für mein Teil nicht anders als hochachten kann…". Und der buddhistische Denker Sangharakshita stellte fest: „Sein Leben an der Moral auszurichten heißt, aus dem Besten zu schöpfen, das man in sich hat, aus tiefstem Verständnis und tiefster Einsicht zu handeln, aus umfassender Liebe und Mitgefühl."

Es wurde bereits betont, dass das Prädikat „moralisch" nur Entscheidungen zugesprochen werden kann, die frei sind, so dass eine Leugnung der Geistesfreiheit zu einem Bedeutungsverlust ethischer Maßstäbe führen muss, zumindest zu einem Verschwinden von moralischen Maximen, die diesen Namen verdienen. An deren Stelle können – um ein Versinken der Gesellschaft in ein völliges Chaos zu verhindern – utilitaristische Ge- und Verbote erlassen werden, die sich an Nützlichkeitserwägungen orientieren: Was der Gesellschaft nützt, wird zum „Guten", und was ihr schadet, zum „Bösen". Diese Bewertung würde allerdings völlig subjektiv vorgenommen werden, da eine Ausrichtung an einem philosophisch und/oder religiös legitimierten Menschenbild fehlt. So könnte beispielsweise die Auslöschung der Ureinwohner eines Landes (Indianer, Aborigines, Azteken, …) von den Eroberern bzw. Einwanderern als gut beurteilt werden – gut für sie, was bekanntermaßen keine fiktive Unterstellung, sondern nur allzu grauenhafte, historische Realität ist. Ebenso könnten nach dem Verlust echter moralischer Normen die unnützen Mitglieder einer Gesellschaft – also die das Sozialbudget belastenden Kranken, Behinderten und pflegebedürftigen Alten – auf mehr oder minder humane Weise entsorgt werden, wenn Moral auf Nützlichkeitserwägungen reduziert wird. Dem individuellen und kollektiven Egoismus wären ohne moralisches Fundament keine Schranken mehr gesetzt.

Nach dem Verlust eines allgemein gültigen ethischen Richtbildes ginge auch dem Einzelnen die Richtschnur für sein Denken, Planen und Entscheiden verloren, mit der Gefahr einer daraus entspringenden wesenswidrigen Dominanz von triebhaften und egoistischen Strebungen. Asoziale Verhaltensweisen könnten nicht mehr durch Erziehung – mit Vermittlung einsichtsbasierter Spielregeln – verhütet oder korrigiert werden, sondern müssten durch Dressur – oder, wissenschaftlicher ausgedrückt, durch operantes Konditionieren – angegangen werden, indem erwünschtes Verhalten belohnt, missliebiges Verhalten bestraft wird. Als „Vorbild" für eine derartige Umerziehung von „Abweichlern" könnte die im maoistischen China bestens bewährte Gehirnwäsche dienen. Neben psychologischen Methoden wurden aber auch schon Psychopharmaka sowie chirurgische Eingriffe am Gehirn propagiert und „erfolgreich" getestet, z.B., um Soldaten „tapfer" und hemmungslose Triebtäter lammfromm zu machen. Ohne moralische Grundwerte würde der Mensch nur noch unter Nützlichkeitsaspekten betrachtet, und ohne deren Rückbezug auf eine göttliche Instanz verlören sie ihre allgemeine Verbindlichkeit. Selbstverständlich könnte dennoch eine funktionierende Gesellschaft aufrechterhalten werden, aber es wäre eine Gesellschaft von dressierten Affen und von Bio-Robotern.

Manche Vertreter des Determinismus leugnen den durch fehlende Entscheidungsfreiheit eintretenden Verlust von moralischer Verantwortung, indem sie argumentieren, dass auch die bestimmenden Neuronennetze ein Bestandteil des Menschen seien, so dass der Einzelne als „Urheber" die Verantwortung dafür übernehmen müsse: Als ob der Sklave seines Gehirns – der als Individuum nicht mehr existiert – die Verantwortung für das Tun und Lassen des herrschenden Hirns übernehmen könnte. Nachdem das „Ich" – das „autonome Subjekt" – quasi von den Neuronen geschluckt und durch diese ersetzt worden ist, kann es nicht mehr Träger von moralischer Verantwortung sein, und diese dem rein stofflich verstandenen Gehirn zuschreiben zu wollen, ist wohl der Gipfel der Absurdität.

Andere deterministisch argumentierende Hirnforscher lehnen daher folgerichtig eine moralische Verantwortlichkeit des Menschen ab, ziehen daraus allerdings den höchst befremdlichen Schluss, dass unser Rechtssystem deshalb keineswegs geändert werden müsste. Strafen wären dann kein Abbüßen von Schuld, sondern lediglich „eine notwendige Reaktion der Gesellschaft", durch die sie sich „vor Straftätern schützt, andere potentielle Straftäter abschreckt und den Straftäter zur Verhaltensänderung veranlasst". Ob sich wohl physikalischen und chemischen Gesetzen gehorchende Neuronennetze potentieller und praktizierender Straftäter durch Strafen abschrecken oder gar bessern lassen? Ohne Rückbesinnung auf moralische Normen und staatliche Gesetze und ohne Schuldbewusstsein bei deren Übertretung – mit daraus resultierender Reue und Sühne – ist eine nachhaltige Besserung eines Täters schwerlich zu erreichen. Des Weiteren wird am Schuldbegriff festgehalten, wobei dieser wertneutral gesehen wird – als ob man einen moralischen Begriff wie „Schuld" ohne moralische Wertung verwenden könnte, ohne ihn seines Sinnes zu berauben. Konsequenter ist dann schon der völlige Verzicht auf den Schuldbegriff, insofern Schuldgefühle auf einen – künftig vermeidbaren – Irrtum zurückgeführt werden. „Das Gefühl persönlicher Schuld, das wir häufig empfinden, wenn wir etwas Unrechtes getan haben, resultiert aus der irrtümlichen Annahme, wir als bewusstes Ich hätten das Unrecht verursacht" (G. Roth). Ob einem diese Unterstellung vor künftigen Schuldgefühlen bewahrt, bleibe dahingestellt.

Einige Wissenschaftler versteigen sich sogar zu der Behauptung, dass eine Akzeptanz menschlicher Unfreiheit zu einer „Humanisierung" unseres Menschenbildes beitragen würde. Da Straftäter von ihrem Gehirn genötigt wurden, Straftaten zu begehen, wären sie dafür nicht verantwortlich und würden deshalb auch nicht mehr von der Gesellschaft diskriminiert werden. Ob Mörder, Vergewaltiger, sadistische Kinderschänder und Tierquäler ihren Mitmenschen dadurch sympathischer würden, darf bezweifelt werden. Die meisten Bürger eines Landes sind nämlich nicht in weltfremden Ideologien beheimatet und würden nach wie vor auf jede Grausamkeit mit Abscheu reagieren. Darüber hinaus entbehrt der Begriff „Humanisierung" nach Abschaffung der menschlichen Person jeglicher Bedeutung.

Der bei vielen Deterministen spürbare anti-religiöse Affekt ist beispielsweise in dem folgenden Zitat von G. Roth deutlich erkennbar: „Warum sollte denn der von Gott unmittelbar geschaffene autonome und selbstbewusste Geist ein Gehirn oder gar die Beeinflussung von Wahrscheinlichkeitsfeldern synaptischer Transmitterausschüttung nötig haben, um in der materiellen Welt zu leben?" Die Antwort auf diese provokative Frage ist einfach: Weil der Mensch nicht als körperloser Engel, sondern als Seinseinheit aus Körper und Seele gebildet ist.

Die Leugnung der menschlichen Freiheit hätte – bei einer allgemeinen Verbreitung dieser These – gravierende Auswirkungen auf die Erziehung, die sich in diesem Fall auf die Vermittlung von Wissen und praktischen Kenntnissen reduzieren würde. Interessant ist in diesem Zusammenhang, dass manche Anhänger dieser Lehre weder bereit sind, derartige Konsequenzen mitzutragen, noch in ihrer eigenen Lebensführung einem totalen Fatalismus huldigen: Sie ermahnen ihre Kinder, sich nicht zu prügeln, fordern härtere Strafen für Kinderschänder und Drogenhändler und haben ein schlechtes Gewissen, wenn sie lügen, Steuern hinterziehen oder ihren Partner betrügen. Was für ein Unsinn, wenn man angeblich gar keine andere Möglichkeit hat, als sich derart zu verhalten. Außerdem wäre das bei Menschen aller Kulturen tief verwurzelte Rechts- und Unrechts-Bewusstsein ohne Entscheidungsfreiheit absurd. Muss man nicht aus der Existenz eines Schuldbewusstseins auf die Möglichkeit schließen, sich in bestimmten Situationen unterschiedlich verhalten zu können, und zwar recht oder unrecht? Ohne Freiheit gibt es keine Verantwortung, keine Schuld, aber auch keine Verdienste, und ohne sie würde jede Gesellschaft in Chaos und Anarchie versinken oder zu einer Ansammlung sozial-konform konditionierter Herdenmenschen verkommen, zweifellos noch schlimmer als das von Bertrand Russell unterstellte gegenwärtige „Zeitalter der Mittelmäßigkeit, das von moralischen Zwergen bevölkert ist".

Kant kommt in seiner Kritik der reinen Vernunft zu der Überzeugung, dass zwar keine sichere Antwort auf die Frage nach der menschlichen Freiheit möglich sei, dass jedoch die Existenz eines Gewissens mit den dort eingeschriebenen sittlichen Normen und Forderungen („kategorischer Imperativ") über sein bedingtes Dasein hinausweise und den Einbruch von etwas Unbedingtem aufzeige, das in den Menschen eingesenkt ist und ihm ein Wissen um Gut und Böse verleiht, das in seinem Grundbestand zu allen Zeiten und an allen Orten Übereinstimmungen aufweist. Der in den jahrtausendealten Weisheits- und Totenbüchern der Ägypter niedergelegte Moralkodex könnte auch noch in unserer Epoche als Grundlage einer ethischen Richtweisung dienen.

Die verheerenden Auswirkungen eines Verlustes moralischer Maßstäbe in einer Gesellschaft sind aus zahlreichen Episoden der Menschheitsgeschichte ersichtlich. Beim Fehlen ethischer Normen kriechen die menschlichen Ratten aus den Löchern und übernehmen das Kommando. In solchen Fällen wird aus

Unrecht Recht, das Böse wird bejubelt und das Gute verhöhnt und lächerlich gemacht. Die in jedem Individuum schlummernden schlechten Eigenschaften werden ermutigt und aktiviert. Gerechtigkeit und Güte haben sodann keine Chance mehr – höchstens im Verborgenen – und an die Stelle der Moral tritt als Ordnungsfaktor die Despotie mit willkürlichen, Recht und Menschlichkeit verhöhnenden Erlassen, in unseliger Kombination mit einer Willkürjustiz. Derartige Folgeerscheinungen sind leider keine pessimistische Prophetie, sondern traurige Realität in vielen Ländern der Welt, gestern und heute. „Ohne Gott ist alles erlaubt" (Dostojewski).

Moral und Recht hängen aufs Innigste zusammen und fallen in sogenannten Gottesstaaten sogar in eins. In säkularisierten Gesellschaften gilt die Devise: Im privaten Bereich kann der Einzelne tun und lassen, was er will, sofern er nicht gerade den Partner erschlägt oder die Kinder misshandelt, während ihm im öffentlichen Raum verbindliche Regeln auferlegt sind. Nicht jedes unmoralische Verhalten ist somit strafbar, aber jedes strafbare Verhalten ist zugleich unmoralisch.

Strafe setzt Schuld voraus, und schuldig kann der Mensch nur deshalb werden, weil er nach einer richterlichen Grundsatzentscheidung „befähigt ist, sich für das Recht und gegen das Unrecht zu entscheiden". Im deutschen Recht wird somit der „freie Wille" (bzw. zutreffender die Gedanken- und Entscheidungsfreiheit) des mündigen Bürgers vorausgesetzt, so dass jeder Erwachsene für sein Tun und Lassen Verantwortung trägt, es sei denn, ihm fehlt die „Zurechnungsfähigkeit", was dann der Fall ist, wenn er als unfähig angesehen wird, „das Unrecht der Tat einzusehen oder nach dieser Einsicht zu handeln" (§ 20 StGB), wie dies bei Geisteskrankheiten, Schwachsinn oder schweren Rauschzuständen vorkommt. Aufgrund der Devise „keine Strafe ohne Schuld" bleibt er in diesem Fall straffrei, während er sonst seiner „gerechten Strafe" zugeführt wird.

Die Zuerkennung von Entscheidungsfreiheit begründet das Grundrecht auf Selbstbestimmung, macht den Einzelnen aber zugleich verantwortlich für sein Verhalten. Wer im Kaufhaus eine Bluse mitgehen lässt, einen Passanten niederschlägt und ausraubt oder einen Einbruch verübt, wird nicht als unschuldiges Opfer geheimer Mächte oder chemischer Reaktionen seines Gehirns, sondern als schuldig gewordener Täter betrachtet und nach den geltenden Gesetzen abgeurteilt. Welche große gesellschaftliche Bedeutung Straftaten zukommt, erkennt man unschwer an deren Häufigkeit. So wurden im Jahr 2008 in der BRD 6,1 Millionen Straftaten registriert, wobei die Zahl der tatsächlich verübten Delikte noch deutlich höher liegt, da nicht jede Straftat zur Anzeige gelangt und besonders im häuslichen Bereich von einer hohen Dunkelziffer ausgegangen wird. Dass Moral keineswegs nur Privatsache ist, erkennt man unschwer an den gesellschaftlichen Auswirkungen des Fehlverhaltens Einzelner: Wie viel Schäden an Personen und Sachen entstehen alleine aus Unachtsamkeit im Straßenverkehr, Haushalt und Beruf?! Und welche gravierenden Nachteile für ein ganzes Volk verursachen nur auf ihr eigenes Wohl bedachte Konzernbosse, spekulierende Börsenhaie und korrupte Politiker?! Das moralische Niveau eines Volkes korreliert zweifelsfrei nicht nur mit der Kriminalitätsrate, sondern ebenso mit seiner kulturellen und wirtschaftlichen Blüte. Jeder moralische Sumpf führt auch zum wirtschaftlichen Niedergang eines Volkes.

Jede Theorie, welche die menschliche Freiheit und damit Verantwortlichkeit und Schuldfähigkeit leugnet, destabilisiert die innere Ordnung der Gesellschaft. Derartige Tendenzen existieren bedauerlicherweise nicht nur in den oben genannten deterministischen Ideologien, sondern auch in der Justiz, und hier besonders im Jugendstrafrecht. So werden straffällig gewordene Jugendliche vielfach exkulpiert mit der Begründung von zu viel oder zu wenig Fürsorge in der Kindheit, materiellem Mangel oder Überfluss, zu viel Strenge oder Nachsicht in der Erziehung usw. Für jede Straftat findet sich dann ein unerschöpfliches Arsenal an Entschuldigungen und letztlich trägt nicht der Täter die Schuld an seinem Verhalten, sondern die Gesellschaft, mit der Konsequenz, dass diese sich ändern muss statt der Täter. Es erfolgt somit eine Umkehrung der Schuldzuweisung, wobei sich die Frage stellt, ob man den Delinquenten damit etwas Gutes tut. Es gilt nämlich zu bedenken, dass jeder Richter und Bewährungshelfer, der einen jugendlichen Straftäter als bedauernswertes Opfer einer falschen Erziehung hinstellt, diesen nur zur Selbstbemitleidung ermuntert und die Entwicklung zur Übernahme von Selbstverantwortung blockiert, denn es ist ja so viel bequemer, andere für die eigenen Schandtaten verantwortlich machen zu können, als eigene Schuld (oder Teilschuld) einzugestehen. Wer einem Straftäter die Verantwortlichkeit für seine Tat abspricht, bestreitet damit dessen Fähigkeit zur Selbstbestimmung und schwächt das Bewusstsein von Eigenverantwortung, das wohl in jedem Menschen – zumindest rudimentär – existiert.

Eine bedauerliche Begleiterscheinung der weiblichen Emanzipation betrifft kriminelles Verhalten. Während Gewaltdelikte früher ein Privileg der Männer darstellten, sind heute bereits ein Viertel aller jugendlichen Straftäter Mädchen, wobei deren Brutalität der ihrer männlichen Kumpane in nichts nachsteht. Als Motiv spielt frühe Verwahrlosung in Kombination mit Langeweile eine wichtige Rolle. So äußerte eine 17-jährige Intensivtäterin: „Wir saufen, schlagen uns und langweilen uns. Ohne Verbote landen wir im Dreck." Sie fordert also keine Exkulpation, sondern verbindliche Verhaltensregeln.

Ein letzter Punkt, den es im Rahmen des Rechts zu bedenken gilt, ist die Gesetzgebung. Der sogenannte „Wille des Gesetzgebers" sollte rechterweise denselben Kriterien genügen wie die Entscheidungen des Individuums. Die zu regelnde Sache muss somit einer vernünftigen Analyse mit sorgfältigem Abwägen von Argumenten und Gegenargumenten unterzogen werden, damit aufgrund stichhaltiger Begründungen eine gerechte Bewertung – in Form eines Gesetzes – getroffen wird. In einen solchen Entscheidungsprozess fließen jedoch faktisch zahlreiche unsachliche Argumente ein: So fordert ein Abgeordneter geringere Steuern für den Mittelstand, wenn diese die wichtigste Wählerschicht seiner Partei bildet. Ein anderer Abgeordneter, der mehrere Aufsichtsratsposten in der Industrie bekleidet, wünscht Steuerentlastungen der Großindustrie. Ein dritter, sozial engagierter Volksvertreter plädiert demgegenüber für eine Steuerbefreiung für die unteren Einkommensschichten sowie für kinderreiche Familien. Schließlich eröffnen die zahlreichen Lobbyisten ein intensives Störfeuer, um die Interessen ihrer Auftraggeber zu wahren. Das Endresultat sind des Öfteren verwässerte und manipulierte Gesetze, die eines freien Staatswesens unwürdig sind, wie beispielsweise der reduzierte Mehrwertsteuersatz für das Hotel- und Gaststätten-Gewerbe und für Hundefutter. Der Unmut hierüber kann dann dazu führen, dass die Benachteiligten nach Mitteln und Wegen suchen, sich auf illegale Weise gleichartige Steuererleichterungen zu verschaffen, und dies ohne schlechtes Gewissen, da sie nicht ganz zu Unrecht die entsprechende Gesetzgebung für ungerecht halten.

Die Leugnung der menschlichen Freiheit, aber ebenso deren fehlender Bezug zu Vernunft und Ethik haben gravierende Auswirkungen auf Erziehung, Gesellschaft und Rechtssprechung, so dass jeder freiheitsliebende Mensch derartigen Tendenzen Widerstand leisten sollte, um die Huxley'sche Prophetie einer „Brave New World" aus manipulierten und indoktrinierten Herdenmenschen mit permanenter Bedürfnisbefriedigung durch Konsum, Sex und die stimmungsaufhellende Droge „Soma" bei gleichzeitiger Verhinderung eines kritischen Hinterfragens der eigenen Existenz Lügen zu strafen.

Das menschliche Leben als Befreiungsbewegung

Der Mensch gelingt nur dann,
wenn er innerlich und äußerlich in Freiheit lebt.
ERICH FROMM

Wer sein Ziel kennt, findet den Weg.
LAOTSE

Das gesamte menschliche Leben lässt sich als Freiheitsbewegung interpretieren: Von der totalen seelischen und körperlichen Abhängigkeit des Säuglings bis hin zur weitestgehenden Autonomie des reifen Menschen, der zu freiem Denken und Entscheiden gelangt ist und die Verfügungsgewalt über sein Wollen und Tun gewonnen hat. Das kämpferische Element in diesem Geschehen ist die Reaktion auf die zahlreichen inneren und äußeren Widerstände.

Die Existenz aller Lebewesen – die nach Thomas von Aquin „die göttliche Wesenheit abbilden" – ist von einer Dynamik erfüllt, die deren Wachstum vom Ursprung bis zum Ziel der Reife und der Weitergabe des Lebens bestimmt. Joseph Pieper spricht von der Dynamik des „in der Kreatur eingekörperten göttlichen Entwurfs". Bei Pflanzen und Tieren vollzieht sich dieser Prozess notwendigerweise, während dem Menschen das eigene Werden als Aufgabe und Auftrag überantwortet ist, so dass zunächst die Eltern, später er selbst für dessen Gelingen die Verantwortung tragen. „Der Mensch wird als Barbar geboren und erst die Bildung führt ihn aus der Bestialität" (Gracián).

In vielen Kulturen wird das menschliche Leben als ein Prozess der Selbstverwirklichung gedeutet, in dem die Fülle der individuellen Möglichkeiten möglichst weitgehend realisiert werden soll. Wer dieser seiner Wesensbestimmung gerecht werden will, muss ein Leben lang an sich arbeiten, wobei es weniger um den Erwerb von Wissen und Können als um eine moralische Qualifikation geht. Die irdische Existenz stellt in dieser Sichtweise einen Qualifizierungsprozess dar, zu dem der Einzelne allerdings nicht genötigt wird; vielmehr kann er sich dieser Aufgabe auch entziehen und den Auftrag verweigern, mit der Konsequenz, dass sich sein Leben als eine Kette von triebgesteuerten und fremdbestimmten Ereignissen darstellt, wie es aus der folgenden Biografie ersichtlich ist:

Ein durchaus gebildeter und selbstkritischer 62-jähriger Chemiker erinnert sich an keine einzige frei getroffene Entscheidung in seinem Leben. Die Schul- und Berufswahl war durch das Elternhaus, die Eheschließung durch die Schwangerschaft der Freundin, die Wahl diverser Arbeitsplätze durch pekuniäre Interessen, die der verschiedenen PKWs durch Geltungsbedürfnis und die des Wohnorts durch die Umstände bestimmt. Die Auswahl der Urlaubsorte erfolgte aus einer Mischung von Bequemlichkeit und Genussstreben, die der Bekannten nach Nützlichkeitserwägungen und das Freizeitverhalten aus dem Bedürfnis nach Abwechslung und Spaß. Die Religionszugehörigkeit war bereits im Säuglingsalter festgelegt und später nie mehr in Frage gestellt worden. Für sein weiteres Leben wünschte er sich Gesundheit und eine ordentliche Rente, um den gewohnten Lebensstil fortführen zu können und sich eines Tages kurz und schmerzlos ins Jenseits zu verabschieden: eine durch Elternhaus, gesellschaftliche Konventionen, Trägheit, Prestigebedürfnis und Genussstreben determinierte Existenz, eingeschlossen in einen zweidimensionalen Bewusstseinsraum und ohne Ausrichtung auf geistige Ziele.

Ein derartiger Lebenslauf ist keineswegs eine Ausnahme, was schon daraus ersichtlich wird, dass solche Menschen in vielen Romanen auftauchen und von manchen – wie z.B. Maeterlinck – geradezu als exemplarisch angesehen werden. Dieser „hatte erkannt, dass die Marionette das tiefste und erschütterndste Symbol unserer Existenz ist. Treten wir nämlich nur ein wenig zurück, so bemerken wir, dass der Glaube, wir selbst seien die Urheber unserer körperlichen und seelischen Gesten, auf einer Täuschung beruht: Eine erhabene geheime

Kraft, die unser ganzes Dasein in allen seinen großen und kleinen Bewegungen lenkt,… wirkt sich auf dieser unserer Erdenbühne aus. Blickt man von einem hohen Berge auf… die fahrenden, reitenden, rennenden Menschen in ihrer Geschäftigkeit, so wird man allemal sogleich den befremdenden Eindruck des Mechanischen haben; und ganz ebenso ergeht es uns, wenn wir zum Leben eine genügende seelische Distanz nehmen" (E. Friedell).

Die Tatsache, dass das Dasein mancher, vielleicht auch vieler Menschen in festgelegten Bahnen verläuft, beweist keineswegs, dass es sich dabei um das dem Menschen auferlegte Schicksal handelt. Vielmehr zeigen bereits die über die Existenzsicherung hinausgehenden Antriebe, die man als Kind oder Jugendlicher verspürt, einen Hauch von Freiheit. Sie sind zwar meistens unrealistisch, aber doch vielfach von Begeisterung, Entdeckerfreude und Abenteuerlust erfüllt, die sich positiv von der selbstzufriedenen Saturiertheit vieler Erwachsener abhebt. Man sollte etwas von der Begeisterungsfähigkeit und dem Idealismus der Jugendzeit in sein späteres Leben hinüberretten und nicht alle Kräfte auf die Erreichung des Lebensnotwendigen richten, was besonders im ostasiatischen Raum immer wieder betont wird: „Kindlichkeit muss nach langen Jahren der Übung in der Kunst des Sich-selbst-Vergessens wieder erlangt werden" (D.T. Suzuki) und „Ein großer Mensch ist, wer sein kindliches Herz nicht verliert" (Meng Tzu). Jede zur Selbstreflexion fähige Person vermag das tiefe Ungenügen an einer auf materielle Bedürfnisse beschränkten Daseinsfristung zu verspüren. Der Mensch ist zu Höherem berufen und sollte die in seinem Inneren erwachenden Sehnsüchte nach geistigen Werten nicht ignorieren. Statt der Diener seines auf biologische Funktionen reduzierten Hirns zu sein, sollte er sich in den Dienst seiner Wesensbestimmung stellen, in der geistigen Strebungen – als dem spezifisch Humanen – der Primat zukommt. Der auf seine Selbstwerdung zentrierte und in seinem Wesen gründende Mensch wird frei von all den Abhängigkeiten des auf äußere Güter fixierten Materialisten.

Aus vielen beispielhaften Biografien wird ersichtlich, dass sich der zur Selbstwerdung führende Lebensweg rechterweise aus einer Folge freier Entscheidungen ergibt. Dies heißt natürlich keineswegs, dass der Tagesablauf solcher Menschen nicht auch durch Gewohnheiten und Zufälle, durch Essgelüste, Unterhaltungswünsche, Arbeit und Freizeitgestaltung ausgefüllt wäre. Aber immer wieder melden sich bei ihnen auch Bedürfnisse nach geistiger Kost und spirituellen Erfahrungen. Sie sinnieren über das Woher und Wohin, über Lebenssinn und Lebensziele. Sie ermahnen sich zu mehr Engagement in Umweltfragen, Nachbarschafts- und Entwicklungshilfe, versuchen ein liebe- und verständnisvolleres Verhältnis zu den Mitmenschen aufzubauen und entdecken vielleicht eines Tages, dass die spirituellen Kräfte unseres Wesens auf das Wahre, Gute und Schöne ausgerichtet sind und in deren Betrachtung ihre Erfüllung finden.

Menschen, die als Lebensziel ihre Selbstverwirklichung vor Augen haben, werden ihr Lebensschiff nicht durch zufällige Winde mal dahin und mal dorthin treiben lassen, sondern haben eine Orientierung gewonnen, aufgrund derer sie dieses mit Klugheit und Geschick in Richtung auf das Ziel zu steuern vermögen, Klippen umschiffend, Flauten erduldend, Stürme meisternd, ohne das Ziel je aus den Augen zu verlieren. Sie lassen sich durch keine Hindernisse entmutigen, noch widerfährt es ihnen, dass sie aus Mutlosigkeit, Faulheit oder Genusssucht in den Hafenkneipen des Lebens versumpfen, was auch durch die „Angst in der Tiefe, sich nicht verwirklichen zu können" (C.G. Jung), verhindert wird. Manchmal können Lebenskrisen das Ende eines falschen und den Beginn eines neuen Weges signalisieren, wenn beispielsweise Menschen von der Plattheit und Banalität der Konsumgesellschaft ernüchtert sich auf Sinnsuche begeben. Auf jeden Fall benötigt man eine Vision seiner selbst in der erstrebten endgültigen Gestalt; dies eröffnet einen „Möglichkeitshorizont" (W. Schmid), auf den hin der weitere Lebensweg ausgerichtet werden kann.

Karlfried Graf Dürckheim vereint in seinem Konzept vom gelingenden Leben westliche und östliche Weisheitstraditionen und sieht die lebenslange Aufgabe des Menschen in der schrittweisen Verwirklichung seines Wesens mit der darin deutlich werdenden Manifestation des Seins in der Welt, das durch den Menschen offenbar werden will. Was dieser im Grunde ersehnt, ist nichts anderes als „das, was er seinem Wesen nach ist" (Dürckheim), so dass Selbstverwirklichung als das Streben nach der wesensgemäßen Verfassung interpretiert werden kann. Dabei ruht der auf seine Selbstwerdung zentrierte Mensch in seiner Mitte, während der auf weltliche Aufgaben und Güter fixierte Mensch ex-zentrisch ausgerichtet ist, so dass sein Wohlbefinden in erheblichem Ausmaß vom Gelingen und Misslingen seiner Absichten abhängig ist. Demgegenüber gewinnt der im Wesen verankerte Mensch eine davon unabhängige Stärke und Gelassenheit, „und sein Glück hängt davon ab, dass er seiner Wesensbestimmung entspricht" (Dürckheim). Zum Fortschreiten auf dem Weg der Reifung verhelfen ihm die drängende Stimme des Gewissens sowie die sehnsuchtsvolle „Unruhe des Herzens", von der Augustinus spricht.

Die Akzeptanz der dem Menschen innewohnenden Seinsdynamik hat zur Folge, dass stets die Ziele mit höherem Wert den Vorrang erhalten, dass sich also das urteilende und entscheidende Ich das jeweils Werthaftere wählt, sich damit in einer freiheitlichen Weise an der Wertordnung der Wirklichkeit ausrichtet.

Das Ich muss sich allerdings nicht als Diener und Förderer der Seinsdynamik verstehen, sondern kann sich dieser Aufgabe auch widersetzen und eigene Ziele bevorzugen oder in träger Nachlässigkeit verharren, was in der Scholastik – unter der Bezeichnung „accedia" – zu den schlimmsten Verfehlungen des Menschen gezählt wurde. Diese äußert sich nicht immer in Untätigkeit, sondern kann sogar die Form eines rastlosen Umhergetriebenseins annehmen; was aber fehlt, ist die stetige, auf Wesensziele hingelenkte Aufwärtsbewegung. Diese hat eine Dominanz der geistigen Seelenkräfte zur Voraussetzung, die in einem langen Ringen erworben werden muss. Erst die Befreiung aus Triebherrschaft, übersteigerten ich-haften Strebungen, Abhängigkeit von Lust-Unlust-Affekten und Trägheit ermöglicht eine freie und kreative Entfaltung der Persönlichkeit in einem zwangfreien Lebensraum. Wie der Vogel die Luft und der Fisch das Wasser benötigt der Mensch eine Atmosphäre der Freiheit, um sich entfalten und zum vollen Menschsein heranreifen zu können, wobei die Erkenntnis von Oscar Wilde gilt: „Deine Vollkommenheit ist in dir." Letztlich gibt es im menschlichen Leben eine einzige freiheitliche Grundentscheidung: Annahme oder Ablehnung der in der Wesensdynamik erstrebten Ziele.

Der Mensch ist ein Werdender. Alles, was er an Anlagen besitzt, besitzt er zunächst potentiell, der Möglichkeit nach. Seine lebenslange Aufgabe ist die akthafte Verwirklichung aller dieser Möglichkeiten mit dem Ziel der Vollkommenheit. Der Weg zu diesem Ziel ist in zahllose Etappen unterteilt, und das Durchschreiten jeder Teilstrecke wird durch ein Erfolgserlebnis belohnt, das zum Weitermachen ermutigt, wobei wir leider häufig weit hinter unseren Möglichkeiten zurückbleiben, uns aber stets bewusst sein müssen: Das wichtigste Werk in unserem Leben sind wir selbst, indem wir im Einklang mit unserem Wesen unserer Bestimmung folgen. Eine derartige Arbeit an sich selbst erfolgt im Interesse einer wohlverstandenen Eigenliebe – ohne die es bekanntlich auch keine Nächstenliebe gibt – wobei der Versuch der Selbstbesserung eine ebenso mühsame und langwierige wie lohnende Aufgabe darstellt, denn, wie Pico della Mirandola in der emphatischen Sprache seiner Zeit feststellte: „Du kannst zum Tier entarten; aber du kannst dich auch aus dem freien Willen deines Geistes zum gottähnlichen Wesen wiedergebären."

Die Entwicklung des Menschen beginnt in der Kindheit mit der Ausbildung praktischer Fertigkeiten sowie der Aneignung eines Basiswissens, wozu sich vielfach die Förderung sportlicher, musikalischer, künstlerischer usw. Neigungen hinzugesellt. Dabei sind die Anlagen und Interessen der einzelnen Menschen in ihrer Ausprägung recht unterschiedlich, so z.B. der Grad an Intelligenz, die Sprachbegabung, die Musikalität, die mathematischen, sportlichen, rhetorischen Begabungen sowie die eher theoretische oder praktische Ausrichtung der Fähigkeiten und Interessen. Während die Förderung der Entwicklung zunächst den Eltern obliegt, erfolgt diese im weiteren Verlauf zunehmend in Eigeninitiative, ohne dass dadurch Hilfestellungen von außen unnötig werden. Tragisch ist es, wenn ein musikalisch Hochbegabter aus finanziellen Gründen keine Förderung erhält, ein großartiger Maler oder Schriftsteller von seinen Zeitgenossen nicht gewürdigt wird, einem hochqualifizierten Wissenschaftler die nötigen Einrichtungen und Forschungsgelder vorenthalten bleiben, ein passionierter Sportler keine angemessenen Übungsmöglichkeiten findet, kurz, wenn eine mögliche Höherentwicklung infolge äußerer Mängel unterbleibt. Umso erfreulicher ist es für die Betreffenden, aber auch für die Gesellschaft, wenn eine optimale Unterstützung stattfindet, aber noch mehr, wenn Menschen aus eigener Kraft und sogar gegen Widerstände ihre Ziele erreichen.

Die Voraussetzungen, mit denen ein Mensch seinen Lebensweg beginnt, speziell das Ausmaß seiner Begabungen, aber auch bestimmte Persönlichkeitsmerkmale sind mehr oder weniger günstig verteilt. Besonders die Letzteren spielen eine kaum zu unterschätzende Rolle, da viele Ereignisse in unserem Leben dadurch zu erklären sind. Eine selbstbewusste, kontaktfreudige Person wird eher einflussreiche Leute kennen lernen, die ihre Entwicklung fördern, während sich ein gehemmter und mit Minderwertigkeitsgefühlen geplagter Mensch schwerer tun wird, nach Verdienst anerkannt zu werden. Eine Frohnatur, die ihren Mitmenschen Sympathie entgegenbringt, wird beliebter sein und einen größeren Freundeskreis haben als ein Misanthrop, der allen mit Misstrauen begegnet. Viele Entwicklungen in unserem Leben sind auf unsere Charaktereigenschaften zurückzuführen, die manches begünstigen, anderes hemmen. Nach Untersuchungen in den USA ist beispielsweise das Erreichen einer führenden Position nur etwa zur Hälfte auf die fachliche Qualifikation zurückzuführen, zur anderen Hälfte auf Persönlichkeitsmerkmale (vermutlich des Öfteren auch auf Protektion).

Im Rahmen der Selbstverwirklichung stellt die Förderung unserer Anlagen einen wichtigen Teil dar, nicht nur, um Unwissenheit in Wissen zu verwandeln, fehlende oder mangelhafte Fertigkeiten zu perfektionieren und uns aus geistiger Enge, Provinzialität und Engstirnigkeit zu befreien, sondern auch, um die hierzu erforderlichen Fähigkeiten, wie Denkvermögen, Kreativität, Wahrnehmungs- und Konzentrationsfähigkeit sowie motorische Abläufe zu trainieren. Die Schulung aller dieser Fähigkeiten ist allerdings nicht ausreichend, denn Denken und Handeln sind wertneutral. So kann beispielsweise eine hohe Intelligenz nicht nur zum Segen der Menschheit eingesetzt werden, sondern auch zum Aushecken raffinierter verbrecherischer Pläne, und eine exzellente Fingerfertigkeit benötigen nicht nur Uhrmacher und Geiger, sondern auch Taschendiebe.

Ebenso kann man seinen Verstand gebrauchen, um die Wirklichkeit in ihrer klaren Gesetzmäßigkeit, ihrem Wert und ihrer Schönheit zu erkennen, aber auch, um eine ideologisch verzerrte fundamentalistische Sicht zu rechtfertigen, um die arrogante Selbstvergötterung einer Rasse oder Herrenkaste zu begründen oder um ein Lob der Ungerechtigkeit zu singen, wie der Sophist Thrasymachos in Platons „Der Staat". Ebenso benötigt man, um sich 30 Jahre als Diktator an der Macht zu halten, außergewöhnliche Fähigkeiten bezüglich Menschenkenntnis und Selbstdisziplin sowie raffinierte Strategien, um brutale Morde, Intrigen und Korruption geheim halten oder gar politischen Gegnern in die Schuhe schieben zu können. Scharfsinn, Weitsicht, taktische „Klugheit" und Verfügungsgewalt über sich und andere können demnach für sich genommen kaum als optimale Lebensziele gelten. Vielmehr geht es nicht nur um deren Perfektionierung, sondern parallel dazu um deren rechten Gebrauch, wobei „recht" einen den moralischen Normen gehorchenden Gebrauch bedeutet. Nur durch die Einhaltung ethischer Kriterien wird eine Entscheidung

„klug" oder „gerecht", ein Verhalten „mutig" oder „maßvoll" und eine Beziehung „liebevoll", während dies alles bei einem unmoralischen Menschen ins Gegenteil umschlägt.

Einen Menschen, der sein Leben an moralischen Prinzipien ausrichtet, nannte man früher tugendhaft, wobei das Grundwort „Tugend" durch missbräuchliche Anwendung auf spießbürgerliche, servile oder altjüngferliche „Tugendbolde" in Verruf geraten ist und daher besser in „optimale Seinsverfassung" umbenannt werden sollte. In der griechischen und römischen Antike verstand man unter Tugend (areté bzw. virtus) das „ultimum potentiae", das Äußerste menschlichen Sein-Könnens.

Die lebenslange Entwicklung der eigenen intellektuellen, musischen, literarischen, sportlichen und praktischen Fähigkeiten ist somit nicht die einzige Lebensaufgabe. Um z.B. die beruflichen Ziele, ein guter Koch, Lehrer, Musiker oder Unternehmer zu werden, überhaupt erreichbar zu machen, benötigt man Tugenden wie Ausdauer, Fleiß, Gewissenhaftigkeit, Klugheit und manchmal auch Tapferkeit. Um nicht im Lebensgenuss zu versumpfen, bedarf es der Tugend des Maßes, um von den Mitmenschen geschätzt zu werden, die der Gerechtigkeit, um nicht zu resignieren, ein gerütteltes Maß an Hoffnung, und um sich von den unvermeidlichen Mühen und Widrigkeiten zu erholen, der Bereitschaft zu liebender Zuwendung, die erst die Wertschätzung der natürlichen, kulturellen und menschlichen Wirklichkeit ermöglicht. Von ganz besonderer Wichtigkeit sind Verständnis, Empathie und Wertschätzung, die man den Menschen seiner Umgebung entgegenbringt, da der Mensch von seinem Wesen her auf Mitmenschlichkeit angelegt ist und deren Vollzug zu seiner Erfüllung gehört.

Eine erhebliche praktische Bedeutung wird der Mäßigung des Genuss- und Gewinnstrebens zugesprochen. Deren besondere Wichtigkeit spiegelt sich in der Weisheitsliteratur aller Kulturen, in der übereinstimmend eine gewisse Bedürfnislosigkeit gepredigt wird, eben weil einen jedes Bedürfnis abhängig macht. Von Sokrates stammt der schöne Spruch: „Wie viele Dinge gibt es in dieser schönen Welt – die ich nicht brauche". Auch Heidegger und gleichlautend der portugiesische Schriftsteller Pessoa lehrten: „Verzicht ist Befreiung", und ausgerechnet Epikur – der Ahnherr des Hedonismus – äußerte: „Die schönste

Frucht der Selbstgenügsamkeit ist die Freiheit". Jedes Bedürfnis schafft Abhängigkeit, jeder freiwillig und aus Einsicht geleistete Verzicht Freiheit, und gegenüber den Verlockungen der Werbung und der eigenen Gier ungerührt zu bleiben, ist die befriedigende Erfahrung persönlicher Autonomie. Hieraus ergibt sich die nur scheinbar paradoxe Situation, dass ein besitzloser Mönch reich, ein Millionär dagegen arm sein kann, denn: „Arm ist nicht, wer wenig besitzt, sondern wer mehr haben will" (Seneca) und: „Wer sich zu begnügen weiß, ist reich" (Laotse). Die wohl extremste Lobpreisung der Bedürfnislosigkeit stammt von Sokrates: „Nichts zu bedürfen ist göttlich; möglichst wenig zu bedürfen, kommt der göttlichen Vollkommenheit am nächsten".

Die Befreiung aus Zwängen und Abhängigkeiten ist in unserem ureigensten Interesse, um unseren Verhaltensspielraum zu erweitern und die kreative Entfaltung unserer Anlagen zu ermöglichen, wobei uns diese Aufgabe lebenslang begleitet. Dabei bedeutet die Akzeptanz ethischer Normen ebenso wenig eine Einschränkung der Geistesfreiheit wie die Bindung des Denkens und Handelns an die Vernunft.

Die Frage nach dem Ursprung ethischer Normen und damit die nach deren Legitimierung wird unterschiedlich beantwortet. Bekanntlich sind diese sittlichen Gesetze im Gewissen präsent und fordern die Person auf, ihnen zu gehorchen, was von Kant als „kategorischer Imperativ" bezeichnet und als Einbruch von etwas Unbedingtem in die menschliche Existenz betrachtet wurde. Dabei haben die dem Gewissen eingeschriebenen Gesetze zwar fordernden Charakter, zwingen den Menschen jedoch nicht, ihnen zu gehorchen, sondern fordern ihn lediglich zur Entscheidung heraus, wobei Entscheidung nur möglich ist, wenn es auch einen Freiheitsspielraum gibt.

Das Gewissen als Produkt einer gesellschaftlichen Konditionierung („Über-Ich") zu betrachten, ist schwer nachvollziehbar, da dessen Forderungen in den unterschiedlichsten Kulturen mit verschiedenartigsten Gesellschaftsordnungen eine verblüffende Übereinstimmung aufweisen: Die Verbote, andere zu belügen, zu bestehlen, zu verleumden oder gar zu töten, sowie die Gebote, die Alten und Schwachen zu schützen, die Eltern zu ehren, die Verstorbenen zu bestatten und einer höheren Macht Verehrung zu erweisen, sind von ubiquitärer Gültigkeit. Sofern man diesen moralischen Weisungen zuwider handelt, bekommt man ein „schlechtes Gewissen", das einem unangenehm ist, ohne dass man diese lästige und mahnende Stimme dauerhaft zum Schweigen bringen könnte. Das Gewissen ist eine jedem Menschen angeborene moralische Instanz – also quasi ein nonverbaler Moralkodex – die auf eigene Verfehlungen mit Schuldgefühl, oft auch mit Reue und Bedürfnis zur Wiedergutmachung reagiert, während Verfehlungen anderer mit Unwillen bis hin zu Empörung und Bestrafungstendenz quittiert werden. Dagegen wird uns die Befriedigung eines guten Gewissens zuteil, wenn wir uns nicht als skrupellose Egoisten erweisen, die nur an ihren Eigennutz denken, sondern hilfsbereit, rücksichtsvoll und fürsorglich mit unseren Mitmenschen und der Natur umgehen.

Um das Gute zu tun, muss man darum wissen, wobei uns Vernunft und Gewissen sagen, was in den verschiedenen Situationen unseres Lebens jeweils angemessen ist. Hier bietet sich ein Vergleich mit der Ästhetik an: Jeder Mensch kann ein Gemälde kaufen, aber um ein schönes Gemälde zu erwerben, benötigt man Geschmack und Kunstverstand. Ebenso kann jeder ein Werk verrichten, aber um ein „gutes Werk" zu tun, benötigt man moralische Normen und die Bereitschaft, auf die Stimme des Gewissens zu hören. Wie bereits erwähnt, werden wir hierzu ermahnt, aber nicht genötigt, besitzen also die Wahlfreiheit zwischen gut und böse. Jede Entscheidung, der das Attribut „moralisch" zugesprochen wird, kann nur eine freie Entscheidung sein, so dass jedes durch inneren oder äußeren Zwang zustande gekommene Verhalten keiner moralischen Bewertung mehr unterliegt.

Die freiwillig vollzogene Ausrichtung an ethischen Kriterien bedeutet keine Einschränkung der menschlichen Freiheit; vielmehr war Kant sogar der Meinung, dass die mit dem Wort Tugend ausgedrückte menschliche Verfassung Freiheit generiert. Die vollkommene Tugendhaftigkeit, das ultimum potentiae, ist nichts anderes als eine Verfassung, in der die moralischen Normen derart verinnerlicht sind, dass sie mühelos und selbstverständlich im täglichen Leben Anwendung finden, ein Zustand, in dem Sollen und Wollen eins geworden sind. Diese völlige Übereinstimmung zwischen Wesensbestimmung und sittlichem Handeln bedeutet Freiheit, so dass Kant sagen konnte: „Je mehr der Mensch tugendhaft ist, desto mehr frei ist er." Konfuzius fasste dieselbe Einsicht in die Worte: „Mit siebzig konnte ich den Weisungen meines Herzens folgen, ohne gegen das (moralische) Gesetz zu verstoßen." Ein solcher

Mensch kann tun und lassen, was er will, weil er vernunftorientiert stets das Rechte will und sich von der Herrschaft triebhafter und egoistischer Kräfte, gesellschaftlicher Einflüsse sowie aller Süchte und Ängste emanzipiert hat. Der vollkommene Mensch bedarf keiner moralischen oder gar rechtlichen Richtweisungen mehr.

Ein weiterer Punkt betrifft das Ziel, auf das die individuelle Selbstverwirklichung ausgerichtet ist, man könnte auch sagen, der individuelle Endpunkt der lebenslangen Freiheitsbewegung. Neben der möglichst weitgehenden Entwicklung der kognitiven, musischen, praktischen und sportlichen Fähigkeiten ist es vorrangig die zuletzt besprochene moralische Qualifikation. Ob wir es in unserem Leben bis zum Universitätsprofessor oder Konzernchef gebracht haben oder als Bäcker, Landwirt, Gärtner oder Hilfsarbeiter tätig waren, ist letztlich ohne Belang. Um das Endziel alles menschlichen Strebens und Suchens anzupeilen, wird kein Faktenwissen benötigt, keine Problemlösungskapazität, sondern Weisheit. Diese ist ein Wissen um die wesentlichen Dinge: nicht, wie man kocht, Auto fährt, Häuser baut oder einen Scheck ausfüllt, sondern eine zutreffende Sicht der natürlichen, kulturellen und besonders der menschlichen Wirklichkeit zu gewinnen, die einem Orientierung auf dem Lebensweg gewährt, ein Wissen um den Sinn der menschlichen Existenz, deren Hinordnung auf einen menschheitsübergreifenden Wertekanon, die Liebe zu allem Seienden und das Staunen über die Wunder der Schöpfung. Die menschliche Vollendung besteht nicht in einem Intelligenzquotienten von 140, einem üppig bestückten Bankkonto, in der Position eines Konzernchefs oder Landesbischofs, sondern in der möglichst weitgehenden Verwirklichung der in jeder Person angelegten Möglichkeiten und ganz besonders in ihrer moralischen Integrität. Dabei können Vorbilder hilfreich sein, weshalb Nietzsche auf das Leben Jesu hinwies, der „lebte, wie er lehrte... um zu zeigen, wie man zu leben hat...".

Ein geglücktes Leben hängt mit unserem Rechtsein in ethischer Hinsicht zusammen, das zugleich ein Frei-geworden-Sein bedeutet. Dabei ist ein absolutes Freiwerden von sämtlichen Zwängen und Abhängigkeiten allein aufgrund biologischer Gegebenheiten unmöglich, aber durch deren Erkenntnis, Akzeptanz und kluge Steuerung gelingt eine relative Befreiung. Nicht mehr von seinen Trieben und Leidenschaften beherrscht zu werden, sondern diese im Griff zu haben – allerdings nicht als tyrannischer, sondern als großzügiger Herrscher, der deren legitime Forderungen erfüllt, ohne sich unter Druck setzen zu lassen – zählt zu den erfreulichen Errungenschaften des menschlichen Daseins. Am allerwichtigsten ist das Frei-geworden-Sein aufgrund der gewonnenen Übereinstimmung mit der eigenen Wesensdynamik, deren letztes Ziel – fast unverständlich für die durch Nützlichkeitserwägungen und Zwecke bestimmte Gegenwart – auf Kontemplation („liebende Betrachtung" (Pieper)) und Spiel gerichtet ist. „Der Mensch... ist nur da ganz Mensch, wo er spielt" (Schiller) und „Wenn überhaupt irgendwo, lohnt sich das Leben im Schauen des Schönen" (Platon) – wobei im Griechischen ein gemeinsames Wort für „schön" und für „gut" gebraucht wurde. Lohnend und sinn-voll wird das Leben beim Schauen des Schönen, beim Erkennen der Wahrheit und bei der Verwirklichung des Guten, so dass die von V. Frankl beklagte Sinnleere in der modernen Welt durch dieses in sich selbst sinnvolle Tun behoben werden könnte. Alles tätige Leben (vita activa) ist kein Selbstzweck, sondern sollte der Ermöglichung eines be-schau-lichen Lebens (vita contemplativa) dienen. „Der Mensch arbeitet, um Muße zu haben" (Aristoteles). Ein Leben der Muße und Betrachtung gilt in der abendländischen Weisheitstradition als das wahrhaft menschliche Leben. So antwortete Anaxagoras auf die Frage: „Wozu bist du geboren?": „Zum Schauen – von Sonne, Mond und Himmel".

Zum Verständnis dieser Aussage ist es notwendig, sich die beiden unterschiedlichen Erkenntnisweisen des Menschen vor Augen zu führen, wobei die seit 2 ½ Jahrtausenden dominierende rationale Bewusstseinsstufe dem durch analytisches Denken gewonnenen und an Begriffe gebundenen rationalen Erkennen („ratio") den Vorzug gibt, dem die Gefahr der rationalistischen Vernünftelei und der Kopflastigkeit innewohnt. Dieser zweckgerichtete, naturbeherrschende Anteil des Verstandes ist zur Bewältigung des alltäglichen Daseins unentbehrlich, muss aber durch intuitiv gewonnene, sinngebende Einsichten ergänzt werden. Autoren wie Jean Gebser und Enomiya-Lassalle fordern daher eine verstärkte Integration des „Schauens", d.h. des intuitiven Erkennens („intellectus"), um ein umfassenderes „integrales Bewusstsein" als nächsthöhere Entwicklungsstufe der Menschheit zu erreichen. „Die Entfaltung oder Intensivierung des Bewusstseins stellt sich als ein immer intensiveres Aufleuchten des Geistigen im Menschen dar" (Jean Gebser), d.h., der Geist gewinnt gegenüber den anderen Seelenkräften an Kraft, Tiefe und Offenheit.

Man kann diesen Prozess vergleichen mit der Entwicklung der Physik: Über Jahrhunderte erklärte die Newton'sche Physik die stoffliche Welt in mustergültiger Weise, bis sich zu Beginn des 20. Jahrhunderts neue Erfahrungsbereiche auftaten, die nur durch Relativitätstheorie und Quantenmechanik verstehbar wurden. In analoger Weise genügte der Menschheit über 2 ½ Jahrtausende eine rationale Bewusstseinsstufe, bis das rationale Denken in den vergangenen Jahrzehnten vielfach als ungenügend empfunden und dessen Ausweitung durch Einbeziehung intuitiv gewonnener Einsichten gefordert wurde. Wissen darf nicht länger abstrakt und begrifflich bleiben, sondern muss erfahrungsgesättigt werden, d.h., man muss die Gedanken in sich einsickern lassen, sie quasi inkorporieren, bis sie uns ganz durchdringen und befruchten – wie beim Gießen einer Pflanze nicht nur die Erdoberfläche, sondern der ganze Wurzelballen durchfeuchtet werden muss, damit die Pflanze zu gedeihen vermag. Ebenso dürfen wir die Wahrheit nicht nur begrifflich als steriles Wissen im Kopf haben; vielmehr muss diese erfahrbar werden und bis in den Wesensgrund eindringen. „Begriffe ohne Anschauung sind leer" (Kant), so dass es gilt, Fleisch an die begrifflichen Knochen zu bringen, damit das Wissen fruchtbar wird für unser Leben. „Gedanken, die etwas wert sind, wollen nicht begriffen, sondern erlebt sein" (H. Graf Kessler). Es ist ein bedeutsamer Unterschied, ob ich lediglich weiß, dass die 9. Sinfonie von Beethoven oder das Gemälde La Primavera von Botticelli großartige Kunstwerke sind oder ob ich dies im Innersten verspüre. Die Befreiung aus der nüchternen und sterilen Welt der Begriffe in eine Welt der Fülle gelingt nur, wenn wir stets aufs Neue mit offenen Sinnen und wachem Geist uns auf die Welt des Menschen, der Natur und Kultur einlassen und das kontemplative Hören und Schauen einüben. Ebenso sind begriffliche Aussagen über menschliche Eigenschaften wie Liebe, Mut, Treue leeres Gerede und hohle Phrasen, sofern wir diese nicht aus eigener innerster Erfahrung kennen gelernt haben. Nur was uns im Grund unseres Wesens berührt, ist wirkmächtig. Es gilt also, aus dem innersten Wesensgrund heraus der Welt zu begegnen als dem Ort des Guten und Schönen – und nicht nur als Ressource für wirtschaftliche, touristische und Vergnügungs-Zwecke. Je mehr unser Geist die Wirklichkeit bewundernd bestaunt, umso leidenschaftlicher wird die liebende Zuwendung, die ihrerseits wiederum deren Erfassen vertieft.

Man kann ein Gedicht, eine Komposition, ein Gemälde oder die wunderbare Ordnung der Natur gedanklich analysieren und begreifbar machen. Aber ein wirklicher Zugang erschließt sich nur dem liebenden oder gar enthusiastischen Leser, Hörer und Betrachter. Nur dann wird das Stoffliche transparent für das darin verborgene Geistige. „Wir können nur das lieben, was wir erkennen, und wir können niemals dasjenige vollständig erkennen, was wir nicht lieben" (Aldous Huxley).

Aus einer derartigen umfassenden Erkenntnisweise kann sich dann auch ein stimmiges Welt- und Menschenbild entwickeln, das auf überzeugenden Einsichten und Glaubensinhalten beruht und unsere Urteile, Pläne und Handlungen bestimmt. Unsere Lebenswirklichkeit ist weitgehend ein Resultat unserer Überzeugungen, deren Überzeugungskraft auf uns – und auf andere – inspirierend und motivierend wirkt, besonders wenn sie von starken Gefühlen getragen werden, wenn uns also eine Sache fasziniert und wir uns dieser mit Begeisterung widmen (was sich übrigens auch positiv auf den Gesundheitszustand auswirkt). Demgegenüber können durch Vorurteile, Verblendung, Ressentiments, nationale oder rassische Animositäten verzerrte Überzeugungen unser Verhalten auf falsche Bahnen lenken, und die Umsetzung der eigenen Überzeugungen im Lebensvollzug kann durch Selbstzweifel, Zaudern oder Furcht vor dem Scheitern ins Stocken geraten.

Das Gelingen oder Misslingen dieses Geschehens ist – was viel zu wenig beachtet wird – nicht nur für uns selbst bedeutsam, sondern ebenso für die Gesellschaft, in der wir leben. Der Einfluss, den jeder Mensch auf seine Umgebung ausübt, lässt sich an einer alltäglichen Situation verdeutlichen: Befindet sich in der Familie oder am Arbeitsplatz auch nur ein einziges Mitglied mit einer gereizten Stimmung, wird dieses mit seinen Nörgeleien und aggressiv getönten Äußerungen die Atmosphäre nachhaltig vermiesen. Durch sein Wesen und Verhalten leistet jeder Einzelne einen Beitrag zu einer besseren oder schlechteren Welt und sollte sich dieser Verantwortung bewusst sein. Wer eine menschenfreundlichere, liebe- und verständnisvollere Menschheit wünscht, kann dazu beitragen, indem er sich selbst freundlicher und toleranter verhält und dadurch seine Mitmenschen zur Nachahmung animiert.

Vermutlich liegt in einer derartigen Kettenreaktion der Grund für das unterschiedliche geistige Klima in den einzelnen Nationen, das man bei jeder Auslandsreise registriert. So wird man z.B. als Angehöriger eines Landes von verantwortungsscheuen Bürokraten und Bedenkenträgern von der Aufbruchsstimmung in China geradezu mitgerissen, und an die Gegenwart vieler missmutiger, rücksichtsloser, hektischer Mitmenschen gewöhnt, fühlt man sich von der Freundlichkeit der Balinesen geradezu überwältigt und wird selbst rücksichtsvoller und liebenswürdiger – zumindest, bis einem bei der Rückreise zum ersten Mal wieder auf dem Frankfurter Flughafen die Türe vor der Nase zugeknallt wird.

In den östlichen Kulturen werden meditative Praktiken tradiert, die nach langjähriger Übung einen vertieften Zugang zur Wirklichkeit ermöglichen, insofern dem zur Erleuchtung gelangten Übenden eine die Weltsicht erhellende und befreiende Einheitserfahrung zuteil wird, wie wenn die letzte Felsschicht eines Tunnels gesprengt wird und plötzlich das Licht einströmt. Je umfassender und tiefer das Erkenntnisvermögen und die Fassungskraft unserer Vernunft geworden sind, umso umfassender und großartiger wird unser Bild der Wirklichkeit sein, ebenso wie der Blick ins Universum umso faszinierender wird, je leistungsfähiger die Weltraum-Teleskope konstruiert sind. Die Welt erscheint in größerer Ausdehnung, Fülle und Intensität, und die klarere Sicht ermöglicht eine bessere Orientierung und ein freieres Sichbewegen in ihr. Jede Zunahme der geistigen Schaukraft bedeutet, dass uns ein weiteres Mal „ein Licht aufgeht" und unsere Welt heller, sinnhafter und weiter macht.

Die derart gewonnene Geistesfreiheit bedeutet, dass sich der Mensch frei von Abhängigkeiten und Nützlichkeitserwägungen der Betrachtung der Wirklichkeit hinzugeben und sich daran zu erfreuen vermag, d.h. liebende Zuwendung zur Wirklichkeit in allen ihren Facetten und Freude am „Verkosten der Dinge" (Ignatius von Loyola), von einem schmackhaften Essen in der Gesellschaft guter Freunde bis hin zu kulturellen Genüssen und den Schönheiten der Natur. Im Werk von Hermann Hesse kommt die Freude an einer derartigen kontemplativen Lebensweise immer wieder zum Ausdruck:

> *„Erst wo wir nichts mehr begehren,*
> *erst wo unser Schauen reine Betrachtung wird,*
> *tut sich die Seele der Dinge auf,*
> *die Schönheit."*

„Betrachtung… ist der höchste und wünschenswerteste Zustand unserer Seele: begierdelose Liebe."

An diesem Geschehen sind eine aktive und eine passive seelische Komponente beteiligt. Die aktive besteht in der liebenden Zuwendung zu den Dingen, die passive (oder besser pathische) im Empfangen der darin aufscheinenden Werthaftigkeit. „Die Liebe ist es, wodurch Fremdes zu Eigenem wird" (Thomas v. Aquin). Man kann diesen dialogischen Vorgang am Beispiel eines Liebespaars verdeutlichen: Der Mann sieht seine Partnerin in ihrer Schönheit und Güte, woran sich seine Liebe entzündet. Die darauf folgende liebende Zuwendung macht ihn noch hellsichtiger für ihren Wert, denn Liebe macht nicht blind, wie das Sprichwort sagt, sondern sehend: „Ubi amor, ibi oculus" (Hugo de Saint Victor). Die vertiefte Werterfahrung verstärkt die Liebe und diese wiederum die Schaukraft für alles Gute und Schöne. In analoger Weise erfolgt auch das Eindringen in die Qualität eines Gemäldes, einer Komposition, eines Bauwerks oder eines Parks in diesem sich gegenseitig verstärkenden Dialog zwischen staunender, liebender Zuwendung einerseits, der hierdurch ausgelösten Werterfahrung andererseits, der in einem beliebig häufigen Hin und Her zu einer immer reicheren und beglückenderen Erkenntnis des jeweiligen Ausschnitts der natürlichen oder kulturellen Wirklichkeit führt und in seltenen Augenblicken zu einem Einheitserlebnis, wenn man in selbstvergessener Hingabe gleichsam mit dem Partner, der Natur, der Musik verschmilzt. Derartige beglückende Einheitserfahrungen sind mit einer vorübergehenden Auflösung des Ich-Bewusstseins verbunden, welches das Individuum sonst von der Außenwelt trennt und in gewisser Weise vereinzelt. „Das reine willenlose Erkennen tritt ein, indem das Bewusstsein anderer Dinge sich so hoch potenziert, dass das Bewusstsein vom eigenen Selbst verschwindet" (Schopenhauer). Die kurzzeitige Überwindung der eigenen Vereinzelung durch Fortfall der Schranken gegenüber den Mitmenschen erweckt Gemeinschaftsgefühle, was bei Jugendlichen zur Beliebtheit solch unterschiedlicher Orte wie Diskotheken und Kirchentagen beiträgt.

Die Existenzweise der Betrachtung ist eine umfassende und alle Sinne einbeziehende Teilhabe und Aneignung der Wirklichkeit. Das beginnt mit der Wertschätzung der Natur vom Mikro- bis zum Makrokosmos. Sich jenseits aller Nützlichkeitserwägungen an Blumen und Bäumen, Flüssen und Seen,

Bergen und Wolken, Wiesen und Wäldern in ihrer unendlichen Vielfalt erfreuen, Fische und Vögel, Reptilien, Säugetiere und Menschen in ihrer Schönheit beobachten, die Faszination der Korallenriffe und des Urwalds entdecken sind freiheitliche Geschehen, voller Bewunderung für die Wunder der Schöpfung. Eine derartige Hingabe an die Schönheit der Natur veranlasste Cézanne viele Male, das Bergmassiv Sainte Victoire zu betrachten und auf die Leinwand zu bannen, und trieb Hermann Hesse an, stets aufs Neue die Landschaft um Montagnola zu durchwandern und zu aquarellieren. Bewundernswert sind ebenso die kulturellen Schöpfungen des Menschen in Musik, Kunst, Literatur, Architektur und Gartengestaltung, die naturwissenschaftlichen Forschungsergebnisse, die philosophischen Werke und religiösen Texte, die man sich in gleicher Weise aneignen kann.

Eine kontemplative, dem Schauen und Horchen auf die Wirklichkeit verpflichtete Lebensform genoss höchstes Ansehen nicht nur im antiken Griechenland – mit der „Freude an der Schau des wahren Seins" (Platon) – und im Hochmittelalter, sondern auch im Taoismus und im Buddhismus. Um diese zu vervollkommen, wurden in diesen nicht nur meditative Praktiken geschaffen, sondern auch kontemplativ vollzogene Handlungen wie die japanische Tee-Zeremonie, Ikebana, Kalligraphie und Tai Chi praktiziert. Spaziergänge im Park oder Klostergarten, stille Betrachtungen des Vollmonds, das Lauschen auf harmonische Melodien und entspannte Gespräche unter Freunden vervollständigten diese als wu-wei(Nicht-Tun, Geschehenlassen) deklarierte Lebensweise, die in unseren Breitengraden als ein Leben der Muße so lange geschätzt wurde, bis sie durch den nüchternen, arbeitswütigen Calvinismus in Misskredit fiel. Gegenwärtig scheint sich ein Umdenken anzubahnen, wie die Beliebtheit von Meditations-, Yoga- und Entspannungskursen sowie der Esoterik-Boom signalisieren, wobei unter dem inflationär gebrauchten Begriff „Esoterik" die Sehnsucht nach tiefgründiger Weisheit, mystischen Erfahrungen und Erleuchtung verstanden wird, nicht aber Astrologie, Edelstein-Hokuspokus sowie okkulte Praktiken.

Die Befreiung von Arbeit, Zeitdiktat und Zweckhaftigkeit, man kann auch sagen von der menschlichen Existenzweise als „Nutztier", geschieht in der Daseinsform der Muße, die ein „Geöffnetsein der Seele" (Pieper), Ruhe, Gelassenheit und geistige Freiheit schenkt. In dieser Verfassung werden wir empfänglich für das Wahre, Gute und Schöne in unserer Welt:

- Der Genuss eines köstlichen Mahls mit edlen Weinen oder einer deftigen Brotzeit auf einer Berghütte
- Vertraute Gespräche mit Freunden auf der Terrasse oder am Kamin
- Das Feiern eines Festes in heiterer Atmosphäre
- Der Anblick eines schönen Menschen, eines Neugeborenen, eines blühenden Gartens, einer grandiosen Bergkulisse, eines kunstvollen Gemäldes, eines gelungenen Bauwerks, des Sternenhimmels
- Die Faszination durch eine großartige Theater- oder Operninszenierung, eine bewegende Aufführung der Matthäus-Passion von Bach, der Lukas-Passion von Penderecki, des Mozart-Requiems oder des Violinkonzerts „Dem Andenken eines Engels" von Alban Berg
- Der Mitvollzug religiöser Rituale
- Der Besuch alt-ägyptischer Grabkammern, buddhistischer und hinduistischer Tempelanlagen
- Das Staunen über die Wunder der Natur, des Mikro- und Makrokosmos sowie über die perfekten Regelkreise und Funktionsabläufe im menschlichen Organismus

Nur im Zustand der Muße sind wir fähig, alle diese natürlichen und kulturellen Werte ganz in uns aufzunehmen und uns davon ergreifen zu lassen. Auch wenn es nur seltene Stunden in unserem Leben sind, in denen wir offen sind für den andächtig staunenden und ehrfürchtigen Blick auf alles Gute und Schöne in der Welt und in uns selbst, so bleiben diese doch als kostbare Erinnerungen präsent und ermutigen uns zu einer Lebensführung, die derartige Erfahrungen begünstigt. Dabei muss einem klar sein, dass jede Arbeit, jedes zweckhafte Tun, jede Fixierung auf eine Tätigkeit Derartiges hemmt und dass nur der in sich Ruhende mit weit geöffneten Sinnen und wachem Geist etwas empfangen kann. „Je stiller man ist, desto mehr kann man hören" (Chinesisches Sprichwort).

Trotz aller Arbeitswut, Zweckhaftigkeit und moralischen Verurteilung des Müßiggangs als Laster blicken die Mittel- und Nordeuropäer neidvoll auf die Boccia-(Boule-)Spieler in Italien und Südfrankreich, die musizierenden und tanzenden Dorfbewohner Kretas und Andalusiens sowie die in tiefe Meditation versunkenen buddhistischen Mönche. Wer Sehnsucht nach Zeiten der Muße verspürt, sollte sein Leben ändern, gemäß der Mahnung Senecas: „Man lebt nicht, man nimmt sich vor zu leben, und wirklich zu leben, wird auf später aufgeschoben."

Als Antwort auf das Empfangene kann sich daraus ein Handeln ergeben, und zwar als ein in sich selbst sinnvolles Tun, als Spiel. Neben der kontemplativen, betrachtenden, schauend und horchend der Wirklichkeit zugewandten Daseinsform wird dem Spiel eine entscheidende Bedeutung für den vollkommenen Lebensvollzug beigemessen, wobei es zunächst dessen Sinngehalt auszudeuten gilt.

Bei dem Wort Spiel wird oft zuerst an Kinderspiele gedacht, die in der Tat einige wesentliche Elemente des damit Gemeinten enthalten, nämlich selbstvergessene Hingabe, Fantasie und Ernsthaftigkeit. Die Kreativität von Kindern zaubert aus Kieselsteinen Häuser und aus Stoffresten Prinzessinnen, und den Ernst der selbstvergessen in ihr Spiel vertieften Kinder bemerkt man spätestens dann, wenn man sie darin stört – sofern sie sich überhaupt stören lassen. Ein weiteres Merkmal ist das zeitlose Versunkensein in der Gegenwart.

Eine zweite Assoziation bei Nennung des Begriffs Spiel betrifft Karten- und Brettspiele, die insofern einen Bezug zur Freiheit herstellen, als sie frei-willig nach der Plackerei des Alltags in der Frei-zeit erfolgen, ein Entbundensein von jeder Verpflichtung enthalten und nicht in einen starren Zeitrahmen eingebunden sind. Jede Unabhängigkeit von Pflicht und Zeit ist jedoch eine Freiheitserfahrung.

Des Weiteren kommen einem sportliche Betätigungen, wie z.B. Ballspiele, in den Sinn, denen in manchen Kulturen sogar kultische Bedeutung zukam. Bei den modernen Ballspielen ist es das zum Teamwork führende Gemeinschaftsgefühl sowie die dem Gegner gegenüber geübte Fairness, die spezifische Merkmale dieser Spielform darstellen (allerdings nur noch bei Freundschaftsspielen).

Musik und Tanz sind Inbegriffe einer spielerischen Aktivität, welche die Merkmale Eleganz und spielerische Leichtigkeit ins Spiel bringen, allerdings nur bei deren perfekter Beherrschung. Beim Improvisieren auf einem Instrument oder in einer Jazzband zeigt sich zusätzlich die Kreativität der Musiker im Hinblick auf die Originalität und Qualität der musikalischen Einfälle. Die spielerische Leichtigkeit ist im Übrigen eine Eigenschaft von jeder virtuos beherrschten Tätigkeit, sei es die Gedankenfülle eines Schriftstellers, dem der

Text gleichsam aus der Feder fließt, der Einfallsreichtum eines Komponisten oder Malers, denen alles spielend von der Hand geht, die Eleganz eines Tänzers oder Pantomimen, die traumhafte Sicherheit eines Akrobaten, die Finessen eines Ballzauberers oder die Kunstfertigkeit chinesischer Köche beim Enthäuten einer Pekingente. „Ich kenne keine andere Art, mit großen Aufgaben zu verkehren, als das Spiel" (Nietzsche).

Schließlich vervollständigt das Liebesspiel die Bedeutungsfülle des Wortes Spiel durch die Elemente der liebenden Hingabe, der gespendeten und empfangenen Zärtlichkeit sowie des Liebesglücks. In diesem vollendet sich der Zirkelschluss zur Schau, denn nur der Liebende gewahrt den Wert und die Schönheit der Wirklichkeit und vermag durch deren Schau gesättigt zu werden. Nur Menschen und Dinge, die man liebt, gewinnen Bedeutung im eigenen Leben: „Wer lieben kann, ist glücklich" (Goethe). In einem erweiterten Sinn lassen sich selbst die kultischen Handlungen der mit feierlichen Gewändern bekleideten Priester und Priesterinnen, die mittels Worten, Gesängen und rituellen Zeremonien ein Opfer darbringen, als eine Art Schau-Spiel interpretieren.

Wie aus dem Bedeutungsspektrum des Wortes Spiel hervorgeht, hat dieses nicht das Geringste mit Spaß, Lustigkeit, Jux und Tollerei zu tun. Ebenso ist der geläufige Begriff Glücksspiel absolut unpassend, da das gierige Gewinnstreben das genaue Gegenteil von Spiel ausmacht und damit höchstens flüchtige Triumphe, aber niemals Glück zu erlangen sind.

Die Bedeutung des Spiels für das menschliche Dasein wurde seit dem Altertum immer wieder hervorgehoben. Aristoteles äußerte: „Erholsame Ruhe und heiteres Spiel scheint für das Leben notwendig zu sein", Plinius der Jüngere unterbrach „ab und zu die ernsten Werke durch Spiel und Frohsinn", und Marcuse forderte die Rückgewinnung von Muße und Spiel in die gegenwärtige Gesellschaft. In unserer muße-feindlichen Zivilisation– „das fürchterliche Gebilde aus lauter Zweck" (Elisabeth Langgässer) mit ihren Nutzbauten, Nutzwäldern, Nutztieren und Nutzmenschen – waren es besonders Huizinga und Hugo Rahner, die den hohen Wert des Spiels betonten, so dass dieser sagen konnte, „dass der wahre und volle Mensch nur ein Mensch des heiteren, gelösten, geisterfüllten und eben darum ernsten Spiels sein kann".

Zweckfreies Tun findet sich übrigens auch außerhalb des Spiels, z.B., wenn ein Mensch meditiert, betet, malt, dichtet, wandert, seinen Kindern Märchen erzählt, Geschenke verteilt oder seine Freunde zum Essen einlädt. In sich selbst sinnvoll wird dies alles jedoch nur dann, wenn es nicht „um…zu" erfolgt, also wenn man nicht sein Nachtgebet verrichtet, um besser schlafen zu können, meditiert, um leistungsfähiger zu werden, und Geschenke macht, um sich die Liebe der Enkel und das Wohlwollen von Bekannten zu erkaufen.

Jedes Spiel ist ein gekonntes, in sich selbst sinnvolles Tun, in dem sich nach Hugo Rahner auch eine freie, beschwingte Harmonie zwischen Seele und Körper findet: „Vom Spiel sprechen wir dann, wenn diese Beherrschung des Leiblichen durch den Geist irgendwie ihre Vollendung gefunden hat in der behänden Leichtigkeit, in der schwebenden Eleganz des „Könnens"; wenn das Wort oder der Ton oder die Geste dem Geist verfügbar und schmiegsam geworden ist; wenn das leiblich Sichtbare zum Ausdruck einer inneren Fülle geworden ist, die in sich selber ruht."

Die Hochschätzung des Spiels manifestiert sich letztlich in den Jenseitsvorstellungen mancher Kulturen, in denen das paradiesische Leben als ein wundervoll gelöster, glückseliger Tanzreigen gedeutet wird. Eine blasse Ahnung davon erlebt man in skandinavischen Mittsommernächten, in denen bunt zusammengewürfelte fröhliche Gruppen Reigentänze vollführen, an denen auch noch die alten Frauen mit grünen Kränzchen auf dem Kopf teilnehmen und sich freuen wie kleine Mädchen. Auch bei griechischen Dorffesten spielt der Gruppentanz eine gemeinschaftsbildende Rolle und verbreitet eine fröhliche und gelöste Atmosphäre. Musik, Tanz und Spiel überhöhen das triste Alltagsdasein und schaffen eine von allen Sorgen und Mühen befreite Atmosphäre, in der man aufatmen und sich von der drückenden Last der vielen Verpflichtungen befreien kann, so dass diese Elemente in viele weltliche und kultische Feste hineinverwoben sind.

Lange Zeit hatte der Tanz kultische Bedeutung und bis ins 20. Jahrhundert (durch HAP Grieshaber) wurde selbst das menschliche Sterben zum Tanzspiel transformiert und in den zahlreichen Bildern des „Totentanzes" illustriert. Auch in mittelalterliche Mysterienspiele waren Tanzszenen hineinverwoben – der Tanz als harmonische Übereinstimmung von Seele und Körper. Der

Tanz ist die wohl älteste und ausdrucksstärkste leibliche Ausdrucksweise, die darüber hinaus im Paar- oder Gruppentanz die Menschen einander annähert und Gemeinschaft zu stiften vermag. Ein begeisterter Geher und Tänzer war Nietzsche: „Unsere Gewohnheit ist, im Freien zu denken, gehend, springend, steigend, tanzend, am liebsten auf einsamen Bergen oder dicht am Meer…". „Gerade das ist es ja, das Leben, wenn es schön und glücklich ist, ein Spiel", folgert Hermann Hesse, der mit seinem Roman „Das Glasperlenspiel" ein beispielhaftes literarisches Zeugnis einer von geistvoller Muße und Spiel geprägten menschlichen Existenz hinterließ.

„Schau" als umfassendes, intuitives Erkennen und „Spiel" als gelöstes vollkommenes Tun sind zweck-frei, in sich sinnvoll und Ausdruck eines freiheitlichen, erfüllten und heiteren Lebensvollzugs. Diese durch Schau und Spiel bestimmte Konzeption eines vollendeten menschlichen Daseins manifestiert sich auch in der bildenden Kunst und dies bevorzugt in der Darstellung von Engeln – z.B. in den berühmten oberschwäbischen und bayerischen Barockkirchen, in denen sowohl in verzückter Schau verharrende als auch tanzende und musizierende Engelsfiguren eine freudige Atmosphäre ausstrahlen. In diesem Kontext ist die Aufforderung von Augustinus zu sehen: „Oh Mensch, lerne tanzen, sonst wissen die Engel im Himmel nichts mit dir anzufangen." Die beiden Pfeiler eines vollendeten Daseins – Schau und Spiel – vereinen sich im Schau-Spiel, indem das Spiel der einen zum Ergötzen der Zu-schauer wird.

Spätestens an dieser Stelle erhebt sich der Einwand: Stellt eine derartige Daseinsweise tatsächlich das Ziel des menschlichen Lebensweges dar? Ist es wirklich das, wonach wir im innersten Wesensgrund verlangen und worin wir unsere tiefste Erfüllung zu finden hoffen? Sind nicht Freiheit und Glück unsere stärksten Sehnsüchte, so dass wir unseren Angehörigen und Freunden zum Geburtstag und zu Neujahr „viel Glück" zu wünschen pflegen? Tatsächlich würden wohl die meisten Menschen auf die Frage nach ihrem innigsten Wunsch antworten: Ich wünsche mir Glück. Sie befinden sich mit diesem Wunsch in guter Gesellschaft, denn auch Thomas von Aquin war der Ansicht, dass die Menschen Glückssucher sind und aufgrund ihrer Natur gar nicht anders können, als glücklich sein zu wollen. Aristoteles sieht das Glück als höchstes Gut an, wobei dieses durch die Selbstverwirklichung des Menschen erreicht wird, also durch Optimierung seiner Anlagen und Gewinn von „arete"

(Vortrefflichkeit, Tugend). Auch wenn Schopenhauer angesichts der Seltenheit und der kurzen Dauer von Glücksgefühlen empfahl, sich mit der Abwesenheit von Unglück zu begnügen, bleibt Glück das sehnlichste Ziel des Menschen. Der Ausdruck „wunschlos glücklich" besagt, dass der Mensch nichts anderes benötigt als Glück, denn wenn er Glück empfindet, hat er keine Wünsche mehr, höchstens den, dass dieses andauern möge. Wenn Glück das höchste und letztlich einzige Bestreben des Menschen ist, scheint er dazu bestimmt zu sein: Glück, Friede, Seligkeit, Wonne, Entzücken als Endpunkt der menschlichen Entwicklung?

Wenn die Menschen Glückssucher sind, erhebt sich die Frage, wo denn das Glück zu finden ist? Glück, Freude, Lust sind nämlich nichts, dessen wir direkt habhaft werden könnten. Wir müssen einen Grund haben, um uns freuen zu können, und dieser besteht im Zuteilwerden von etwas Gutem oder Schönem bzw. im Vollbringen eines Werkes oder im Spiel, nicht selten aber auch durch den Fortfall einer leidvollen oder belastenden Situation. Es gibt somit zuteilwerdendes passives, aber auch durch eigenes Tun erlangtes aktives Glück, wobei Glücksgefühle immer auch in eine freiheitliche Atmosphäre eingebettet sind und einen die Zeit vergessen lassen. Sind also Schau und Spiel einerseits, Freiheit und Glück andererseits gar keine alternativen Ziele, sondern hängen aufs Innigste zusammen, so dass wahres Glück gerade im Spiel sowie im Erfülltsein durch die Schau des Guten und Schönen gefunden wird? Sehen wir also zu, wo die Menschen ihr Glück suchen und es zu finden hoffen.

In jüngeren Jahren erhoffen sich viele das Glück ihres Lebens von ihrem Partner und, wenn die vorgezeichnete Enttäuschung dieser unerfüllbaren Erwartung nicht zur Trennung führt, von den Kindern, Enkeln oder Freunden. Zu diesem Umfeld zählen die Familienfeiern und sonstige Geselligkeiten, bei denen ein festliches Mahl einen zentralen Platz einnimmt, zu dem das freudige Genießen von Speisen ebenso gehört wie die Tischgemeinschaft. Nicht ohne Grund bestehen die hohen religiösen Feste nicht nur aus dem Vollzug kultischer Rituale, sondern ebenso aus daran anschließenden weltlichen Festivitäten mit Gastmählern.

Für viele Menschen ist die Natur eine Quelle des Glücks, so dass Wanderungen entlang blühender Bäume oder grandioser Bergkulissen oder der Aufenthalt im eigenen Blumengarten ihr Herz erfreuen. Zu den erfreulichen Dingen im menschlichen Leben zählen auch musikalische Aufführungen, die in ihrer Vielgestaltigkeit von den Liedern der Troubadours über internationale Folklore und Jazz bis zu den Höhepunkten der klassischen Musik reichen. Die hautnahe Berührung mit großer Malerei in den Museen der Welt und mit großartigen Gräbern, Tempeln und Schlossanlagen zählt ebenso zu den beglückenden Erfahrungen wie die Begegnung mit Literatur, von den uralten Weisheitsbüchern Chinas und Ägyptens bis hin zu manchen literarischen Schöpfungen der Gegenwart – nicht alle sind erfreulich. Besonders wertvoll sind jene literarischen Schöpfungen, die uns Antworten vermitteln auf die Grundfragen unserer Existenz.

Das Enttäuschende an derartigen Glückserfahrungen ist deren meist kurze Dauer, so dass die in sie gesetzten Erwartungen selten erfüllt werden. Dies gilt in noch stärkerem Maß, wenn das Glück in gieriger Weise bzw. in dafür ungeeigneten Zielen wie in kulinarischen und erotischen Genüssen, im Reichtum, im Beifall, in der Machtposition, im Lottogewinn oder gar im Rausch gesucht wird, denn der Gierige verschlingt seine Beute, ohne sie wirklich genießen zu können, was die prinzipielle Unersättlichkeit aller derartigen Bestrebungen erklärt.

Wo sollten wir also unser Glück suchen, und wodurch werden bestimmte Dinge zu Glücksgütern? Die Antwort darauf ist zweigliedrig: Es muss sich dabei einerseits um tatsächliche Werte handeln – also um etwas Gutes oder Schönes – und es muss sich andererseits um eine Sache handeln, der wir in Liebe zugewandt sind, gemäß der Einsicht Goethes: „Glücklich allein ist die Seele, die liebt." Nur der Liebende vermag nämlich den Wert eines Dings in einer glücklich-machenden Weise zu erfahren, seien es Menschen, natürliche oder kulturelle Werte, philosophische oder religiöse Inhalte. Freude ist die emotionale Antwort auf das Zuteilwerden von etwas Geliebtem, sei es der Partner (der demgemäß häufig als „Schatz" tituliert wird), der erfüllte Kinderwunsch, ein schönes Zuhause, treue Freunde, eine tiefe Einsicht oder auch eine religiöse Erfahrung, von der C.G. Jung spricht: „Es ist gleichgültig, was die Welt über die religiöse Erfahrung denkt; derjenige, der sie hat, besitzt den großen Schatz einer Sache, die ihm zu einer Quelle von Leben, Sinn und Schönheit wurde und die der Welt und der Menschheit einen neuen Glanz gegeben hat."

Der Empfang dessen, was man liebt, erfolgt nicht in der Form eines äußerlichen Besitzens, eines Habhaft-Werdens, sondern in einem Gewahrwerden durch Sinne und Schaukraft. „Das Glück wohnt in dem Menschen, der die Wahrheit sieht" (Sokrates), der also die Dinge erkennt, wie sie wirklich sind, und sich diese dadurch innerlich aneignet und dadurch bereichert wird. In dieser eigentlichen Weise der Besitzergreifung gilt die Erkenntnis von La Rochefoucauld: „Der Besitz dessen, was wir lieben, macht glücklich". So macht einen beispielsweise der Kauf eines wertvollen Gemäldes nicht im eigentlichen Sinn zu dessen Eigentümer; vielmehr erfolgt die wirkliche Aneignung durch interessierte Betrachtung und Erfassung der Bildaussage, die sich darin offenbart.

Glück oder zumindest Befriedigung kann aber auch spielerisches Tun begleiten sowie dem Vollbringen eines Werks folgen:

- Spiele mit Freunden, Kindern oder Enkeln
- Gemeinsames Musizieren oder Singen (z.B. in einem Chor)
- Der erfolgreiche Abschluss einer Ausbildung
- Das Einbringen der Ernte, auch aus dem eigenen Garten
- Die Perfektionierung seiner Kochkünste, handwerklichen oder sportlichen Fertigkeiten
- Der gelungene Aufbau eines Geschäfts, eines Betriebs oder einer Praxis
- Ein wissenschaftliches, technisches, literarisches oder künstlerisches Werk
- Manche Menschen suchen ihr Glück auch in ungewöhnlichen Zielen, so der Physiker in der Weltformel, der Asket in der Befreiung von sinnlichen Abhängigkeiten, der Aussteiger in einem naturnahen, konventionsfreien Milieu, der Weise in der Selbstwerdung und die Mystiker aller Religionen in der Erleuchtung.

Auf die Befriedigung im persönlichen Einsatz für Hilfsbedürftige und Notleidende in materieller und seelischer Hinsicht weist Bernanos hin: „Seine Freude in der Freude der Anderen finden, darin besteht das Geheimnis des Glücks." Ein derartiges Verhalten findet sich wohl am häufigsten in Mutter-Kind-Beziehungen: Die selbstlose Sorge von Müttern um das Wohl der Kinder, anstelle der geläufigen Fixierung auf das eigene Wohl, wird zwar von Biologen des Öfteren auf das Niveau von Brutinstinkten herabgewürdigt, die jedoch höchstens als elementare Grundlage von Bedeutung sind und keinesfalls die oft lebenslang andauernde

Fürsorge erklären können, ohne die selbst neugeborene Ratten gravierende Entwicklungsstörungen erleiden. Anlass zur Freude wird altruistisches Verhalten allerdings nur dann, wenn einem die Beschenkten nicht gleichgültig sind: Nur was aus Liebe geschieht, macht Freude – ob man austeilt oder empfängt.

Glückserfahrungen sind somit vergesellschaftet mit dem Zuteilwerden von etwas Geliebtem, mit einem in sich selbst sinnvollen Tun, oder sie begleiten selbstlose Dienste an Mitmenschen, wobei die Freude darüber meist von kurzer Dauer zu sein pflegt. Dauerhaftes Glück würde ein Befreitsein von allen Abhängigkeiten und eine Erfüllung aller wesensgemäßen Ziele voraussetzen und bleibt wohl für die allermeisten Menschen eine Utopie, so dass es ratsam erscheint, die diesbezüglichen Erwartungen zu dämpfen, was wohl erst dem gereiften Menschen gelingt. Reife bedeutet neben vielem anderen die Fähigkeit, den unbändigen Glücksanspruch zu relativieren, insofern Zeiten der Unlust oder gar des Unglücks toleriert und geduldig durchgestanden werden. Hierzu zählt ebenso die Einsicht, dass manche Glückserfahrungen an einen langjährigen, mühevollen persönlichen Einsatz gebunden sind: Die Virtuosität des Musikers, die Medaille des Sportlers, die Kunstfertigkeit des Sternekochs und die Erleuchtung des Zen-Mönchs sind das Ergebnis eines langen Ringens um Perfektion, das zahlreiche Verzichtleistungen einschließt, so dass das glückverheißende Ziel – wenn überhaupt – erst nach langen Anläufen erreicht wird, dann allerdings besonders intensiv zu sein pflegt: „Das mühsam erlangte Glück wird doppelt genossen" (Gracián). Der den von vielen Bedürfnissen bedrängten jungen Menschen erfüllende Lebens- und Glückshunger ist am Ende eines gelungenen Daseins einer gewissen Sättigung gewichen – der reife Mensch ist lebenssatt und, wenn vielleicht auch nicht gerade glücklich, so doch zufrieden. Im Hinblick auf verbleibende Mängel und Unvollständigkeiten setzt dies einen gewissen Humor voraus, der die Liebe zur Welt, zu den Menschen und zu sich selbst vereint mit dem Wissen um ihre Schwächen – inklusive der eigenen. In Umfragen sind ältere Menschen im Durchschnitt zufriedener als Menschen in der Lebensmitte; sie pflegen dankbarer zu sein für alles Positive in ihrem Dasein und fügen sich vielfach ohne Verbitterung in altersbedingte Einschränkungen.

Dauerhaftes und durch keinerlei Wechselfälle des Lebens gefährdetes Glück bleibt der heimliche Traum eines jeden Menschen, sofern er nicht zur masochistischen Perversion der eigenen Wesensdynamik neigt. Wie wir gesehen haben, ist Glück an die Erlangung von Gütern oder an ein in sich selbst sinnvolles und erfüllendes Tun geknüpft, mit anderen Worten, an die erkennende Teilhabe an der Wirklichkeit mit allem Guten und Schönen sowie an das in sich selbst sinnvolle Spiel, die kreative Hervorbringung von Werken und den Dienst an den Mitmenschen.

Die Lebenserfahrung lehrt uns, dass das darin begründete Glück unbeständig zu sein pflegt, so dass sich die Hoffnungen vieler Menschen auf ein Leben jenseits des Todes richten, in dem alle Abhängigkeiten und Verhaftungen des Diesseits aufgehoben sind und der Mensch befreit von allen Fesseln und Zwängen leben kann, wie er dies in seiner irdischen Existenz höchstens in seltenen Augenblicken und andeutungsweise vermag. Eine derartige Heilserwartung war bereits im alten Ägypten das beherrschende Motiv für die Daseinsgestaltung, die ganz auf das jenseitige Leben ausgerichtet war und u.a. dazu führte, dass dem Bau der Gräber weit mehr Aufmerksamkeit gewidmet wurde als dem der Wohnhäuser. Ähnlich verhielt es sich im christlichen Abendland, bis sich im Verlauf von Aufklärung und Säkularisation diese innere Ausrichtung auf ein jenseitiges Leben immer mehr verflüchtigte, mit der Konsequenz, dass das diesseitige Dasein an Bedeutung gewann und viele Zeitgenossen sich in einem zweidimensionalen geistigen Raum eingenistet haben und damit eine spirituelle Selbstgenügsamkeit an den Tag legen, die an Armseligkeit grenzt.

Viktor E. Frankl sieht den Lebenssinn als das letztlich Entscheidende im menschlichen Leben an, wobei es sich mit diesem ebenso verhält wie mit dem Glück. Beide können nicht direkt erstrebt, sondern nur indirekt erreicht werden, indem wir die wesensgemäße Verfassung der eigenen Person verwirklichen und aus dieser heraus unser Leben in der rechten Weise führen. Das Bewusstsein von der Sinnhaftigkeit unserer Existenz wird sich dann ebenso als Zugabe einstellen wie eine gewisse Heiterkeit, die reif gewordenen Menschen eigentümlich ist. Allerdings ist vielen Zeitgenossen gar nicht bewusst, dass Sinnleere („existentielles Vakuum" (V. Frankl)) der tiefere Grund für das sie erfüllende, dumpfe Unbehagen in Form von innerer Leere, Langeweile und resignativer Grundstimmung darstellt, da sie diese durch pausenlose Geschäftigkeit und Medienkonsum zudröhnen.

Ob der Glaube an ein irgendwie geartetes postmortales, paradiesisches Leben ein Wunschtraum ist oder die sinnfällige Konsequenz aus der wunderbaren Gestaltung und Ordnung des Universums, wissen wir nicht. Wenn man jedoch davon ausgeht, dass ein Paradies, ewige Jagdgründe oder ein Nirwana existieren, muss man bei kritischer Betrachtung der eigenen Person und der Mitmenschen konstatieren: Mit derartigen Menschen ist ein paradiesisches Leben nicht zu haben. Die Besten müssten sich noch ändern, und manche müssten sogar fast völlig umgekrempelt werden, um an einer derartigen idealen Welt teilhaben und sie mitgestalten zu können. Mit unvollkommenen Menschen ist ein harmonisches, wahrhaftiges und liebevolles Zusammenleben nicht praktikabel, weder auf der Erde noch in einem irgendwie gearteten jenseitigen Dasein. Hieraus wird verständlich, dass im Christentum das vorherige Durchlaufen einer „Besserungsanstalt" propagiert wird und dass der Buddhismus von zahlreichen Wiedergeburten ausgeht, um jedem Menschen eine Chance zu geben, irgendwann einmal zur persönlichen Vollkommenheit und damit ins Nirwana zu gelangen.

Die Beschaffenheit eines Paradieses wird im Glauben der Völker unterschiedlich vorgestellt, und zwar vielfach als Fortsetzung unseres Daseins in einer idealisierten Form. So zeigen die noch heute in den Malereien der Pharaonengräber sichtbaren Jenseitsvorstellungen das Paradies als eine Fortführung der erfreulichen Aspekte des irdischen Lebens mit Musik und Tanz, Jagen und Fischen, Säen und Ernten sowie festlichen Gastmählern mit Freunden. Ähnlich verhält es sich mit den ewigen Jagdgründen indianischer Völker, in denen alles zum Leben Nötige in unerschöpflicher Fülle zur Verfügung steht und die gleichfalls einem idealisierten Diesseits entsprechen. Muslime träumen von Paradies-Gärten mit wunderschönen Bäumen, Blumen, Vögeln und Wasserläufen, gemäß der Verheißung Mohammeds: „Die Frommen wird Gott einst in Gärten führen mit strömenden Quellen". Dem männlichen Bevölkerungsteil ist überdies ein himmlischer Harem mit schönen und zärtlichen Huris verheißen, wobei allerdings missgünstige Korangelehrte von einem Übersetzungsfehler sprechen und behaupten, dass Weintrauben gemeint seien. Christliche Vorstellungsbilder umfassen Gastmähler mit reich gedeckten Tafeln, auf denen sämtliche kulinarischen Köstlichkeiten aufgetischt sind, die gemeinsam mit den Tischgenossen verspeist werden, während spirituellere Angehörige dieser Religion Fantasien von göttlichen und engelhaften Wesen von strahlendem

Glanz und eingehüllt in himmlische Sphärenmusik entwickeln, deren Schau sie mit Seligkeit erfüllt.

In Unkenntnis der wahren Situation projizieren die Menschen ihre Idealvorstellungen in eine jenseitige Zukunft, und es muss offen bleiben, ob es sich bei alledem um bloße Fantastereien handelt oder um verschwommene Ahnungen einer beglückenden jenseitigen Wirklichkeit. Die Sehnsucht nach „einem letzten Sinn und einer definitiven Erfüllung… speist all die Hoffnungsbilder, die Sehnsuchtsgemälde, die Erfüllungsvisionen" (Küng). Die Menschheit kann nur hoffen, dass sich derartige Verheißungen eines Tages – bzw. jenseits aller Zeitlichkeit – erfüllen, wobei die christliche Eschatologie eine „visio beatifica" – eine entrückte, glückselig machende Schau „des göttlichen Urgrunds der Welt" (J. Pieper) verkündet.

Bei dieser Botschaft erhebt sich die generelle Frage, inwiefern uns ein Schauen glücklich zu machen vermag. Der Begriff „Schau" steht für ein umfassendes sinnliches und/oder spirituelles Erfassen eines begehrenswerten Objekts. Ein derartiges „Erfassen" ist aber nichts anderes als die intensivste Form von Aneignung. Auf einer elementaren Ebene ist bereits die lustspendende Einverleibung köstlicher Speisen und Getränke eine derart intensive Erfahrung, dass der Verzehr von Brot und Wein sogar in religiöser Hinsicht Bedeutung erlangte, insofern dieser in den Mithras-Mysterien, dem Kybele- und Dionysos-Kult, aber auch im Christentum, die Vereinigung mit der Gottheit symbolisierte („Kommunion").

Bei den meisten Menschen ist die wohl intensivste Einheitserfahrung die erotische Vereinigung mit dem geliebten Partner. Aber auch die liebende Anteilnahme an der Natur mit ihrer schier unerschöpflichen Tier- und Pflanzenwelt kann ähnliche Empfindungen hervorrufen. Ebenso werden alle Liebhaber der Musik, der Kunst, der Literatur, immer wieder Werken begegnen, die sie derart faszinieren, dass sich die von Schopenhauer beschriebene selbstvergessene Verschmelzung mit dem Gehörten oder Gesehenen ereignet, eine wunderbare Erfahrung, wie sie von Eric Emmanuel Schmitt anlässlich des Hörens einer Mozart-Arie beschrieben wurde: „Die Zeit war stehen geblieben. Ich war fasziniert …, gefangen von ihrem Gesang, ließ ich mich von ihm einhüllen, einlullen, aufwühlen, mitreißen, liebkosen … , war ich ihr ausgeliefert, war ich glücklich."

Durch das Ineinander von liebender Zuwendung und „Verkosten der Dinge" entsteht eine Gemeinschaft, bilden sich sinnlich-geistige Einheitserfahrungen, die uns beglücken und die wohl ihren Gipfel finden in dem universellen Einheitserlebnis der Erleuchtung. Immer geht es dabei um Teilhabe an der menschlichen, natürlichen, kulturellen oder transzendenten Wirklichkeit und um die persönliche Integration in diese, mit dem Ziel des Einsseins, der liebenden Verbundenheit, die wohl das Urbedürfnis des Menschen ausmacht und im Falle des Gelingens sein Glück begründet.

Wo aber bleibt bei alledem die Freiheit? Gehört diese nicht zu den letzten menschlichen Zielen, obwohl sie Erich Fromm zu den Voraussetzungen eines erfüllten Daseins zählt: „Der Mensch gelingt nur dann, wenn er innerlich und äußerlich in Freiheit lebt." Diese Frage lässt sich bereits aufgrund unserer Lebenserfahrungen beantworten: In allen glücklichen Augenblicken unseres Lebens sind wir zugleich frei: befreit von Sorgen, Nöten, Zweifeln, Bedürfnissen und Zwängen. Unterstellt man als Attribut eines vollkommenen Daseins anstelle von flüchtigen Glücksmomenten ein dauerhaftes Glück, müsste sich auch das damit korrespondierende Frei-Sein als definitiver Zustand manifestieren: Alle Wünsche und Bedürfnisse sind gestillt, alle Abhängigkeiten und Zwänge gelöst, alle Sorgen und Ängste geschwunden; der Geist ist befreit zu spiritueller Offenheit und Weite, zu reiner Schau und zu kreativer Antwort in Spiel und erotischer Zuwendung. Vielleicht war es eine derartige Vision, die Goethe zu der Aussage führte: „Nicht das macht frei, dass wir nichts über uns anerkennen wollen, sondern eben, dass wir etwas verehren, das über uns ist". Demnach bestünde das menschliche Dasein in seiner Vollendung in kontemplativer Schau, liebender Hingabe und heiterem Spiel – begleitet von Glücks- und Freiheitsgefühlen. In dieser visionären Zukunfts-Perspektive fände dann auch die menschliche Sehnsucht nach Freiheit ihre letzte Erfüllung; sie stellt zwar nicht das endgültige Ziel des menschlichen Daseins dar, wird aber zugleich mit diesem errungen. Das Leben in seiner äußersten Möglichkeit „ist nun so einfach wie ein Spiel, und man ist nun im Vollbesitz souveräner Freiheit" (E. Herrigel).

Nach buddhistischer Lehre besteht das Endziel des Lebens im Nirwana: „Das ist ein Bewusstseinszustand der vollkommenen Heiterkeit, des Friedens und der Erkenntnis" und dies „im Reich der Wahrheit und Schönheit" (M. Cohen).

Die Ähnlichkeit zur christlichen Eschatologie ist unübersehbar, wenn man „vollkommene Erkenntnis" als „Schau", „vollkommene Heiterkeit" als „Glück" und „Frieden" als definitive Be-fried-igung aller menschlichen Bedürfnisse und Strebungen interpretiert.

Seligmachende Schau und heiteres Spiel in liebevoller und freiheitlicher Atmosphäre als Endziel des Menschen – zweifellos eine erfreulichere Aussicht als die von der Hirnforschung prophezeite postmortale Auflösung des menschlichen Individuums in seine materiellen Bestandteile.

Weiterführende Literatur

Betz, Otto: *Der Leib als sichtbare Seele.* Kreuz Verlag, Stuttgart 1991
Brooks, Michael: *13 Things That Don't Make Sense.* Little, Brown, London 2008
Darwin, Charles: *Über die Entstehung der Arten.* Wissenschaftliche Buchgesellschaft, Darmstadt 1992
Dawkins, Richard: *Der Gotteswahn.* Ullstein, Berlin 2007
Dürckheim, Karlfried: *Der Alltag als Übung.*Huber, Bern 1966
Enomiya-Lassalle, Hugo: *Wohin geht der Mensch?* Benziger, Zürich 1981
Facchini, Fiorenzo: *Die Ursprünge der Menschheit.* Theis, Stuttgart 2006
Friedell, Egon: *Kulturgeschichte der Neuzeit.* dtv, München 2004
Geyer, Christian: *Hirnforschung und Willensfreiheit.* Suhrkamp, Frankfurt 2004
Gould, Stephan Jay: *Illusion Fortschritt.* S. Fischer, Frankfurt 1998
Gracián, Baltasar: *Hand-Orakel und Kunst der Weltklugheit.* Diogenes, Zürich1993
Heisenberg, Werner: *Der Teil und das Ganze.* Piper, München 1996
Hüther, Gerald: *Die Macht der inneren Bilder.* Vandenhoeck und Ruprecht, Göttingen 2004
Jonas, Hans: *Technik, Medizin und Ethik.* Insel, Frankfurt 1987
Jonas, Hans: *Das Prinzip Leben.* Insel, Frankfurt 1994
Küng, Hans: *Ewiges Leben.* Piper, München 1982
Lehrer, Jonah: *Prousts Madeleine.* Piper, München 2010
Libet, Benjamin: *Haben wir einen freien Willen?* In: Ch. Geyer
Marcuse, Herbert: *Versuch über die Befreiung.* Suhrkamp, Frankfurt 1978
Montaigne, Michel de: *Essais.* Zweitausendeins, Frankfurt 2010
Nietzsche, Friedrich: *Werke.* Zweitausendeins, Frankfurt 1999
Pieper, Josef: *Muße und Kult.* Kösel, München 1961
Platon: *Der Staat.* Reclam, Stuttgart 1982
Rees, Martin: *Das Rätsel unseres Universums.* dtv, München 2006
Roth, Gerhard: *Fühlen, Denken, Handeln.* Suhrkamp, Frankfurt 2003

Roth, Gerhard: *Persönlichkeit, Entscheidung und Verhalten.* Klett-Cotta, Stuttgart 2007

Schmid, Wilhelm: *Schönes Leben.* Suhrkamp, Frankfurt 2000

Schopenhauer, Arthur: *Die Kunst glücklich zu sein.* Beck, München 1999

Seneca: *Vom glückseligen Leben.* Kröner, Stuttgart 1974

Shubin, Neil: *Der Fisch in uns.* S. Fischer, Frankfurt 2008

Stöhr, M., Brandt, Th., Einhäupl, K.M.: *Neurologische Syndrome in der Intensivmedizin.* Kohlhammer, Stuttgart 2. Auflage 1998

Stöhr, M., Dichgans, J., Buettner, U.W., Hess, Ch.W.: *Evozierte Potentiale.* Springer, Heidelberg 4. Auflage 2005

Stöhr, Manfred: *Zeitgemäßes – Essays zur Gegenwart.* Edition Leonardo. August von Goethe Literaturverlag, Frankfurt 2010

Watzlawick, Paul: *Wie wirklich ist die Wirklichkeit?.* Piper, München 1976

Weitere Bücher aus dem Verlag Via Nova:

Reifejahre
Lebensfreude und Sinnfindung
Prof. Manfred Stöhr

Paperback, 224 Seiten, mit 25 Fotos, ISBN 978-3-86616-076-7

Dieses Buch gibt vor allem älteren Menschen umfangreiche Informationen zu ihrer Lebenswirklichkeit. Es regt sie an, über sich und ihre Situation nachzudenken, sich selbst und ihr Alter anzunehmen und ihr Leben selbstbewusst und möglichst eigenständig zu gestalten. Der Autor zeigt vielfältige Möglichkeiten sinnvoller Betätigung und Beispiele geglückten Altwerdens auf, aber auch Gefahren, die das Alter belasten. Das Buch regt die Leser an, ihre Neigungen, Fähigkeiten und Möglichkeiten zu erproben und zu nutzen, auch gegen heutige Modetrends nach ihrem Gewissen zu leben, ihre Lebensziele zu verwirklichen, Sterben und Tod anzunehmen und nicht zu fürchten. Der Autor bezieht sich in seinen Aussagen über das Alter auf Philosophen, Religionsgründer und Schriftsteller von der Antike bis zur Gegenwart, bietet damit einen reichen Erfahrungsschatz, der dem Leser Mut und Gelassenheit schenken kann.

HOLOS – die Welt der neuen Wissenschaften
Ervin Laszlo

Hardcover, 208 Seiten, ISBN 978-3-928632-94-2

In den Wissenschaften findet eine Revolution statt. Es ist keine technologische Revolution – es ist eine Revolution des Weltbildes. Prof. Laszlo verfolgt diese Entwicklung und macht sie jedem zugänglich, der an den neuesten Erkenntnissen darüber teilhaben möchte, wer und was wir sind, was die Welt ist, die uns umgibt, und auf welche Weise wir in Beziehung zueinander und zu dieser Welt stehen. Der Leser erfährt in einfacher Sprache, was Wissenschaftler bereits wissen und vor welchen Rätseln sie im Hinblick auf den Kosmos, das Quantum, den lebenden Organismus und das menschliche Bewusstsein immer noch stehen. Dann erforscht der Verfasser diese Welt, indem er Fragen stellt, auf die er nun zuversichtliche, wenn auch überraschende Antworten geben kann – Fragen, bei denen es um Ursprünge und Bestimmung des Universums und um Ursprung und Evolution des Lebens und des Bewusstseins geht –, um dann die größten der „großen Fragen" zu stellen: Fragen der Unsterblichkeit, zum Bewusstsein im Kosmos und zu einem Bewusstsein, das eine wissenschaftlich basierte Schau als den Geist Gottes erfassen kann.

Der Quantensprung im globalen Gedächtnis
Wie ein neues wissenschaftliches Weltbild uns
und unsere Welt verändert / Ervin Laszlo

Hardcover, 160 Seiten, ISBN 978-3-86616-153-5

Im planetaren Wandel mithelfen, Einsichten verbreiten, menschliches Überleben, Nachhaltigkeit, Wohlsein und Frieden sichern. Mit Blick auf die neuesten, oft revolutionären Erkenntnisse in den Bereichen von Kosmologie, Quantenphysik und Bewusstseinsforschung zeigt Ervin Laszlo wissenschaftlich fundiert, aber dennoch in klarer und verständlicher Sprache, dass das alte Weltbild überholt ist und wir uns einem ganz neuen Bild der Wirklichkeit stellen müssen. Er beschreibt den global und interkulturell sich bereits heute vollziehenden Paradigmenwechsel auf allen Ebenen des Lebens. Er begründet mit den Erkenntnissen der modernen Wissenschaften, dass ein neues Bewusstsein in der Menschheit entsteht. Dieses Buch informiert umfassend und tiefgründig, regt an und macht Mut, mit erweitertem Bewusstsein diese Initiativen zu unterstützen und zu einer positiven Veränderung in der Welt beizutragen.

Die Verbindung mit dem Urgrund des Seins
Ein Zugang zur unerschöpflichen Kreativität des Universums
Arnold Mindell

Paperback, 272 Seiten, ISBN 978-3-86616-228-0

Dieses Buch ist die Antwort eines weltweit bedeutenden Naturwissenschaftlers und Psychologen auf Einsteins berühmten Wunsch: „Ich möchte die Gedanken von Gott kennen. Alles andere sind nur Details." Der Autor geht der Frage nach: „Worin besteht der Geist von Gott?" Diesen Geist, der für ihn der Ursprung aller Lebens- und Naturgesetze ist, nennt Dr. Mindell den „Prozessgeist". Dr. Mindell verbindet dabei die Erkenntnisse der modernen Physik (Quantenforschung) mit den grundlegenden Erfahrungen der transpersonalen Psychologie, dem Taoismus und der Mystik in den spirituellen Traditionen. In 20 inspirierenden Kapiteln stellt dieses Buch überprüfte und praktische Methoden und Übungen vor, wie jeder einzelne mit seinen Beziehungen und wie Organisationen die Verbindung mit dem Prozessgeist als Urgrund des Seins herstellen können. Es hilft, mit Träumen, Körpersymptomen und damit verbundenen Schmerzen, mit Beziehungen und Konflikten besser umzugehen und sich selbst zu erfahren.

Die Aktivierung des Weltinnenraums
Was Sie in sich selbst bewegen, bewegen Sie in der Welt
Mike Kaiser

Paperback, 576 Seiten, ISBN 978-3-86616-229-7

Der versierte Umgang mit dem eigenen Bewusstsein – dem Weltinnenraum – zählt zu den Schlüsselkompetenzen des 21. Jhs. Indem der Mensch seinen Weltinnenraum mit seinen physischen, mentalen, emotionalen, energetischen und seelischen Dimensionen erkundet und gestaltet, verleiht er wesentlichen Bereichen seines Lebens eine völlig neue Qualität und verändert auch erfolgreich die äußere Welt. Dieses Buch beschreibt Aufbau und Funktionsweise des Weltinnenraumes und gibt dem Leser praxiserprobte Techniken an die Hand. Es verbindet das Wissen alter Weisheitstraditionen mit den neuesten Erkenntnissen der Quantenphysik sowie der Gehirn-, Bewusstseins- und Meditationsforschung. Dieses umfangreiche Werk ist ein wertvoller Ratgeber für alle Menschen, die wiederkehrende Probleme lösen und den Grundstein für ganzheitliche Gesundheit und Glück legen wollen.

Der verborgene Code des Bewusstseins
Der Quantengeist in der Naturwissenschaft und in der Psychologie
Arnold Mindell

Paperback, 608 Seiten, ISBN 978-3-86616-159-7

Man muss das Universum verstehen, um sich selbst zu erkennen. In diesem umfassenden Buch des amerikanischen Psychologen und Physikers Arnold Mindell werden grundlegende moderne Erkenntnisse der Physik und der Tiefenpsychologie auf die traditionelle Weisheit der Menschheit in unterschiedlichen Kulturen bezogen und zusammenfassend erklärt. Die sog. objektive, sinnlich wahrnehmbare, mathematisch-physikalisch messbare Welt und entsprechendes Denken werden aufgrund der Quantenforschung ergänzt und vertieft, indem die psychischen Befindlichkeiten der Beobachter, ihre nichtlokale, nichtzeitliche Spürerfahrung, Intuition und Träume einbezogen und mathematisch beschrieben werden. Anschauliche Beispiele, experimentelle Übungen und Abbildungen sowie überschaubare Kapitel und sprachliche Vereinfachungen machen die Darlegungen auch für Laien verständlich. Wer auf den sich gegenwärtig vollziehenden Paradigmenwechsel neugierig ist, wird dieses spannende Buch lesen wollen.

Dem Geheimnis der Gedanken auf der Spur
Das Gehirn wächst mit seinen Herausforderungen
Prof. Dr. Gela Weigelt

Paperback, 160 Seiten, 70 farbige Fotos, ISBN 978-3-86616-191-7

Nicht nur die Leber, auch das Gehirn wächst mit seinen Aufgaben und Herausforderungen. Die Neurowissenschaften zeigen uns, wie Gedanken im Gehirn als In-Formationen „entstehen". Die moderne Physik beweist, dass es eine Quantenwelt „hinter" dem Gehirn gibt, in der diese Informationen enthalten sind, und die Spiritualität liefert die zeitlosen Erkenntnisse über die „wahre Natur" der Gedanken. Dieses Buch bietet eine Synthese aus Wissenschaft und Spiritualität. Zahlreiche farbige Bilder erläutern den Text und führen so zu einem tiefen Verständnis des Geheimnisses um die Gedanken, die in unseren Gehirnen auftauchen.

Quantensprünge des menschlichen Bewusstseins
Vom Ego zum Ich-bin
Gela Weigelt

Paperback, 184 Seiten, 5 Zeichnungen, ISBN 978-3-86616-101-6

Nichts ist so unglaubwürdig wie das „Ich". Das „Ich" ist eine Konstruktion. Diese provozierenden Thesen untersucht die Autorin mit Hilfe der Wissenschaft und der Spiritualität. Neben Ergebnissen aus der Hirnforschung werden Erkenntnisse der Quantenphysik vorgestellt, die die uralte Frage nach dem Ego des Menschen um neuzeitliche Aspekte bereichern. Die Hirnforschung weist nach, dass das „Ich" eine Simulation der ca. 3 Pfund schweren Masse in unserem Schädel ist, während die Quantentheorie das Bewusstsein als zentrale „Instanz" der Wirklichkeit sieht. Der Quantensprung des menschlichen Bewusstseins ist ebenso wie der Quantensprung in der Physik ein diskontinuierlicher Übergang von einer Ebene zur anderen. Die Ebenen des menschlichen Bewusstseins sind transzendent, daher ist Erleuchtung einem Quantensprung vergleichbar.

Das Neue Bewusstsein
Entwicklungsmöglichkeiten für alle Menschen
Klaus Engel

Paperback, 160 Seiten, ISBN 978-3-86616-058-3

Das Neue Bewusstsein wird zunächst in einleitenden kurzen Kapiteln in das Gesamtkontinuum der Evolution gestellt: von der kosmischen über die biologische bis zur geistig-seelischen Entwicklung. Für die wesentlichen Vertreter des Neuen Bewusstseins Jean Gebser, Teilhard de Chardin, Sri Aurobindo und Ken Wilber werden die Lebensläufe und zentralen Konzepte herausgearbeitet. Die praktische Realisierung veränderter und erweiterter Bewusstseinserfahrung wird für den indischen Kulturkreis anhand der tiefen Erfahrungen Yoganandas beschrieben, für die Begegnung christlicher Tradition mit dem Zen über das herausragende Leben und Erleben von Hugo Lassalle. Einzelne Kapitel beschreiben Gefahren, Verwechslungen (Außen-Innen; Weg-Ziel) und Forschungsergebnisse zu den meditativen Wegen. Die Stufenfolge des Yoga- und Zen-Weges wird präzisiert, immer mit dem zentralen Anliegen des Buches: gedachte und erlebte Erfahrungen nicht zu verwechseln.

Vom Urknall zur Erleuchtung
Die Evolution des Bewusstseins als Ausweg aus der Krise
Christian Brehmer

Hardcover, 280 Seiten, Großformat, 140 vierfarbige Fotos, 130 Grafiken,
ISBN 978-3-86616-064-4

„Du kannst das Problem nicht lösen auf der Ebene, wo das Problem seine Wurzeln hat", sagte Albert Einstein. Es lässt sich nur von einer übergeordneten Ebene aus lösen. In diesem Buch geht es um die Umrisse dieser übergeordneten Ebene, einer neuen Bewusstseins- und Erkenntnisebene. Sie wird uns evolutionär erschlossen. Und um sie besser einzuordnen, befassen wir uns mit der faszinierenden Geschichte der Evolution, mit unserer Stammesgeschichte. Da gab es mehrere Phasenübergänge: nach der Entstehung des Universums mit dem Urknall die kosmische Evolution, dann den Übergang zur biologischen, zur chemischen, zur mentalen und zur technisch-kulturellen Evolution der Gegenwart. Und die Evolution geht weiter. Sie drängt in die Zukunft. Indem wir uns mit der in diesem Buch erstmals erarbeiteten Theorie der Phasenübergänge auseinandersetzen, gewinnen wir Überblick über das, was uns bevorsteht: die supramentale Evolution, die Erleuchtung, und mit ihr die Lösung der individuellen und kollektiven Probleme von der Wurzel her. Aber es bleibt nicht bei der Theorie. Im Buch finden wir konkrete Hinweise zur evolutionären Erweiterung des Bewusstseins und zur praktischen Neugestaltung unseres persönlichen und gesellschaftlichen Lebens.

Achte auf das, was du sagst
Das Geheimnis der richtigen Wortwahl
Susann Theresa Braun

Taschenbuch, 144 Seiten, ISBN 978-3-86616-211-2

Das Bewusstsein für das, was und wie wir etwas sagen, ist oftmals verloren gegangen. Viele Konflikte in der Familie, der Partnerschaft und im Beruf könnten vermieden werden, wenn die Gesprächspartner bewusster reden und spüren würden, was ihre Aussagen für den Gesprächspartner bedeuten, bei ihm auslösen und bewirken. Dieses einführende Buch möchte Menschen inspirieren, über ihre Sprachgewohnheiten nachzudenken und sie gegebenenfalls zu korrigieren. Es will ihr Bewusstsein für die „Psychologie der Sprache" schärfen und zeigt Möglichkeiten auf, wie die tägliche Kommunikation in Familie und Beruf stressfrei und harmonisch verlaufen kann.

Spiritualität ist die Zukunft
Eine neue Weisheitskultur für das 21. Jahrhundert
Copthorne Macdonald

Paperback, 320 Seiten, ISBN 978-3-86616-170-2

In diesem Buch beschreibt der Schriftsteller und Gelehrte C. Macdonald umfassend, übersichtlich und überzeugend die Umbruchsituation, in der sich Individuen und Menschheit heute befinden. Er zeigt wesentliche historische und aktuelle Wirkungskräfte und Zusammenhänge auf und vermittelt tiefgründige Kenntnisse über unsere kosmische, globale und psychisch-mentale Realität. Aus diesem Verstehen im Zusammenhang dieser „Tiefenerkenntnis" entwickelt er eine realistische Vorstellung, wie die heutige Welt, Gesellschaft und Wirtschaft bis 2050 integral transformiert werden sollte, gekennzeichnet durch materielle Nachhaltigkeit, wirtschaftliche Gerechtigkeit, lebendige lokale und globale Kulturen und genügend Freizeit für ein erfülltes Privatleben.